KB065530

反日 種族主義 ————

반일 종족주의
와의 투쟁

反日 種族主義 ————————

반일 종족주의와의 투쟁

이영훈 외

미래___H

책머리에

　2019년 7월에 출간된 『반일 종족주의』는 공저자의 한 사람인 저에게는 자유인의 선언과도 같은 것이었습니다. 한국의 종족주의가 강요한 자기 검열에 걸려 실로 오랫동안 하지 못했던 이야기를 속 시원하게 털어 놓았기 때문입니다. 한 편, 두 편 글을 쓰면서 어떠한 터부도 두지 않으리라 굳게 결심하였습니다. 그리고선 큰 해방감을 맛보았습니다. 대학에서 33년간 교수 생활을 하며 이 사회로부터 큰 혜택을 입었습니다. 그에 대해 최소한의 보답을 했다는 안도감이 들기도 하였습니다.

　출간 이후 『반일 종족주의』는 주요 서점가에서 종합 베스트셀러 1위에 올랐습니다. 지금까지 도합 11만 부가 팔렸습니다. 몇 가지 우연적인 요인이 있긴 했지만, 기본적으로 많은 한국인이 이 책을 통하여 해방과 자유의 기쁨을 맛볼 수 있었기 때문이 아닌가 여겨집니다. "더 이상 환상적·광신적 종족주의로 외교와 통상을 할 순 없다. 그런 저급한 지성으론 선진적인 국민통합을 이룰 수 없다. 자유롭고, 관용하고, 호혜하는 국내·국제사회를 건설해 가야 한다." 『반일 종족주의』가 던진 대국민 메시지는 그와 같은 것이었습니다.

처음부터 예상한 바입니다만, 좋은 일만 있지는 않았습니다. 대학과 언론의 주변에서 서성이는 종족주의 군상으로부터는 격렬한 저항과 매도가 있었습니다. 그들이 개최한 여러 차례의 토론회에 우리는 초청받지 못하였습니다. 아직은 불과 6명의 연구자가 제출한 소수 의견에 불과합니다. 그렇게 역사적 사실을 정면으로 직시하기가 힘들었습니까? 그 토론회는 분노에 가득 찬 군중을 배심원으로 하는 인민재판과 같은 것이었습니다. 그들은 우리를 반민족 내지 여적與敵의 무리로 단죄하고 특별법을 제정해서라도 입에다 재갈을 물려야 한다고 주장하였습니다.

이 책은 저간에 우리에게 쏟아진 비판에 성의껏 대답하고 겸하여 이전 책의 미진했던 부분을 보충하기 위한 것입니다. 아무쪼록 이 책이 우리를 지지하는 독자층에게 더 큰 해방과 자유의 기쁨으로 안겨지길 기원해 마지않습니다. 김낙년 교수를 비롯하여 이전의 집필진이 신상에 미칠지 모를 위해危害에도 아랑곳하지 않고 계속 참여해 주신 데 대해 깊은 감사의 말씀을 드립니다. 그에 더하여 영남대학교 경제학과의 차명수 교수께서 일정기 한국인의 생활수준과 관련하여 귀중한 글을 기고해 주셨습니다. 차명수 교수는 한국 경제사 학계 대표 주자로서 국제학계에 가장 널리 알려진 연구자입니다. 그 외에 MBC 보도국 출신 박상후 선생도 중국 공산혁명과 반일 감정의 실체에 관해 시사 풍부한 내용의 글을 기고해 주셨습니다. 두 분의 참여로 이 책의 학술적 수준은 이전보다 높아졌습니다.

　이전 책과 마찬가지로 출간을 맡아 주신 미래사의 고영래 사장께 감사의 인사를 드립니다. 좋은 책을 만들기 위해 창의적인 아이디어로 편집과 교열 작업을 맡아주신 박지영 작가에 대한 감사의 인사도 빠뜨릴 수 없습니다. 무엇보다 국내외 각지에서 이승만학당을 후원해 주시고 좋은 책을 만들도록 격려의 말씀을 전해주신 여러분께 이 자리를 빌려 깊은 감사의 말씀을 전해 올립니다.

2020년 5월
이영훈
이승만학당 교장

차례

환상의 나라

—— 이영훈

코로나19

이 나라의 정신문화는 그 기원이 중세에 있는 온갖 환상에 지배되고 있다고 하겠습니다. 마침 중국 후베이성湖北省 우한武漢에서 발원한 '코로나19' 신종 바이러스 폐렴이 창궐하고 있습니다. 그것을 화두로 삼아 이 나라가 환상의 나라임을 설명해 나아가겠습니다. 백신이 없는 폐렴 유행으로 국민은 공포에 빠지고 제반 사회활동은 마비되었습니다. 한마디로 인간과 자연의 투쟁입니다. 인간이 생존을 위해 과학을 무기로 자연과 벌이는 전쟁입니다. 그런데 문재인文在寅 정부는 코로나19에 대한 방역을 정치와 외교의 영역으로 간주하고 그 수준의 대응을 하고 있습니다.

예컨대 코로나19 환자가 한국에서 발생하자 이스라엘 정부는 한국인 여행객의 입국을 막고 돌려보냈습니다. 그러자 우리 외교부가 그에 강력히 항의하고 재발 방지를 요청하였습니다. 저는 그 점을 이해하기 힘듭니다. 이스라엘 정부의 조치는 자국민의 건강을 위해 자연과 벌이는 전쟁의 일환입니다. 한국인만을 대상으로 한 차별도 아닙니다. 그런데 이스라엘 국민의 건강을 책임질 위치에 있지도 않은 우리 정부가 그에 항의하였습니다. 다시 말해 이 나라 정부는 각 나라가 자국민의 건강을 위해 일종의 자연권으로 보유한 방역의 권리와 쌍무적 교섭의 외교를 혼동하였습니다. 이스라엘 정부의 조치에 대해 우리 정부처럼 불쾌한 기색을 드러낸 다른 나라가 있는지 모르겠습니다. 그만큼 이 나라 정부를 지배하는 정신문화는 독특하다고 하겠습니다.

제가 더욱 이해하기 힘든 것은 코로나19 발원지인 중국에 대한 우리 정부의 태도입니다. 지난 1월 20일 중국에서 온 여성이 최초의 환자로 확진을 받은 이후 대한의사협회를 비롯한 여러 전문가 단체에서 중국발 여행객의 입국을 금지할 것을 정부에 요청하였습니다. 그렇지만 정부는 듣지를 않았습니다. 후베이성에서 출발한 여행객의 입국만 금지하였습니다. 그사이 신종 바이러스에 감염되었을지도 모를 중국발 여행객이 하루에도 만 명 이상 국내로 들어왔습니다. 2월 중순 이후 국내에서 코로나19가 급속히 창궐한 데에는 정부의 이같이 안이한 방역이 아무래도 큰 원인이었다고 생각합니다.

그 와중에도 문재인 대통령은 중국의 시진핑習近平 주석에게 위로의 전화를 걸어 한국과 중국은 '운명공동체'라고 하였습니다. 보좌관들과의 회의에서 대통령은 "중국의 아픔은 곧 우리의 아픔"이라고 했습니다. 대통령이 중국발 여행객의 입국을 금지하지 않은 것은 그러한 친선외교의 입장에서입니다. 그런데 문제의 수준은 자연과 벌이는 전쟁입니다. 정부 간 외교나 통상의 수준이 아닙니다. 중국의 혈맹이라 할 북한이 신속하게 중국과의 인적 교류를 차단한 것은 그런 수준에서 당연하고도 현명한 조치입니다. 그에 대해 중국 정부가 섭섭해 하거나 항의했다는 이야기는 듣지를 못하였습니다. 여하튼 문 대통령은 방역의 문제를 외교의 수준으로 다루었으며, 그 통에 코로나19를 국내에 널리 전염시키는 데 커다란 공을 세웠습니다. 중국의 아픔은 진정 우리의 아픔이 되고 말았습니다.

운명공동체

중국을 두고 우리와 '운명공동체'라고 한 문 대통령의 발언은 이번이 처음은 아닙니다. 이전에도 두어 차례 있었습니다. 저는 '민족'을 두고 "역사적으로 형성된 운명공동체 의식"이라고 정의해 왔습니다. 그래서 저는 대통령의 말을 이해하기 힘듭니다. '운명공동체'라는 말은 중국의 정치가나 학자들이 자주 쓰는 말입니다. 역사적으로 중국은 세계의 중심으로서 주변의 여러 작은 나라를 덕德으로 보살폈다. 주변의 여러 나라는 중국을 성誠으로 섬겼다. 그래서 세계는 중국을 중심으로 한 '운명공동체'였다는 겁니다. 중국의 시진핑 주석은 그가 제창한 '중국몽中國夢'의 기본정신이 이 같은 국제적 유대의 공동체 의식임을 은근히 강조해 왔습니다. 문 대통령의 '운명공동체'도 그러한 뜻으로 해석될 수밖에 없습니다. 그는 이 나라의 미래를 '중국몽'의 일원으로 설정하고 있으며, 그 점을 기회 있을 때마다 숨기지 않고 있습니다. 문재인 대통령은 옳든 그르든 매우 강인한 이념의 정치가입니다.

저는 대통령의 그 같은 이념을 용납할 수 없습니다. 그가 고집하는 이념의 정치는 이 나라의 자유민주주의가 입각해 있는 공화共和의 틀을 초월하고 있습니다. 그렇지만 절반의 국민은 대통령의 발언을 지지하고 있습니다. 그와 정권을 다투는 야당조차 그것을 용인하는지 무시하는지 침묵하고 있습니다. 대학과 언론은 아예 벙어리입니다. 지난 『반일 종족주의』에서 저는 이 나라의 대학은 '거짓말의 온상'이라 했습니다. 그 말은 지금도 여전히 유효합니다. 이 나라의 대학은 영혼이 죽은 좀비와 같습니다. 그런데 과연 중국은 우리와 운명공동체인가요? 왜 토론하지 않을까요? 뚱딴지같은 소리로 들릴지 모르겠지만, 문제의 근원은 대통령을 위시한 다중의 국민을 지금도 지배하고 있는 중세 기원의 환상에 있습니다.

호수는 어디에

한 가지 예를 들겠습니다. 이 나라 국민의 국토 감각과 관련된 것입니다. 이 나라의 서쪽 절반은 호수의 고장입니다. 충북과 충남을 가리켜 호서湖西라 합니다. 전북과 전남을 가리켜서는 호남湖南이라 합니다. 호서와 호남만큼 널리 쓰이진 않습니다만, 기호畿湖란 지역 별칭도 있습니다. 경기·충북·충남을 합쳐서 그렇게 부릅니다. 그러니까 이 나라의 동쪽 절반인 강원·경북·경남을 제외한 서쪽 절반의 5개 도는 모두 호수의 고장입니다. 그런데 그 호수가 어디에 있는 무슨 호수냐고 물으면 아무도 대답하지 못합니다. 대답을 해도 앞뒤가 맞지 않는 엉터리입니다. 나라의 절반이 호수의 고장인데도 그 호수가 어디의 무슨 호수인지 모르거나 엉터리 대답이니 신기하지 않습니까? 미리 대답하겠습니다. 그것은 환상의 호수입니다.

기록을 뒤지면 호남이란 지역 별칭이 대두하는 건 14세기 말부터입니다. 호서는 16세기부터이며, 기호는 17세기부터입니다. 호남과 호서가 민간의 언어생활에서 일상화된 것은 임진왜란壬辰倭亂(1592~1598)을 경과하면서입니다. 그것이 공식화한 것은 조선왕조가 각 도에서 거둔 대동미大同米를 관리하는 창고로서 1652년에 호서청湖西廳을, 1657년에 호남청湖南廳을 설립하면서 부터입니다. 17세기 후반이 되면 전라도를 호남이라 별칭함은 벽골제碧骨堤라는 큰 호수가 전라도 북변인 김제金堤에 있기 때문이라는 몇몇 학자의 해설이 나옵니다. 그렇다면 충청도는 전라도 이북이므로 호서가 아니라 호북湖北이어야 마땅합니다. 이런 모순에 대응하여 18세기가 되면 충청도가 호서인 것은 제천堤川의 의림지義林池 때문이라는 해설이 나옵니다만, 그것도 요령부득입니다. 의림지는 지역의 경계를 가를 정도의 큰 호수가 아니거니와 충청도의 최북단에 있기 때문입니다. 의림지 때문이라면 충청도 역시 호남이 되어야 마땅합니다. 그래서 19세기의 대학자 정약용丁若鏞은 호남과 호서에 대해 이런저런 설명이 있지만, "나는 믿을 수 없다"고 했습니다. 그 말이 옳습니다.

그런 가운데 18세기 말이면 조선왕조의 위정자들은 언젠가 전라도 북변에 벽골제라는 무지하게 큰 호수가 있었다는 환상을 품었습니다. 1798년 6월입니다. 심한 가뭄이 들었습니다. 국왕 정조正祖는 예전에 벽골제가 있어서 그 크기가 12개 군현을 아우를 정도였는데, 지금은 호수가 막혀 예전의 모습을 볼 수 없으니 참으로 애석한 일이라고 한탄하였습니다. 김제와 이를 둘러싼 11개 군현을 열거하면 만경萬頃, 임피臨陂, 옥구沃溝, 익산益山, 전주全州, 금구金溝, 임실任實, 태인泰仁, 정읍井邑, 고부古阜, 부안扶安입니다. 오늘날 전북의 거의 절반에 해당하는 지름이 40킬로미터에 달하는 크기입니다. 그렇게나 넓은 초대형 호수가 정조가 그린 벽골제의 이미지였습니다. 정조도 호남과 호서란 말이 생긴 것은 벽골제 때문이라고 했습니다. 정조의 이같은 발언이 있은 지 몇 개월 뒤 지방의 어느 유생이 상소를 올리기를 지금이라도 벽골제를 옛 모습대로 파내면 전라도는 영원히 흉년

이 없어질 것이며, 중국의 소주蘇州나 항주杭州처럼 살기 좋은 고장이 될 것이라고 주장하였습니다.

국왕 정조나 지방 유생이나 그들의 벽골제 이해는 환상이었습니다. 자세하게 설명할 여유가 없습니다만, 김제는 전국 330여 군현 가운데 가장 표고가 낮은 해안 저지대입니다. 벽골제는 원래 바닷물의 침입을 막기 위한 방파제로 세워진 삼국시대의 유적입니다. 제방의 높이는 5미터 남짓에 불과합니다. 그렇게 초라한 제방으로 12개 군현에 걸치는 거대 호수를 가두었다고 여김은 벽골제 유적을 한번도 들러보지 않은 자들의 망상에 불과합니다. 중국의 소주와 항주는 풍년이 들면 천하가 족하다고 할 정도로 광활하고 비옥한 논농사 지대입니다. 소주와 항주야말로 진정한 호수의 고장입니다. 일망무제로 펼쳐진 논이 호수 위에 둥둥 떠 있다고 할 지경입니다. 조선왕조의 지배층은 벽골제를 복구하면 호남은 그 같은 소주와 항주가 될 것이라고 상상하였습니다. 산지가 국토의 거의 8할을 차지하고 있는 나라에서 가당치도 않은 생각이었습니다.

조선왕조는 중국 명明의 제후국으로 건립되었습니다. 조선朝鮮이란 국호는 기자조선箕子朝鮮에서 유래하였습니다. 중국에서 건너온 성인 기자의 도통道統을 잇는다는 취지였습니다. 그러한 역사의식에서 조선왕조의 지배층은 그들의 국토조차 점차 중국적 풍경으로 감각하였습니다. 중국 후난성湖南省에는 지름이 300킬로미터에 달하기도 했던 동정호洞庭湖라는 호수가 있습니다. 중국에서 '호남'과 '호북'이라는

두 성은 이 동정호를 경계로 생겼습니다. 중국인들은 동정호 주변
의 여덟 곳을 소상팔경瀟湘八景이라 하여 천하제일 경치로 자랑하였습
니다. 조선의 선비들은 소상팔경을 소재로 시를 지었습니다. 조선의
화가들은 소상팔경을 모델로 상상의 풍경화를 그렸습니다. 양반가
의 안방에는 소상팔경을 담은 병풍이 펼쳐졌습니다. 산수병풍山水屛風
이라 하지요.

　그렇게 환상의 시와 그림이 지어지는 사이 조선의 국토는 서서히
중국적 풍경으로 바뀌어 갔습니다. 그들은 상상의 벽골제를 중국의
동정호로 감각했으며, 그와 더불어 벽골제가 놓인 전라도를 호남으
로 칭했습니다. 뒤이어 충청도를 가리켜서는 호서라고 했습니다. 방
위 감각에서 호남과 전혀 무관했는데, 그 역시 중국풍으로 지어진
이름이었기 때문입니다.

대보단

　국토 감각만이 그러했던 것은 아닙니다. 삶과 죽음의 원리를 아
우르는 정신세계가 중국화하였습니다. 1704년 조선왕조는 임진왜
란 때 원병을 파견한 명의 만력제萬曆帝를 제사하는 대보단大報壇을 궁
중의 후원 깊숙한 곳에 건립하였습니다. 1749년에는 명의 시조로서
조선이란 국호를 하사한 홍무제洪武帝와 명의 마지막 황제 숭정제崇禎帝

를 추가로 배향하였습니다. 대보단에서의 연간 제사는 세 황제의 즉위일, 기일 그리고 3월의 춘향대제春享大祭, 모두 7차례에 달하였습니다. 세 황제를 함께 모시는 춘향대제는 국왕이 백관을 인솔하여 친히 거행하는 최고 수준의 국가의례였습니다. 1793년 정조는 대보단의 춘향대제를 거행한 뒤 다음과 같은 교지를 신하들에게 내렸습니다.

> 우리 동국東國이 동국일 수 있는 까닭은 대보단이 있기 때문이다. 구주九州가 어둡고 사해四海에 오랑캐의 누린내가 가득하니 양양洋洋하신 황제의 혼령이 우리 동방에 오지 않으면 어디로 돌아가겠는가. 제물을 올리고 몸을 일으키고 구부리는 사이에 눈물이 옷깃을 적시는 줄을 깨닫지 못하였다.

정조의 교지는 조선의 정신세계를 관철한 귀신과 제사의 원리를 전제해야 제대로 이해될 수 있습니다. 그저 제후국의 왕으로서 천자를 성의껏 제사함으로써 조정의 신하로부터 왕에 대한 충성심을 유발하기 위한 정치적 퍼포먼스로 간주해서는 곤란합니다. 실제로 정조는 제사의 절차를 거행하는 도중에 세 황제의 혼백이 눈앞에 현신하여 그가 올린 제물을 흠향歆饗하고 강복降福을 하는 장면을 체험하였던 겁니다. 효성이 지극한 아들이 사흘 전부터 목욕재계하고 아버지 제사를 성의껏 모시면 아버지가 눈앞에 나타나 빙그레 웃으며 "아들아, 잘 먹고 간다"면서 축복하는 것과 동일한 이치입니다.

그렇게 조선왕조는 이승을 떠돌면서 자손의 부름을 기다리는 조상의 혼백에 의해 지배되는 나라였습니다. 그러한 세계에서 왕은 살아 있는 자들의 종주宗主일 뿐만 아니라 죽은 귀신들의 종주이기도 한 존재였습니다. 왕실의 지고한 권위가 역대 국왕의 혼백을 모신 종묘宗廟 제례에 근거하고 있음은 그러한 이치에서였습니다. 거기에 더하여 18~19세기 조선왕조의 국왕들은 대보단 제사를 통한 명 황제들의 혼백과의 접촉을 통해 오래전에 소멸한 명 황실의 일원으로 승격하였습니다. 조선의 왕실은 그 혈통에서 중국화했습니다. 그래서 오랑캐의 누린내가 가득한 사해에서 홀로 중화의 적통嫡統을 찬란하게 보전하였던 겁니다.

저는 졸저『세종은 과연 성군인가』에서 조선왕조의 국가체제는 중국의 황제를 정점으로 한 천자天子 – 제후諸侯 – 대부大夫 – 사士 – 서庶 – 천賤의 위계로 짜인 예禮의 국제질서를 그 본질로 한다고 주장하였습니다. 그 같은 국가체제의 원리는 조선왕조 500년에 걸쳐 정치와 외교를 넘어 물질생활과 정신생활의 구석구석으로 스며들어 그에 상응하는 '문화적 유전자meme'를 생성했다고 지적하였습니다. 앞서 언급한 호남과 호서 별칭이 생겨나는 과정은 그 같은 국가체제가 정비되는 과정과 역사적 궤를 같이합니다. 스스로 복제능력을 가진 유전자는 환경이 변했다고 해서 쉽게 소멸하지 않습니다. 조선왕조가 망한 뒤에도 국토를 중국의 일부로, 국체를 중화제국의 일환으로 감각하는 '문화적 유전자'는 모습을 바꾸면서 살아남았습니다. 저는 중국을 두고 우리와 '운명공동체'라고 규정한 문재인 대통령의 발언은 이 같은 장기지속의 관점에서야 그 역사적 맥락을 올바르게 파악할 수 있다고 생각합니다.

문화적 유전자의 복제

국사학계의 원로 한영우韓永愚 교수가 저술한 『다시 찾는 우리 역사』는 한반도의 지리환경에 대한 서술로 시작합니다. 거기서 한 교수는 우리 한국인은 전통적으로 국토를 생명체로 간주하는 독특한 지리관을 가지고 있다고 지적합니다. 옳은 이야기입니다. 지난 『반일 종족주의』에서 저는 그것을 샤머니즘과 풍수지리에 입각한 한국 특유의 '국토 신체론'이라고 정의한 바 있습니다. 한 교수의 국토 생명체론은 주변 국가와의 관계에서 다음과 같이 펼쳐집니다.

한반도는 인간이 두 다리를 벌리고 서쪽 중국을 향해 팔을 벌리고 서 있는 모습과 같다. 한국과 중국은 지리적으로나 역사적으로 친근하다. 반면 일본을 향해서는 등을 대고 있는 모습이다. 한국과 일본은 지리적으로나 역사적으로 친근하지 않다.

한 교수 자신은 의식하지 않았을 수도 있겠습니다만, 그의 국토 생명체론은 18세기 중엽 이중환李重煥이 지은 『택리지擇里志』그것과 거의 동일합니다. 이중환은 "우리나라는 노인형의 지세로 서쪽을 향하여 얼굴을 열어 중국에 읍揖을 하는 형상이어서 예부터 중국과 친근하다"고 하였습니다. 한 교수는 젊은 시절에 읽은 『택리지』의 이 구절을 무의식으로 복제하여 후세에 전달하는 역할을 훌륭히 수행한 겁니다. 그래서 저는 조선왕조를 관철한 국토 감각은 그 왕조가 망한 후에도 모습을 바꾸면서 지금까지 존속하고 있다고 했습니다.

그 문화적 유전자를 복제하고 전달하는 역할은 대학의 역사학만이 아니었습니다. 우리의 정치, 사회, 교육, 예술 등 모든 분야가 누구도 의식하지 않은 가운데 복제자와 전달자의 역할을 충실하게 수행하였습니다. 다시 문 대통령의 정신세계로 돌아가 봅시다. 그와 동년배인 저로서는 그가 어떠한 교육환경에서 성장했는지 충분히 짐작할 수 있습니다. 어느 시인이 자신의 유년기를 회고하면서 "우리는 방목되었다"고 했습니다. 거친 들판에 내팽개쳐진 가운데 제멋대로 자랐습니다. 고급의 교양 교육을 받은 적이 없습니다. 가르칠 선생도 없었습니다. 문명으로서 근대의 본질이 무엇인지, 근대의 원소라 할 개인, 사권, 자유, 시장이 무엇인지, 그것이 어떻게 인간 내면의 행복을 고양하는지를 독서하고 탐구할 기회를 누리지 못했습니다. 그렇게 황량한 심성에서 근대는 오로지 자본과 권력을 향한 검은 욕망으로 치부되었습니다. 우리 세대에게 근대는 그것을 파쇄하려는 혁명의 광기와 동어반복이었습니다.

이 같은 저와 대통령 세대의 심성에 불을 지른 것은 제 기억으론

1970년대에 리영희李泳禧가 출간한 『전환시대의 논리』와 『8억인과의 대화』가 처음입니다. 큰 불매로 올려진 것은 1980년대에 송건호宋建鎬·강만길姜萬吉·박현채朴玄埰 등이 편집한 『해방전후사의 인식』 시리즈 6책입니다. 이들 책으로 오늘날 이 나라의 정치를 좌우하는 이른바 '민주화 세력'의 역사관이 다듬어졌습니다. 전자는 당시 중국의 마오쩌둥毛澤東이 주도한 문화혁명이 얼마나 휴머니스틱한 것인가를 강조하였습니다. 후자는 이 나라가 미국의 식민지로서 종속권력과 매판자본의 지배하에 놓여 있음을 역설하였습니다. 반면 북한은 민족·민주혁명을 수행한 기지로 평가되었습니다. 『해방전후사의 인식』 시리즈는 마지막 책에서 남한의 민족·민주혁명을 위해 북한 주체사상의 지도를 받을 필요가 있음을 역설하였습니다.

잘 알려져 있듯이 문재인 대통령을 정계로 이끈, 그가 비서실장으로 모신, 노무현盧武鉉 대통령은 『해방전후사의 인식』을 교과서로 이 나라의 역사를 공부하였습니다. 문 대통령도 마찬가지라고 여겨집니다. 그 정신세계에서 중국은 인본주의가 넘치는 혁명의 나라입니다. 장차 미국을 대신하여 세계를 이끌 선진문명의 나라입니다. 북한은 미국의 압박을 받아 물질적으로 고달프지만 정신적으론 풍요로운 나라입니다. 남한의 물질과 북한의 정신을 통합할 필요가 있습니다. 곧 낮은 단계의 연방제를 통한 평화통일의 길입니다. 그것이 남한에서 못다 이룬 민족·민주혁명의 길입니다. 저는 이러한 역사의식 역시 중국을 세계의 중심으로 간주한, 자국의 국체를 중화제국의 일환으로 간주한, 조선왕조가 배양한 문화적 유전자의 복제판이라 생각합니다.

지구는 둥글다

이러한 정신문화에서 지구는 아직도 평평한 대륙입니다. 우리의 '민주화 세력'은 유라시아대륙을 건너온 혁명의 역사와 철학을, 다시 말해 1789년 프랑스혁명에서 1917년의 러시아혁명을 거쳐 1949년 중국혁명으로 이어진 혁명의 연쇄를 세계사의 주류로 간주하고 있습니다. 이들 혁명은 모두 실패하였습니다. 중국의 문화혁명이 얼마나 반인간적이었는지는 새삼 설명할 필요조차 없습니다. 그 혁명의 연쇄가 북한에서 어떠한 지옥도地獄圖를 그려냈는지는 지적하기가 민망할 지경입니다. 그렇지만 그들은 그 점을 인정하지 않습니다. 문 대통령이 취임 초기 중국을 방문하여 마오쩌둥 주석을 존경한다고 표명한 것은, 뒤이어 중국을 우리와 '운명공동체'라고 선포한 것은 이러한 세계관과 역사의식에서입니다.

그렇지만 지구는 둥급니다. 17세기 말 영국에서 발원한 명예혁명이 대서양을 건너 18세기 말 미국혁명을 일으키고, 그것이 19세기 중반 태평양을 건너 일본에 이르고 드디어 우리 조선으로 상륙하였습니다. 그것은 자유와 통상의 이념이 바다를 건너 서진西進한 역사였습니다. 이 나라의 정치세력은 바다를 건너 서진한 자유와 통상의 역사와 철학을 알지 못합니다. 대륙을 타고 동진東進한 혁명의 역사만 진眞의 세계사인 줄 알고 있습니다. 그렇게 성립한 유라시아대륙 중심의 혁명사관은 전술한 중국 중심의 국토 생명체론과 절묘한 결합을 이룹니다. 중국을 G2라고 높이 평가하는 나라는 지구상에서 한국밖에 없다고 합니다. 그렇게 정치이념의 좌우를 떠나 사람들은 전통사회가 생성한 중화사관中華史觀을 열심히 복제하고 전달해 왔습니다.

야누스의 두 얼굴

문재인 정부와 그의 지지세력은 야누스의 두 얼굴입니다. 아니 한국인 모두의 얼굴이 그럴지도 모르겠습니다. 한 얼굴은 중국을 향해 두 팔을 벌리면서 웃고 있는 모습입니다. '운명공동체론'으로 재생한 친중 사대주의의 얼굴입니다. 다른 한 얼굴은 일본을 향해 팔짱을 낀 채 찌푸리고 있는 모습입니다. 이전 책에서 설명한 반일 종족주의의 얼굴입니다. 지난 3월 5일이었습니다. 일본 정부가 코로나19의 확산을 차단하기 위해 한국과 중국으로부터의 입국자를 2주간 격리 수용하고 양국인에 발급한 기존의 비자 효력을 정지하며, 양국에서 출발한 비행기가 착륙할 공항을 한정하였습니다. 그에 대해 중국 정부는 "자국과 외국 시민의 건강과 안정을 위한 과학적이고 전문적이며 적절한 조치"라고 평가한 다음, 일본과 신종 바이러스의 확산을 방지하기 위한 협력을 강화하겠다는 입장을 발표하였습니다.

반면 한국 정부의 태도는 전혀 달랐습니다. "비과학적이며 비우호적"인 조치라고 규정한 위에 "그 정치적 저의가 의심스럽다"고 격앙하였습니다. 외교부 장관은 주한 일본대사를 초치하였습니다. 일본대사가 허리를 굽혀 인사를 하는데도 장관은 90도로 돌아선 가운데 화가 잔뜩 난 표정의 사시斜視로 쳐다볼 뿐이었습니다. 악수조차 청하지 않았다고 합니다. 저는 신문에 보도된 장관의 얼굴을 물끄러미 쳐다보면 우리의 '반일 종족주의' 가설이 여기서 다시 한번 입증되고 있구나 하는 서글픈 심정이 들었습니다.

그 열흘 전인가요, 중국 정부가 한국인 여행객을 상대로 일본 정부와 같은 조치를 취하였습니다. 당시 우리 정부는 아무런 반응을 보이지 않았습니다. 반면 일본 정부의 조치에 격앙한 우리 정부는 곧바로 동일한 조치로 맞대응하였습니다. 이를 설명하는 외교부 대변인의 기자회견이 열렸습니다. 어느 외신기자가 "중국 정부의 조치는 비과학적이며 비우호적이지 않단 말인가"라고 물었습니다. 그러자 외교부 대변인은 한동안 답변을 하지 못하였습니다. 저는 그 외신기자가 쓸데없는 질문을 했다고 생각합니다. 한국인에게는 세계의 시민이 납득할 수 없는 야누스의 두 얼굴이 있습니다. 기자는 그걸 몰랐고, 외교부 대변인은 그걸 합리적으로 설명할 도리가 없었습니다.

Veritas vincit!

지난해 7월 우리의 『반일 종족주의』가 출간되었을 때 주요 언론과 좌파세력이 보인 반응은 이 나라가 종족주의 사회라는 우리의 가설을 충실하게 증명해 주는 그런 수준이었습니다. 주요 언론은 아예 침묵함으로써 우리 책의 보급을 막았습니다. 역사학계의 본진 역시 침묵하였습니다. 반면 대학과 언론 주변을 서성이는 좌파운동세력은 격앙하였습니다. 우리를 향해 온갖 형태의 분노와 매도를 쏟아냈습니다. 어떤 소설가는 '신新반민족행위처단법'을 제정해서라도 우리를 처단해야 한다고 주장하였습니다. 그들이 말하는 역사는 그들이 지어낸 환상에 불과한 것입니다. 어느 잘 나가는 교수 출신의 정치인은 우리를 '친일 부역 매국노'라고 매도하였습니다. 다른 어느 유명한 교수는 우리를 일제를 위해 목숨을 바치려는 '가이텐回天'이라고 규탄했습니다. 일제가 미국과의 전쟁 말기에 개발한 인간어뢰가 가이텐입니다. 어느 법학 교수는 저를 지목하여 학문적 인생이 끝났다고 했습니다. 제가 평생에 걸쳐 무슨 연구를 했으며, 어떠한 성과를 축적했는지 알 리 없는 시원찮은 인물이었습니다.

근대화는 단순히 법과 제도의 문제만이 아닙니다. 전근대와 근대 사이엔 쉽게 건널 수 없는 문화와 종교의 계곡이 있습니다. 우리 한국의 지성사에서 이런 수준의 근대의 관문을 돌파하거나 돌파하기 위한 노력은 없는 편이었습니다. 그래서 지난 『반일 종족주의』에서 강조했습니다만, 지금도 많은 사람들은 조선왕조가 어떻게 망했는지를 알지 못합니다. 지금도 이 나라가 어떻게 세워진 나라인지 알지 못합니다. 그래서 망하는 데에도, 다시 세우는 데에도 실패했다고 하였습니다. 문화와 종교의 수준에서 근대의 관문을 통과해 본 적이 없으니 여전히 중세적 환상, 광신, 편견, 증오가 횡행하고 있습니다.

그렇지만 우리는 승리할 것입니다. 아직은 소수파이지만 『반일 종족주의』는 상당수의 독자층을 확보하였습니다. 이전에 볼 수 없었던 새로운 현상입니다. 역시 역사는 조금씩 진보하고 있습니다. 어느 종속 상태의 후진국이 자유롭고 독립적인 국가로 서기 위해선 상응하는 정신혁명이 필요합니다. 오랜 기간 합스부르크 제국의 지배 하에서 사대주의와 노예근성과 비과학적 미신에 찌든 체코와 슬로바키아 민족이 1918년 체코슬로바키아라는 독립국을 세울 수 있었던 것은 오로지 위대한 철학자이자 정치가인 토마스 마사리크[Thomas G. Masaryk] 건국 대통령의 공로였습니다. 그는 늘 강조하였습니다. "중세적 환상과 광신에 기초하여 새로운 나라를 세울 수 없다." 수많은 오해와 편견의 공격에 맞서 그는 외쳤습니다. "사실이 승리한다 Veritas vincit!" 조금 뒤늦게 같은 수준의 민족을 자유롭고 독립적인 국가로 이끌기 위한 견마지로[犬馬之勞]를 다한 우리의 건국 대통령 이승만[李承晚]의 정신도 마찬가지였습니다. 다시 한번 외칩시다. "Veritas vincit!"

참고문헌

김학은(2013), 『이승만과 마사리크』 북앤피플.

계승범(2011), 『정지된 시간 – 조선의 대보단과 근대의 문턱 – 』 서강대학교출판부.

금장태(2009), 『귀신과 제사 – 유교의 종교적 세계 – 』 제이앤씨.

이영훈(2018), 『세종은 과연 성군인가』 백년동안.

이영훈(근간), 『호수는 어디에』 백년동안.

한영우(1997), 『다시 찾는 우리 역사』 경세원.

1
편

일본군 위안부

반일 종족주의자 주장하길

일본군 위안부의 '강제동원'은 분명히 있었다. 물론 군인이 전면에 나서서 사람들을 끌고 가는 형태는 아니었다. 그럴 필요가 없었다. 일본군은 공창제와 소개업을 '강제동원'에 이용하였다. 국제법에서 규정하는 '강제'란 "본인의 의사에 반하는 것"을 말한다. 일본군은 위안부의 모집에 있어서 그같이 제도화된 '강제동원'의 길을 택하였다. 위안부들은 위안소에 감금되어 인간과 여성으로서의 존엄을 침해당한 국가범죄의 피해자였다(윤명숙 2019 요약).

위안부 강제연행설
재비판

——— 이영훈

귀향

우선 몇 년 전에 상영된 「귀향」이란 영화를 소개하겠습니다. 흔히들 고향으로 돌아가는 것을 귀향歸鄕이라 합니다만, 이 영화 제목의 '귀향'은 그런 뜻이 아닙니다. '귀신의 고향鬼鄕'이란 뜻입니다. 이 나라 대한민국은 원한에 사무친 귀신이 공중에 떠도는 고향이란 뜻입니다. 때때로 가족이나 친족이 진혼굿을 하면 무녀巫女의 몸을 빌려 생시의 모습으로 나타나 살아 있는 사람과 통곡으로 대화하고 살풀이춤으로서 원한을 달래는 그러한 귀신의 고향입니다. 제가 '반일 종족주의'라는 말을 신조新造한 데에는 이 영화가 한 몫의 역할을 하였습니다.

1943년 6월 경남 거창居昌 어느 평화로운 마을입니다. 14세 소녀
가 동무들과 천진난만하게 공기놀이하는 장면으로 영화는 시작합니
다. 어느 날 일본군이 나타나 소녀를 끌고 갑니다. 딸을 빼앗긴 소녀
의 부모는 땅을 치며 통곡을 합니다. 소녀는 다른 여러 소녀들과 함
께 저 멀리 만주 지린성吉林省 어느 일본군 위안소로 끌려갑니다. 소
녀들은 형무소와 같은 시설의 각 방에 감금됩니다. 그리고선 일본군
에 의해 강간을 당합니다. 방에 들어온 일본군은 다짜고짜로 소녀를
때리기부터 합니다. 그리고선 짐승과도 같이 소녀를 벗기고 범합니
다. 소녀들의 얼굴과 신체 곳곳은 언제나 피멍투성이입니다.

어느 날 일본군은 소녀들을 총살합니다. 총살의 이유는 알 수 없
습니다. 그저 상부의 지시라고 합니다. 그리고선 시신 더미에다 석
유를 뿌려 불태웁니다. 마침 독립군이 총살 현장을 습격합니다. 그
와중에 용케 살아남은 두 소녀가 있습니다. 한 소녀는 영화의 주인
공으로 거창에서 끌려온 소녀입니다. 다른 한 소녀는 경기도 가평加
平에서 끌려온 소녀입니다. 어느 악독한 일본군이 두 소녀마저 죽이
려 총을 쏩니다. 그러자 거창의 소녀는 가평의 소녀를 감싸며 대신
죽습니다. 그렇게 살아남은 가평의 소녀가 나중에 늙어서 경기도 북
한강변의 어느 당산나무 아래에서 벌어진 진혼굿에 참가했다가 자
기를 대신하여 죽은 거창 소녀의 현신한 혼을 만납니다. 두 소녀는
붙들고 통곡합니다. 그렇게 원한을 달랜 거창 소녀의 혼은 고향으로
날아가 부모의 품에 안깁니다.

강제동원의 확대 해석

일본군 위안부 문제를 오랫동안 연구해 온 윤명숙 교수(이하 경칭 생략)는 『한겨레신문』에 기고한 글에서 "영화 귀향에서와 같이 일본군이 총검을 앞세워 처녀를 끌고 가는 일은 없었다. 영화의 그런 장면은 좀 지나쳤다"고 지적하였습니다. 한일 양국의 위안부 연구자들은 오래전부터 그 같은 이해를 공유하였습니다. 일본에서 위안부 연구의 권위라 할 수 있는 요시미 요시아키吉見義明 교수는 "권력에 의한 위안부의 강제연행은 증명되고 있지 않다"고 몇 차례 이야기한 적이 있습니다. 국내에도 잘 알려져 있는 분입니다만, 위안부 운동을 주도해 온 와다 하루키和田春樹 교수도 "관헌에 의한 직접적인 강제를 입증할 만한 문서자료가 아직 발견되고 있지 않음은 분명하다"고 말했습니다.

전시기 총독부는 위안부와 관련하여 노무자 동원에서와 같은 모집이나 알선 정책을 시행한 적이 없습니다. 1940년에 발포된 국민직업소개령國民職業紹介令이나 부속 시행규칙도 위안부를 대상으로 삼지는 않았습니다. 제도와 정책의 수준에서 총독부가 위안부를 동원했다고 주장할 만한 증거는 없습니다. 수년 전에 작고했습니다만, 전시기에 충남 논산군에서 각종 전시동원의 실무를 담당한 김영한金榮漢이란 분이 계십니다. 대량의 고문서를 소장하고 있어서 친분을 맺게 된 분입니다. 그분도 여성을 동원의 대상으로 삼은 공문서가 하달되거나 그런

정책이 시행된 적은 없었다고 했습니다. 저의 그런 질문에 대해 오히려 별 것을 다 묻는다는 표정을 짓기도 했습니다. 요컨대 일본군 위안부의 모집은 전시기의 각종 동원정책에서 그 대상이 아니었습니다.

그럼에도 불구하고 윤명숙을 비롯한 여러 위안부 연구자는 실태로서 '강제동원'이나 '강제연행'은 있었다고 주장합니다. 1937년 일본군 위안소가 설치되기 전부터 존속한 공창제와 주선업(소개업)이 그 역할을 대신했다는 겁니다. 주선업자는 가난하고 무식한 집의 18세 전후의 딸을 폭력이나 강압으로 끌고 가거나, 좋은 데 취직시켜준다는 감언이설로 데려갔다고 합니다. 형법에서는 전자를 약취略取라 하고, 후자를 유괴誘拐라 합니다. 이같이 당자의 의사에 반하게 당자를 특정의 피지배 상태로 옮기는 약취와 유괴 행위는 당시의 형법이 금하고 처벌하는 범죄였습니다. 일본군이 주선업자에게 그러한 범죄를 의뢰했으며, 총독부는 그에 협조했으니 일본군의 위안부 모집은 사실상 '강제동원'과 다를 바 없다는 것이 윤명숙의 주장입니다. 그런데 제가 『반일 종족주의』에서 그 점을 부정했으니, 이는 "단지 견해의 차이라는 말로 덮어두고 갈 수 있는 일이 아니다"라고 협박성의 분노를 터뜨리고 있습니다.

비슷한 주장은 윤명숙 이외에도 『반일 종족주의』를 겨냥한 여러 학술회의와 글에서 표출되었습니다. 예컨대 민족문제연구소가 주최한 「반일종족주의, 긴급진단」이란 학술회의에서 강성현은 강제란 본인의 의사에 반하여 끌고 가는 약취와 유괴 범죄인데, 일본군이 이를 사주하고 총독부가 이를 방조했으므로 강제동원과 다를 바 없다고 주장하였습니다. 그들은 저를 '극우파'라고 매도하면서 심지어는 저의 발언을 법을 제정해서라도 규제해야 한다고 소리치고 있습니다.

약취와 유괴 범죄의 추이

실은 이 같은 강제동원의 확대 해석은 일본의 요시미 교수가 그 효시입니다. 한국의 여러 연구자는 요시미설을 무비판으로 수용하여 일본의 국가책임을 집요하게 추궁해 온 나머지, 위안부 문제를 탈출구 없는 동굴 속으로 밀어 넣고 말았습니다. 『반일 종족주의』에서 주익종 박사가 지적한 대로 양국 관계는 파탄이 나도 좋다는 식의 무책임함으로 이 나라의 국가체제에 큰 위기를 초래하고 말았습니다. 저는 이 같은 강제동원의 확대 해석에 큰 의문을 가지고 있습니다. 실은 『반일 종족주의』에서 그 점을 세밀하게 서술할 여유를 갖지 못했는데, 마침 여러 연구자가 그에 초점을 맞추어 저를 적대적으로 비판하고 있기에 여기서 저의 입장을 좀 더 자세하게 밝히고자 합니다.

표1-1은 1920~1943년에 걸쳐 약취와 유괴 혐의로 경찰에 검거된 건수와 인수, 그 가운데 검사에게 송치된 건수와 인수, 그 가운데 기소 또는 불기소 처분된 인수를 나타내고 있습니다. 1920년만 하

더라도 경찰의 검거 건수는 733건에 지나지 않았으나, 1920년대에 걸쳐 두 배 이상 급증했으며, 1930년에는 연간 2,160건으로 피크를 이루었습니다. 이후 급속하게 감소하여 1941년에는 718건, 나아가 1943년에는 347건에 불과하게 되었습니다.

표1-1 약취·유괴 범죄의 검거, 송치, 불기소의 추이(1920~1943)

연도	경찰검거		검사로 송치		검사 수사		불기소율
	건수	인수	건수	인수	기소인수	불기소인수	%
1920	733	1,198					
1921	914	1,637				1,648	
1922	1,031	1,599	963	1,499		1,681	
1923						2,074	
1924	1,473	2,329	1,329	2,100	163	2,098	90.1
1925	1,810	2,751	1,673	2,534	183	2,505	91.1
1926	1,928	2,865	1,761	2,638	149	2,674	93.3
1927	1,971	3,005	1,808	2,753	118	2,741	91.2
1928	2,095	3,193	1,920	2,956	154	2,940	92.1
1929	2,152	3,393	1,971	3,106	172	3,055	90.0
1930	2,160	3,372	1,959	3,022	171	2,975	88.2
1931	1,616	2,732	1,450	2,442	90	2,582	94.5
1932	1,611	2,710	1,423	2,396	92	2,215	81.7
1933	1,645	2,703	1,463	2,402	130	2,337	86.5
1934	1,817	3,077	1,597	2,713	201	2,530	82.2
1935	1,580	2,310	1,402	2,000	112	2,139	92.6
1936	1,507	2,452	1,319	2,163	139	1,936	79.0
1937	1,207	1,794	1,087	1,594	118	1,659	92.5
1938	1,108	1,790	1,002	1,631	103	1,494	83.5
1939	1,164	1,940	1,007	1,662	141	1,523	78.5
1940	1,011	1,631	889	1,445	170	1,297	79.5
1941	718	1,096	663	996	100	921	84.0
1942	505	799			56	644	80.6
1943	347	487	313	446	45	477	97.9

자료: 1920~1942년: 조선총독부, 『조선총독부통계연보』 각 연도판.
　　　1943년: 남조선과도정부, 『조선통계연감 1943』.
비고: 불기소율은 '인수' 기준.

1920년대에 경찰의 검거가 급증한 것은 그만큼 농촌 사회의 빈곤이 심화된 기간이었기 때문입니다. 1929년과 1930년이 건수나 인수에서 피크를 이룬 것은 그때가 세계 대공황기였음과 밀접한 관련을 갖습니다. 이후 감소추세를 걷다가 1934년과 1939년에 일시 반등하는데, 이는 이 두 해가 심한 흉년이었기 때문입니다. 이러한 사실은 유괴와 약취 범죄가 주로 하층민의 빈곤에 기인한 사회문제였음을 시사하고 있습니다.

1930년대에 들어 약취·유괴의 검거가 줄어든 것은 하층민의 빈곤이 개선된 사회경제적 변화를 반영하고 있습니다. 1920년대가 상대적으로 정체와 빈곤의 기간이었다면, 1930년대는 활발한 개발과 성장의 기간이었습니다. 1인당 소득수준이 개선되었습니다. 낙성대경제연구소의 추계에 의하면 1930~1940년간 1인당 실질소득은 1.33배나 증가하였습니다. 그만큼 가난에 몰려 전차금前借金을 받고 딸을 주선업자에게 넘기는 가부장들의 비정한 행위는 줄어들었습니다. 생활수준의 개선은 적령기 아동의 취학률에서도 관찰됩니다. 보통학교(이후 소학교)로의 취학률은 1933년부터 뚜렷하게 개선되어 1943년경이면 적령기 남자 아동의 60%, 여자 아동의 40%가 취학을 하였습니다. 여성의 인권의식이 점차 고양되어 온 것도 한편의 주요 원인이었습니다. "가시나가 공부하면 여우밖에 되지 않는다"면서 자기 몰래 학교에 간 딸을 죽도록 두들겨 팬 가부장의 비정한 폭력도 사라져 갔습니다.

1937년 이후 많은 남성이 노무자, 군인, 군속으로 일본, 중국 등지로 나갔습니다. 1942년 이후 농촌에서는 인력 부족 현상이 매우 심해졌으며, 이에 여성이 농업노동의 중심을 차지하게 되었습니다. 또한 전시통제의 정책과 기구가 농촌 사회의 저변에까지 깊숙이 침투하였습니다. 총독부는 금융조합金融組合을 통해 1933년부터 시행해 온 자작농지설정사업自作農地設定事業에 박차를 가하였습니다. 그에 따라 전시기에 걸쳐 농지가 없는 순소작농의 상당 부분이 약간의 자작지를 소유한 자소작농으로 상승하였습니다. 더 이상 자세하게 설명하지 않겠습니다만, 이상과 같은 1930년대 이래의 사회경제적 변화는 하층민의 딸을 상대로 한 약취와 유괴 범죄를 크게 감소시킨 원인으로 작용하였습니다.

다시 표1-1을 살펴보면 1937년 이후 일본군 위안소가 조선, 만주, 중국 각 지역에서 설치되지만, 그것이 약취와 유괴 범죄를 증가추세로 돌리는 계기로 작용하지는 않았음을 확인할 수 있습니다. 『반일종족주의』에서 강조한 바입니다만, 일본군 위안부제는 이전부터 있어 온 공창제의 일부분이었습니다. 위안소의 설치에 따라 신규로 약 3,600명에 달하는 조선인 위안부에 대한 수요가 발생했습니다만, 그로 인해 약취와 유괴 범죄가 증가하지는 않았습니다. 오히려 급속하게 감소하는 추세 그대로였습니다. 대개 3,600명이면 1개 면面 평균으로는 1.6명입니다. 1개 면에서 배출된 국내외에서 활동하는 창기, 작부, 예기의 수는 평균 7~8명이었습니다. 그런 상태에서 1.6명 정도의 추가 수요는 기존 창기와 작부들로 충당할 수 있었습니다. 또한 3,600명의 일정 부분이 새롭게 모집되었다한들 사회적으로 큰 이슈가 될 상황은 아니었습니다. 다시 말해 기존의 공창제 시장에 비추어 새롭게 발생한 위안부 시장은 그리 큰 규모가 아니었습니다. 당시의 여러 신문을 검색해 보아도 위안부에 관한 기사가 전무한 것은 그 때문이었습니다. 다른 한 가지 요인이 더 있었습니다. 많은 경우 위안부의 모집은 합법의 요건을 갖추거나 그것을 위장하였다는 점입니다. 이하 그에 관해 살펴봅시다.

불기소의 사유

표1-1에서 보듯이 경찰에 검거된 범죄 피의자는 90% 가까이가 검사에게 송치되었습니다. 경찰은 나름의 사명감을 가지고 범죄 혐의자를 열심히 체포하여 검찰에 넘겼다고 하겠습니다. 그런데 이후 검사에 의해 기소되어 재판에 부쳐진 사람은 얼마 되지 않았습니다. 1924~1941년간 총 4만 553명이 검찰에 송치되었지만 검찰이 기소한 사람은 2,506명에 불과하고 3만 9,621명에 대해선 불기소 처분을 하였습니다. 기소와 불기소의 합이 송치의 수와 합치하지 않은 것에 대해선 정확하게 설명하기 힘듭니다. 어쨌든 경찰의 검거 인수를 기준으로 불기소율을 산출하면 1924~1943년간 평균 87.5%에

달합니다. 표1-1에는 없습니다만, 실제 재판에 회부된 사람 가운데 유죄 판결을 받아 징역형에 처해진 사람의 비율은 85%였습니다. 나머지 15%는 무죄였습니다. 종합하면 당초 경찰에 의해 범죄 혐의자로 검거된 사람 가운데 최종적으로 유죄 판결을 받은 사람은 10% 남짓에 불과하였습니다.

어떻게 해서 이런 결과가 나왔을까요? 『조선총독부통계연보』에 의하면 불기소 처분의 가장 큰 사유는 "죄를 구성할 요건이 되지 않는다"는 것이었습니다. 이 사실은 지금의 위안부 논쟁과 관련하여 무엇을 시사할까요? 불쾌하게 들릴지 모르겠습니다만, 위안부 모두가 약취와 유괴 범죄의 희생자일 수는 없다는 점입니다. 그들의 일정 부분은 원래부터 창기, 작부, 예기, 여급으로서 성매매산업에 종사한 여인들이었습니다. 『반일 종족주의』에서 소개한 바입니다만, 1942년 버마로 간 문옥주가 속한 20명의 팀 가운데 7명은 문옥주와 같은 원元 예기이거나 창기, 작부들이었습니다. 나머지 가운데 몇 사람도 그러하여 적어도 문옥주 팀의 절반은 창기, 작부, 예기들이었습니다. 나머지 절반은 가족의 부채도 상환하고 동남아 신천지에서 간호부 등으로 일하면서 보다 높은 소득과 양질의 삶을 살 수 있다는 희망을 품고, 그러한 감언이설에 속아서 버마행 위안부 팀에 참여하였습니다. 그런데 그들 모두는 과연 약취나 유괴 범죄의 희생자로서 '강제연행'된 여인들이었을까요? 그들을 이끌고 간 업주들이 모두 경찰에 그런 혐의로 체포되었다 칩시다. 위와 같이 수사와 재판의 결과 그들의 10%만이 진정한 의미의 범죄자로 처벌되었을 겁니다.

나머지 90%는 왜 훈방되거나 무죄 판결을 받았을까요? 그들은 위안부 본인의 취업사유서, 호주의 취업동의서, 호적등본, 인감증명서, 경찰서장의 여행허가서, 이들 서류를 토대로 발행된 여권 등등을 구비하였기 때문입니다. 다시 말해 형식 요건에서 주선업자나 위안소 업주의 행위는 합법이었습니다. 관련하여 한 가지 사례를 소개하겠습니다. 1942년 중국 화북, 화중, 화남에 분포한 조선인의 성명, 본적, 사업체, 직장, 주소를 나열한 『재지반도인명록在支半島人名錄』이 출간되었습니다. 중국에 진출한 조선인 교민 사회의 정보 소통과 단합을 위한 책자였습니다. 그 가운데 일본군 위안소로 보이는 업체와 그에 소속한 위안부가 포함되어 있습니다. 위안부라 하지만 교민 사회의 일원으로서 소속감을 잘 드러내 보이는 자료라고 하겠습니다. 그들을 교민 사회에 끼지 못하는 노예적 처지로 간주해서는 곤란합니다. 표1-2는 중국 안후이성安徽省 당투當塗에 소재한 아사히관朝日館 업주 부처와 위안부들의 성명과 본적지 상황입니다.

소속 위안부는 모두 8명입니다. 잘 알려져 있듯이 위안부들은 대개 무학無學이었습니다. 자기 이름은 물론 본적지 주소를 한자로 쓸 수 있는 학력의 소지자가 아니었습니다. 그럼에도 위 인명록은 그들의 이름과 본적지를 빠짐없이 등재하였습니다. 호적등본과 같은 서류가 있었기 때문입니다. 그들이 약취와 유괴 범죄의 희생자라면 있

표1-2 중국 안후이성 당투 소재 아사히관의 업주와 위안부(1942)

씨명	본적지	비고
薛濬東	開城府 滿月町 721	館主
張福實	開城府 滿月町 721	妻?
吳○孫	開城府 南山町 757	
李○德	平壤府 新里 119	
舍○江	慶北 淸道郡 雲門面 梧津洞	
車○子	開城府 東町 63	
李○○子	開城府 雲鶴町 96	
咸○子	平南 平原郡 能湖面 藥田里 100	
裵○子	開城府 宮町 470	
金○源	黃海道 海州郡 松林面 借坪里 674	

자료: 白川秀男(1942), 『在支半島人名錄』(제3판), 白川洋行, 125쪽.

을 수 없는 현상입니다. 호적등본은 호주의 의지나 승인에 의해서만 발급될 수 있는 문서입니다. 그들이 멀리 중국 안후이성 당투의 위안소에까지 올 수 있었던 것은 호주들의 취업 승낙서와 그것을 증빙하는 호적등본과 같은 서류의 힘이었습니다. 동 인명록에는 중국 전역에 걸쳐 위안부로 여겨지는 약 580여 명의 여인이 수록되어 있습니다. 그들 모두는 한자로 표기된 성명과 본적지의 보유자였습니다. 다시 말해 그들은 실제 내용이야 어떻든 형식 요건에서 합법적인 경로로 위안부가 된 여인들이었습니다.

더 멀리 동남아나 남양南洋으로 간 위안부들도 마찬가지였습니다.

시로타 스즈코城田すず子라는 일본 여인이 있었습니다. 부친의 사업 실패로 가정이 망하자 위안부가 된 여인입니다. 그녀는 두 차례에 걸쳐 남양으로 갔습니다. 1944년경인가 그녀가 두 번째 남양행 배를 탔을 때 해군특별위안대 소속의 위안부 20명이 동승하였습니다. 그들 모두는 조선과 오키나와의 여인들이었습니다. 그들은 팔라우섬의 고우쥬엔紅樹園이란 위안소로 갔습니다. 거기서 시로타는 조바帳場로 근무하였습니다. 드디어 미국군이 팔라우섬에 상륙하기 시작하였습니다. 시로타는 위안부들과 함께 밀림 속으로 피난하였습니다. 그 황급한 와중에 시로타는 위안부들의 차금借金 장부와 호적 등, "그녀들이 팔라우에 와 있음을 증명하는 서류만큼은 책임감을 가지고 보자기에 쌌다"고 하였습니다. 다시 말해 저 멀리 남양의 팔라우섬까지 조선의 여인들을 보낸 것은 약취와 유괴의 범죄가 아니라 호주들의 취업 승낙과 그것을 증빙하는 호적이었습니다. 표1-1에서 보듯이 조선의 경찰이 열심히 범죄 혐의자를 체포하여 검찰에 송치했지만, 그 90%가 훈방이나 무죄 판결로 풀려난 것은 바로 그 때문이었습니다.

인신매매의 실태

그래서 저는 『반일 종족주의』에서 일본군 위안부 문제를 단순히 국가권력에 의한 국가범죄의 문제로만 추궁할 수는 없고, 조선에 이식된 민법을 비롯한 근대적 법제, 호주제 가족, 가부장 권력, 빈곤 등등이 종합적으로 작용하여 하층 극빈 계층의 딸들에게 강요한 슬픈 운명으로 재조명할 필요가 있음을 강조했던 것입니다. 위안부 문제가 진정 약취와 유괴의 범죄일진대 그것은 국가권력, 주선업자, 위안소 업주만이 아니라 남성, 가부장, 사회가 가담한 범죄로서 그 시대 고유의 역사적이며 문화적인 현상이기도 했던 것입니다.

그에 관해서는 당시의 여러 신문에서 많은 정보를 취할 수 있습니다. 『반일 종족주의』에서는 1937년 서울시 종로에서 김초향金草香이란 기생이 부모가 자기를 만주 어느 유곽의 창기로 팔려고 하자 극력 저항한 사건을 소개하였습니다. 그보다 앞서 1934년 경기도 소사素砂에서도 비슷한 사건이 있었습니다. 세 딸을 가진 어느 아버지가 큰딸과 셋째 딸을 이미 팔았습니다. 그리고선 남은 둘째 딸마저 팔려고 했습니다. 그러자 둘째 딸이 소사경찰서에 뛰어들어 선처를 호소했습니다. 경찰서는 그 비정한 아버지를 불러 '설유說諭'하였습니다. 처벌은커녕 타일렀던 것입니다. 가부장 권력이 자신에 속한 가족 성원의 지위를 변경하는 것은 그에게 주어진 합법적 권리이기 때문이었습니다.

또한 극빈층의 부모는 어린 딸을 주선업자나 중개인의 수양딸로 넘겼습니다. 서울시 종로에 사는 어느 어리석은 부모는 집을 찾아온 행상이 "당신 딸은 기생을 해야 장수할 팔자다"라고 말하자 그에 넘어가 자신의 딸을 그 사람의 수양딸로 주었습니다. 몇 년 뒤 그 행상은 그 딸을 만주 유곽의 기생으로 팔았습니다. 뒤늦게 자신의 어리석음을 깨달은 부모는 경찰서에 나가 딸을 찾아달라고 눈물로 호소했습니다만 때는 너무 늦었습니다. 원 위안부 가운데 사주팔자 때문에 위안부가 되었다는 여인이 있는데 이런 경우가 그에 해당하겠습니다.

1939년은 극심한 흉년이었습니다. 전국적으로 약취와 유괴의 범죄가 횡행하였습니다. 하윤명河允明이란 여인과 그의 남편이 저지른 대규모 범죄가 연일 신문에 대대적으로 보도되었습니다. 하윤명 부부의 마수에 걸려 지난 수년간 약 150명의 소녀가 만주와 중국으로 팔려나갔습니다. 이 사건을 계기로 동년 7월 서울 동대문경찰서는 관내 기생양성소의 실태를 조사하였습니다. 그 결과 15세 전후의 소녀 100여 명이 억류되어 있음을 확인하였습니다(사진1-1). 그들의 상당 부분은 부모에 의해 기생양성소 업주의 수양딸로 넘겨진 아이들이었습니다. 그중의 일부가 나이 18세가 되어선 일본군 위안부로 팔려나갔겠지요.

그럼 하윤명 부부나 기생양성소 업주는 어떠한 처벌을 받았을까요? 저는 그들이 유죄 판결을 받았을 가능성은 그리 높지 않다고 생각합니다. 그들에게 억류된 소녀는 대개 그 부모가 수양딸로 넘긴 아이들이었습니다. 그들은 약간의 금전을 지불하고선 입양에 필요한 제반 서류를 소녀의 부모로부터 받았을 겁니다. 혹은 빈곤에 찌들고 가부장의 폭력이 난무하는 가정으로부터 탈출하여 헤매다가

사진1-1 서울 동대문경찰서 관내 기생양성소에 억류된 소녀들

자료:『동아일보』 1939년 7월 14일.

인신 매매업자에 접수된 여인들이 있었습니다. 이 경우 업자들은 서류를 적당히 꾸며 여인들의 신분을 독립 호주로 바꾸었습니다. 그 경우 여인들은 자기 의지로 위안부로 나갈 형식 요건을 갖춘 셈입니다. 이러한 업자들을 검찰이 기소하거나 재판관이 징역형에 처하는 것은 쉽지 않았습니다. 어느 연구자가 하윤명 부부에 관한 심문과 재판 기록을 찾으려 했지만 실패했다고 합니다. 세론의 매서운 질타에도 불구하고 법의 세계는 달랐습니다. 하윤명 부부나 기생양성소의 업주들은 아마도 검찰에 의해 훈방되었을 겁니다.

역사학의 횡포

역사가는 재판관이 아닙니다. 일본군의 위안부 모집을 일의적으로 약취와 유괴 범죄로 규정하고 그에 대한 일본의 국가책임을 묻는

것은 그 시대의 사회, 문화, 법, 제도를 총체로 서술해야 하는 역사학의 직분을 넘어서는 일입니다. 당시에도 전문적 훈련을 받은 법률가로서 경찰과 검사와 재판관이 있었습니다. 그들은 직무에 따라 상이한 판단을 하였습니다. 치안 일선을 담당한 경찰의 눈에는 범죄이지만, 기소 여부를 결정한 검사의 입장이나 유죄 여부를 판결한 재판관의 시각은 달랐습니다. 역사가는 당대의 그러한 현실을 있는 그대로 충실하게 묘사할 뿐입니다. 더 이상의 능력은 그들에게 없습니다. 더 이상의 권한은 그들에게 허락되지 않습니다. 진정한 역사가는 특정 시대나 사건의 전체상을 충실히 복구하기엔 그들이 수집한 자료가 얼마나 부족하고 그들의 지력이 얼마나 초라한지를 날마다 깨닫는 직업인입니다.

제 경험 역시 그러합니다. 위안부 문제를 연구할수록 제가 아는 것보다 모르는 것이 더 많아짐을 깨닫습니다. 역사가로서 저는 일본군 위안부라는 사건의 윤곽을 스케치하듯 그릴 뿐입니다. 새로운 연구서를 읽고 또 새 사료를 분석하면서 그 윤곽조차도 끊임없이 수정하게 됩니다. 2007년에 낸 『대한민국 이야기』라는 책에서 저는 일본 관헌이 여성을 납치, 연행한 것은 아니지만 위안부 동원이 "일본군의 전쟁범죄"였으며, 위안부는 "행동의 자유가 박탈된 성노예"라고 썼습니다. 요시미 교수의 견해에 공감한 것입니다.

그러나 그 후 10여 년간 여러 연구서를 섭렵하고 새로운 사료를 발굴하기도 한 결과, 저는 일본군 위안부제는 일본과 조선의 공창제가 군대 안에서 재현된 것임을 알게 되었습니다. 그래서 저는 "일본군의 전쟁범죄"라든가 "성노예" 주장에 더 이상 동조하지 않습니다. 누군가는 저에게 왜 말을 바꾸느냐고 비판합니다만, 저로서는 연구결과 갖게 된 새로운 견해를 솔직하게 밝힌다는 역사가의 책무를 회피할 수 없습니다.

저는 『반일 종족주의』 출간 이후 일본군 위안부 문제에 관한 제반 자료와 연구를 다시 한번 꼼꼼히 챙겨보았습니다. 그리고선 확인하였습니다. 이 문제가 지난 30년간 조금도 시들지 않고 오히려 점점 심각해져 온 데에는 자신을 역사의 법정을 주관하는 클리오Clio로 착각하는 한국과 일본 역사가들의 오만하고도 무지한 자세가 가장 큰 원인을 이루어왔다고 말입니다. 한국의 역사가들이 쓰고 있는 그 오만과 무지의 가면을 들추면 거기엔 불변의 적대 감정에 몸서리치는 반일 종족주의의 얼굴이 있습니다.

참고문헌

강성현(2019), 「한국 뉴라이트의 역사수정주의 논리와 욕망 ─일본군 위안부 문제를 중심으로」, 민족문제
  연구소 · 일본군위안부연구회, 『『반일 종족주의』 긴급진단 : '역사부정'을 논박한다』.
김낙년 외(2012), 『한국의 장기통계: 국민계정 1911-2010』, 서울대학교출판문화원.
윤명숙(2019), 「돈벌이 좋은 개인 영업자라니」, 『한겨레신문』, 2019년 9월 5일.
이영훈(2019), 「일본군 위안부 문제의 진실」, 『반일 종족주의』, 미래사.
城田すず子(1971), 『マリヤの讚歌』, 日本基督敎團出版局.

반일 종족주의자 주장하길

『반일 종족주의』가 일본군 위안부 문제에 앞서 미국군 위안부나 6·25
전쟁 당시의 한국군 위안부 이야기를 먼저 꺼낸 것은 일본군 위안소 제
도에 대한 일본의 국가책임을 요구하는 시선을 국내로 돌리고자 하는
의도로 판단된다. 일본 정부를 질책하기에 앞서 우리 안의 문제를 먼저
따지자는 것이다. 그러나 이건 순서의 문제가 아니다. 민족 내부의 어
떤 문제점을 어떻게 지적하느냐의 문제이다(윤명숙 2019 발췌 요약).

02.

위안부 운동의
폭력적 심성

———— 이영훈

잔인한 교육

2018년 7월 『조선일보』에 「위안부 역사, 초등생이 꼭 배워야 하나」라는 제목의 칼럼이 실렸습니다. 김태훈 기자가 썼습니다. 그달에 서울시가 초등학교 5·6학년생과 중학생을 대상으로 일본군 위안부 피해에 관한 교육을 실시하였습니다. 서울시가 제작한 교재엔 "일본군 위안부는 성노예", "아침부터 밤까지 끊임없는 성폭력" 등의 서술이 있습니다. 과도하지 않느냐는 지적이 일자 교사들은 "아이들이 성교육을 받고 있으니 이 정도는 문제될 게 없다"고 답하였습니다. 김태훈 기자는 의문을 표합니다. 독일 정부가 나치의 홀로코스트에 관해 교육을 할 때도 학생들의 나이를 고려한다는 겁니다. 나치의 유대인 수용소를 견학할 수 있는 나이는 만 14세 이상으로 제한되며, 어린아이를 위한 교육용 자료는 아예 만들지 않는다고 합니다.

김 기자의 고발은 세월호 사고에 관한 교육 현장으로 이어집니다. 해마다 세월호 사고 주기가 돌아오면 전교조 교사들은 "야, 나 진짜 죽는 거야?" 등 사고 당시 학생들이 쓴 문자메시지를 읽게 하고 "내가 세월호에 있었다면 했을 말을 상상해 보라"고 묻는다고 합니다. 그를 두고 어느 정신과 의사는 "외국에선 상상도 할 수 없는 아동학대"라고 단언하였습니다. 상황을 객관화할 능력이 부족한 어린아이들은 때로는 잔인한 진실로부터 보호될 필요가 있다고 김 기자는 주장합니다. 공포감, 적대감 등 아이들의 심리에 회복하기 힘든 상처를 남겨서는 안 되기 때문입니다.

칼럼에 조금 앞서 태국의 유소년 축구팀이 폭우로 동굴에 갇혔다가 기적적으로 생환하는 사건이 있었습니다. 어느 기자가 아이들을 찾아가 당시의 심정이 어떠했는지 물었습니다. 이를 들은 태국의 법무부는 "그런 질문은 아이들의 의식에 남아 있는 공포를 불러낼 수 있다"고 개탄하였습니다. 김 기자는 "이런 게 상식이다. 태국 정부가 우리 교실에서 벌어지는 일을 봤다면 똑같은 말을 하지 않았을까"라는 개탄으로 칼럼을 맺었습니다.

저는 일본군 위안부를 '성노예'라고 규정하거나 그녀들이 아침부터 밤까지 끊임없이 성폭력에 시달렸다는 인식에 동의하지 않습니다. 제 기준에서 볼 때 이 나라 초·중학교 교실에서는 거짓말이 교

육되고 있습니다. 그와 별개로 제가 김 기자의 칼럼에 공감하는 것
은 이 나라 교육에 깊숙이 자리 잡은 폭력적 심성을 잘 드러냈기 때
문입니다. 전교조 교사들이 세월호 사고를 그토록 집요하게 가르치
는 이유는 무엇일까요? 그 사고가 일어났을 때의 우파 정부를 공격
하고 저주하기 위한 정치적 의도에서이지요. 그 점을 부인하긴 힘들
겁니다. 이 나라 교육은 그렇게 정치적으로 편향된 가운데 아이들에
게 더없이 잔인한 심성을 주입하고 있습니다. 위안부 교육도 마찬가
지입니다. 일본과의 우호는 앞으로 영원히 불가하다는 증오심을 심
어주기 위해서 그런 교육을 하고 있는 겁니다.

김 기자의 칼럼이 이 나라의 세론에 조금이라도 긍정적인 영향을
미칠까 하는 저의 바람은 보기 좋게 빗나가고 말았습니다. 벌써 그
런 교육이 이루어진 지 한 세대입니다. 그 교육을 받은 젊은 세대를
포함하여 우리 한국인의 심성은 알게 모르게 잔인해졌습니다. 김 기
자의 칼럼이 허공의 메아리로 사라진 것은 그 때문입니다.

정대협의 수요 집회

1991년 일본군 위안부 문제가 발생한 이래 지난 28년간 한국정신
대문제대책협의회(이하 정대협으로 약칭)는 매주 수요일 서울에 있는 일
본 대사관 앞에서 일본의 국가책임과 보상을 요구하는 집회를 계속

해 왔습니다. 2011년에는 위안부를 형상화한 소녀상을 그 자리에 세우기도 했습니다. 저는 그 집회와 조형물을 한국인이 국제적인 염치와 예의를 잃은 소치라고 간주합니다. 1961년에 체결된, 우리 정부도 서명한, 「외교 관계에 관한 비엔나협정」 제22조 2항은 "외국 공관의 접수국은 공관의 평화를 어지럽히거나 위엄을 해치는 어떠한 공격이나 손상으로부터 공관을 보호할 특별한 의무를 진다"고 규정하고 있습니다. 정대협의 시위와 조형물은 일본 대사관의 평화로운 집무를 방해할 뿐 아니라 일본 국가를 모독하고 있습니다. 우리 정부도 몇 차례 그 같은 우려를 정대협에 표명하였습니다. 그럼에도 정대협은 아랑곳하지 않습니다. 운동가들의 심성이 우리 정부의 권위 따위는 안중에도 없을 만큼 더없이 폭력적으로 변질한 까닭입니다.

근년에는 전교조 교사들에 의해 초등학생까지 그 집회에 동원되고 있는 실정입니다. 어느 초등학교 여학생은 집회에서 다음과 같이 소리쳤습니다. "우리는 학교에 가서 수업 받고, 엄마와 함께 지내는데, 일제는 우리와 같은 나이의 소녀들을 위안부로 끌고 갔다"고 말입니다. 아마도 그 여학생은 전교조 교사가 교실에서 상영한 영화 「귀향鬼鄕」의 해당 장면을 떠올렸을 겁니다. 앞장에서 지적한 바입니다만, 일본군이 다짜고짜로 평화로운 농촌 마을을 습격하여 소녀를 끌고 가는 일은 없었습니다. 정대협 소속의 연구자들도 그 점은 인정하고 있습니다. 그런데도 그런 영화가 만들어져 수백만의 관객을 동원하고 그 일부의 영상이 초·중등 교실에서 보조교재로 활용되고 있는 실정입니다. 그 교육을 받은 어린 학생들은 장차 어떤 인생을 실게 될까요. 거짓밀과 직대감과 공포심으로 얼룩진 그들의 심성이 제발 그들의 앞날에 너무 많은 비용을 치르게 하지 않기를 바라는 마음 간절합니다.

이 한 장의 사진

사진 2-1 중국 윈난성 쑹산에서의 위안부(1944년 9월 3일 촬영).

2019년 10월 위안부 운동의 폭력적 심성과 관련하여 또 하나의 주목할 만한 사건이 발생하였습니다. 위의 사진은 지난 30년간 위안부 문제와 관련하여 가장 널리 알려진 사진입니다. 각급 교과서나 역사책에 약방의 감초처럼 실려 온 사진입니다. 어느 미국인이 소장해 온 사진입니다. 지금까지 알려진 사진은 그것의 복사본입니다. 이에 서울대학교 정진성鄭鎭星 교수팀이 그 미국인을 찾아 사진의 원본을 구입하였습니다. 그것이 여러 신문과 방송에 보도되었습니다. 기자들은 다시 한번 한국인의 분노와 탄식을 자아내는 기사를 썼습니다. 예컨대 『세계일보』는 "눈 감은 만삭의 피해자, 그녀들의 용기를 기억하며"라고 하였습니다. 사진 속의 만삭의 여인은 북한의 평양 출신으로서 중국 난징과 버마에서 위안부 생활을 하다가 1944년 9월 중국 윈난雲南성 쑹산松山에서 연합군의 포로가 된 사람입니다. 저는 사진의 원본을 입수한 것이 무에 그리 큰 뉴스거리가 되는지 알수 없습니다. "그녀들의 용기"라 했는데, 그 용기가 무슨 뜻인지도 이해하기 어렵습니다.

제가 오래전부터 품어온 의문은 저 만삭의 위안부 사진을 역사 교과서에 그대로 실어도 좋은가 하는 것입니다. 사진을 보는 아이들은 어떤 느낌을 받을까요? 사진이 야기할 수밖에 없는 분노, 절망, 적대심은 어떤 논리로 정당화될 수 있을까요? 교과서를 편찬한 역사학자나 교육학자는 그러한 의문을 토론한 적이 있나요? 어린아이들은 잔인한 진실로부터 보호되어야 한다는 교육학적 배려는 진정 한국의 역사교육과 무관한 겁니까?

저는 한 사람의 연구자로서 정진성 교수팀이나 언론에 묻습니다. 사진 속의 여인처럼 임신의 피해를 입은 위안부가 전 일본군 위안부 가운데 얼마나 되었던가요? 역사가에게 전달된 사료는 본질적으로

우연의 소산입니다. 역사가는 그 사료가 관련 사건을 어느 정도나 일반적으로 대변하는지를 신중히 검토해야 합니다. 일본군 위안부가 무분별한 성폭력에 일상적으로 노출된 가운데 대량의 임신 피해를 입었음이 사실이라면 위 사진은 대표성을 갖습니다. 그렇지 않다면 위 사진 자료는 촬영자의 개인적 호사에 기인하는 우연일 수 있습니다. 정진성 교수팀은 이 문제를 진지하게 검토해 본 적이 있습니까?

저는 이 문제를 『반일 종족주의』에서 언급한 바 있습니다. 일본군은 위안소를 찾는 장병에게 삭크(콘돔)의 착용을 엄하게 강제하였습니다. 그로 인해 위안부들의 성병 감염과 임신 위험은 아주 낮은 수준에서 통제되었습니다. 관련하여 박치근朴治根이란 사람의 일기를 소개하겠습니다. 버마와 싱가포르의 위안소에서 조바로 근무한 이 사람이 관리한 조선인 위안부는 모두 30명 정도로 추산됩니다. 그 가운데 임신을 경험한 여인은 한 명입니다. 일기의 관련 부분은 다음과 같습니다.

"1944년 7월 4일, 위안가업부慰安稼業婦 허○상許○祥은 목하 임신 7개월로 휴업계를 제출하였다."
"1944년 9월 5일, 본 구락부俱樂部 가업부 허○상은 임신 중이었는데, 오늘 밤 중앙병원에 입원하여 23시 반 남아를 순산하였다."

박치근의 일기에는 다른 위안소에 속한 여인이 임신 7개월에 자연

유산한 이야기가 적혀 있습니다. 그렇게 박치근이 1943~1944년간 버마와 싱가포르에서 견문한 여인의 임신 사고는 2건에 불과합니다. 그래서 저는 한국의 언론이 원본을 구했다고 흥분한 저 사진의 사료로서의 대표성을 의심하는 겁니다.

우리 안의 위안부

위안부들이 임신의 피해에 대량으로 노출되는 것은 오히려 해방 후 '우리 안의 위안부'의 역사에서입니다. 한국군, 미국군, 민간 위안부의 총수는 해방 이전보다 무려 10배 이상 팽창하였습니다. 이들 '우리 안의 위안부'의 처지는 노동 강도, 소득수준, 성병 감염, 임신 피해, 업주와의 관계 등에서 해방 이전의 위안부보다 훨씬 열악하였습니다. 그 점을 저는 『반일 종족주의』에서 설득력 있게 전달했다고 자부합니다. 임신 사고와 관련하여 저는 1964년 군산시의 민간 위안부와 미국군 위안부의 예를 소개하였습니다. 민간 위안부 188명 중 37명이 유산을 경험했는데, 자연유산이 6명, 인공유산이 31명입니다. 미국군 위안부 132명 중 유산을 경험한 사람은 89명인데, 자연유산이 21명, 인공유산이 68명이었습니다. 후자의 경우 1인당 인공유산의 횟수는 평균 3.5회인데 심하게는 15회, 20회에 달하기도 하였습니다. 그렇게 날카로운 외과의의 메스가 여인들의 자궁을 수도 없이 파헤쳤습니다. 이것이 1964년 당시 미국군 기지촌에서 벌어졌던 반인권과 반여성의 실태였습니다.

여기서는 다른 지역의 사례 하나를 추가로 소개하겠습니다. 강원도 원주는 제1군 사령부가 위치한 군사도시입니다. 주변엔 미국군도 주둔하였습니다. 1967년 원주역 부근엔 주로 한국군을 상대로 한 위안부 271명이 있었습니다. 북쪽 3킬로미터의 태장동에는 미국군을 상대로 한 위안부 34명이 있었습니다. 이들 위안부의 내력과 건강 상태에 관한 조사가 1967년 10월 서울대학교 보건대학원에 의해 이루어졌습니다. 먼저 성병 감염의 실태를 보겠습니다. 동년 9월 30일 현재 이들 305명의 위안부 가운데 임질과 매독에 걸려 있는 사람은 185명(61%)이나 되었습니다. 매독 혈청 반응 검사에서 양성으로 판정된 사람은 29%였습니다. 지난 9개월간 성병에 감염된 횟수를 보면 1회가 56명, 2회가 106명, 3회가 22명 등입니다. 다음은 임신과 유산입니다. 위안부가 된 이래 임신을 경험한 여인은 305명 중 254명(83%)이나 되었습니다. 임신 횟수를 보면 1회가 148명, 2회가 75명, 3회가 27명, 4회가 4명입니다. 임신의 처리를 보면 정상 분만과 자연유산은 없고 예외 없이 인공유산이었습니다.

이처럼 여인들이 성병 감염과 임신 사고에 무방비로 노출된 것은 국가가 여인과 병사의 성을 관리하지 않았기 때문입니다. 위안부를 대상으로 한 성병 예방과 치료의 보건 행정은 허술하기 짝이 없었습니다. 임질에 걸린 여인들은 대개 자기 비용으로 약국에서 마이신이나 페니실린을 구입하여 치료하였습니다. 병사들은 콘돔을 착용할 의무가 없었습니다. 요사이 젊은 세대는 짐작이나 할지 모르겠습니다만, 1970년대 초 최전방에서 군대 생활을 한 저는 역전 주위에 형성된, 병사를 상대로 한 집창촌이 어떠한 곳인지 잘 알고 있습니다. 휴가를 얻어 기차역에 도착하면 웬만한 의지로는 무사히 통과하기 힘들 정도로 여인들이 집요하게 소매를 잡아 끌었습니다. 급하게 귀대하는 병사들에겐 "군화 신고 하면 500원, 군화 벗고 하면 1,000원"이라는 이야기가 낯설지 않은 풍속담이었습니다.

1946년 미군정은 공창제를 폐지하였습니다. 그들의 기독교 문화가 그런 작용을 하였습니다. 그렇지만 성매매산업은 사창의 형태로 더욱 번성하였습니다. 그 산업에 종사한 여인들이 감내해야 했던 성병, 임신, 유산의 위험은 일정기보다 훨씬 커졌습니다. 그래서 저는 공창제의 폐지가 과연 역사의 진보인지 회의합니다. 단계적으로 신중하게 추진할 일이었습니다. 그래서 묻는 겁니다. 해방 후 '우리 안의 위안부'와 해방 전 일본군 위안부의 어느 쪽이 좋았는지를 말입니다. 여인의 입장에서 대답하기는 결코 어려운 일이 아닐 것입니다.

해외 입양

마지막으로 우리 한국인의 인권의식이나 역사의식을 검증하는 문제 한 가지를 더 제기하겠습니다. 앞서 소개한 대로 임신 사고를 당한 위안부들은 대개 인공유산으로 대응하였습니다. 기지촌의 경우 포주들은 인공유산을 강요하였습니다. 그럼에도 용케도 살아남아 이 세상에 태어난 아이들이 있었습니다. 미국군 기지촌의 혼혈아들이 바로 그들이었습니다.

표2-1은 1955~1969년 매년의 혼혈아 총수와 그 중에 해외로 입양된 아이들의 수를 제시하고 있습니다. 혼혈아와 입양아 수치의 관계는 좀 애매합니다. 매년의 혼혈아 수가 입양아를 제외한 수인지

표2-1 출생 혼혈아와 해외 입양아(1955~1969, 명)

연도	혼혈아	해외 입양아			
		총수	백인계	흑인계	기타
1955	439	59	43	9	7
1956	538	671	467	151	53
1957	355	486	283	128	75
1958	701	930	396	227	307
1959	1,023	741	289	92	360
1960	1,075	638	184	61	393
1961	1,354	665	325	36	304
1962	1,389	254	127	31	96
1963	1,463	442	169	27	246
1964	1,511	462	203	29	230
1965	1,378	451	178	23	250
1966	1,541	494	224	25	245
1967	1,564	626	226	50	350
1968	1,623	949	258	59	632
1969	1,393	1,190	229	79	882
총계	17,347	9,058	3,601	1,027	4,430

자료: 보건사회부, 『보건사회통계연보』 각 연도판.

포함한 수인지, 어떤 일관성이 있는지를 잘 알 수 없습니다. 어쨌든 혼혈아는 1955년 이래 해마다 600~700명씩 태어났으며, 그 추세는 1969년까지 줄지 않았습니다. 해외로 입양된 혼혈아는 1969년까지 총 9,058명인데, 입양선은 주로 미국이었습니다.

1950년대의 『보건사회통계연보』를 보면 기이하게도 혼혈아를 후천성 소아마비나 선천성 심신장애자와 같은 장애자로 취급하고 있습니다. 정상의 인간으로 보지 않았던 것이죠. 1950년대 한국 사회의 인권의식은 대개 그런 수준이었습니다. 바로 그러했기에 기지촌의 포주들은 임신 사고를 당한 위안부에게 인공유산을 강요했으며, 또한 가까스로 태어난 아이를 어머니의 품에서 분리하여 멀리 미국으로 보내버렸던 것입니다. 기지촌의 많은 여인이 삶의 의지를 잃고 약을 먹거나 철로에 뛰어든 것은 이 같은 임신, 유산, 출산, 입양의 충격 때문이었습니다.

다시 한번 묻습니다. '우리 안의 위안부' 역사가 이러할진대 대학의 연구팀이나 언론이 어느 만삭 상태의 일본군 위안부 사진의 원본을 구했다고 떠들썩하게 선전해도 좋은가라고 말입니다. 그런 사진을 아무런 거리낌 없이 역사 교과서에 싣는 폭력적 심성의 저변엔 우리 현대사에서 벌어진 훨씬 더 참혹한 몰인권과 몰여성의 비극적 역사에 대해선 눈을 감는 위선성이 도사리고 있지는 않은지 말입니다.

끝으로 저의 이 같은 주장에 대한 일본군 위안부 연구자 측의 비판에 대해 간단히 언급하겠습니다. 서두에서 소개한 대로 윤명숙은 제가 『반일 종족주의』에서 일본군 위안부 문제를 다루기에 앞서 '우리 안의 위안부'를 먼저 다룬 것은 일본에 대한 비판직 시신을 국내로 돌리려는 의도로 판단된다고 비난하였습니다. 저는 『반일 종족주의』에서 일본군 위안부에 관한 기존의 연구가 조선왕조 이래 우리 현대사에 이르기까지 이어져 온 국가권력, 지배신분, 남성, 가부장에 의한 약소 여성에 대한 성 지배의 긴 역사 가운데 일본군 위안소제가 존속한 1937~1945년의 짧은 기간만을 분리하여 분석함으로써 얼마나 심각한 오류를 범하였던가를 지적하였습니다. 그런 문제의식에서 '우리 안의 위안부'에 이어 조선왕조 시대로 넘어가 기생제의 역사를 파헤쳤던 것입니다. 제가 아는 한 약소 여성에 대한 성 지배의 전사를 그렇게 길게 연속적으로 서술한 연구 성과는 저 이전에는 누구도 없었습니다. 첫 시도인 만큼 흠결이 없을 수야 없겠지요. 그렇지만 그것을 두고 일본으로 향한 비판의 시선을 국내로 돌리기 위한 의도라고 매도하는 것은 참으로 섭섭합니다. 그런 식의 비판은 우리 모두를 우울하게 만듭니다. 이 나라의 역사학은 과연 근대의 관문을 통과한 적이 있기나 한가요? 그런 회의와 더불어 엄습하는 절망감이기도 합니다.

참고문헌

안병직 번역·해제(2013), 『일본군 위안소 관리인의 일기』, 이숲.
위자형(1967), 「군사도시에서의 윤락여성에 대한 사회의학적 조사연구」, 서울대학교 보건대학원 석사학위논문.
윤명숙(2019), 「돈벌이 좋은 개인 영업자라니」, 『한겨레신문』, 2019년 9월 5일.
이영훈(2019), 「우리 안의 위안부」, 『반일 종족주의』, 미래사.

일본군 위안부는 엄청나게 돈벌이 좋은 일자리였을까. 그에 관해 일본의 양심적인 지식인과 시민들이 운영하는 일본전쟁책임자료센터는 다음과 같이 비판하고 있다. 패전 때 버마의 인플레는 도쿄의 1,200배에 달했다. 위안부 문옥주가 버마에서 저축한 2만 몇 천 엔은 그 1,200분의 1, 즉 20엔 정도의 가치밖에 없었다. 버마 등 동남아 지역에서 인플레가 심해지자 일본 정부는 환전 차액을 실현하는 것을 막기 위해 1945년 외자금고를 설립했다. 버마에서 많은 돈을 모았더라도 일본의 엔으로 교환할 수 없었던 것이다(윤명숙 2019 발췌 인용).

03.

그들은 과연
빈손으로 돌아왔던가

———— 이영훈

동남아 저축의 실질가치?

저는 『반일 종족주의』의 「일본군 위안부 문제의 진실」에서 일본군 위안소를 후방의 공창제에 비해 고노동, 고수익, 고위험의 시장이라고 평가했습니다. 일본군 위안부나 그 부모는 주선업자로부터 보통 1,000엔에 달하는 전차금을 받았습니다. 당시 방직공장 남자 직공의 4년어치 연봉에 해당하는 큰돈이었습니다. 그 돈을 위안부들은 대개 1년 안에 상환하였습니다. 동남아로 간 위안부에 대한 미국군의 심문기록, 버마와 싱가포르에서 위안소 조바로 생활한 박치근이란 사람의 일기, 기타 기록 등에서 그 같은 사실을 확인할 수 있습니다. 그럴진대 위안소와 위안부 영업이 고수익이었음을 부정하기는 힘들다고 생각합니다.

저의 이 같은 주장에 대해 위안부 연구자로 유명한 윤명숙 교수
(이하 경칭 생략)가 이의를 제기하였습니다. 전쟁기 동남아에서 벌어진
격심한 인플레이션을 고려할 때 위안부들이 현지 통화로 모은 저축

그림3-1 대동아공영권 각지의 물가지수(1941년 12월을 100으로 함).

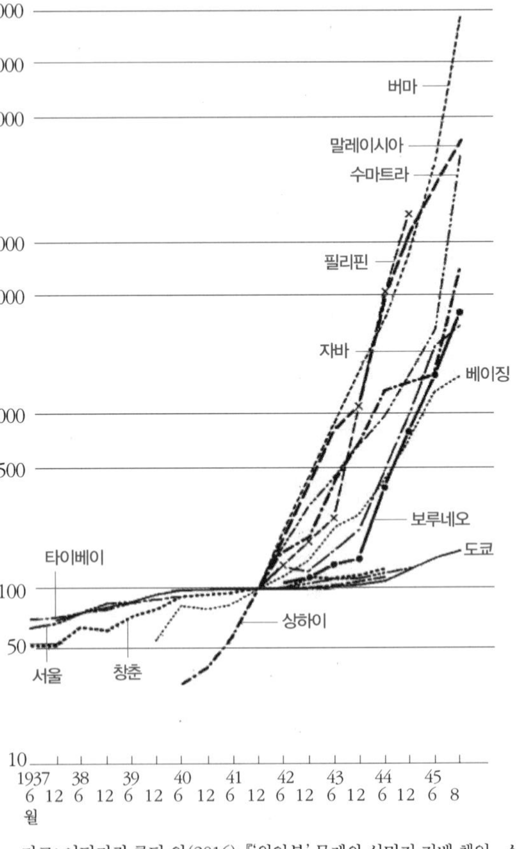

자료: 이타가키 류타 외(2016), 『'위안부' 문제와 식민지 지배 책임』, 삶창, 62쪽.

은 그 실질가치가 아주 적은 것에 불과했다고 말입니다. 잘 알려진 이야기입니다만, 위안부 문옥주는 1943년 3월부터 1945년 9월까지 2만 6,500여 엔의 군사우편저금을 하였습니다. 만약 문옥주가 1945년 8월 이전에 그 저금을 일본에서 찾을 수 있었다면, 그 실질가치는 20엔의 소액에 지나지 않았다는 겁니다.

그림3-1은 아시아·태평양전쟁기 대동아공영권大東亞共榮圈의 각지에서 발생한 물가상승률을 비교 제시한 것입니다. 격심한 인플레이션은 1941년 하반기부터였습니다. 이는 각지의 일본군이 전비 지출을 위해 각지의 중앙은행을 통해 현지 통화나 군 당국의 군표를 남발하였기 때문입니다. 윤명숙의 저에 대한 비판은 그 논지가 명확하지는 않습니다만, 다음과 같이 이해됩니다. 버마의 인플레율은 일본보다 1,200배였다. 이에 문옥주가 버마에서 저축한 2만 6,500여 엔을 일본에서 인출했다면 실제 인출액은 그것의 1,200분의 1인 22엔에 불과했다는 겁니다. 2년 6개월간 죽으라고 저축한 것이 실제론 방직공장 직공의 한 달 월급이었다는 겁니다. 그렇게 대부분의 위안부는 빈손으로 돌아왔다는 취지의 비판입니다.

대동아공영권의 통화제도

저에 대한 윤명숙의 비판은 1937~1945년 전시기 대동아공영권의 통화제도에 대한 오해에 기초하고 있습니다. 일본은 일본, 조선, 대만, 만주, 중국, 동남아로 이루어진 대동아공영권 각지의 통화와 일본은행권 엔円이 1 대 1로 교환되는 등가 고정환율제를 채택하였습니다. 실은 1939년 이래 각 지역 통화의 실질가치가 상이한 인플레율에 따라 달라지자 고정환율제를 포기하고 변동환율제를 채택하려는 논의가 여러 차례 제기되었으며, 한때 그 실시를 심각하게 고려하기도 하였습니다. 그렇지만 일본은 기축통화 엔과 각 지역의 통화가 등가로 교환되는 환율정책을 끝내 포기하지 않았습니다.

변동환율제로의 전환에는 무엇보다 일본 군부의 반대가 컸습니다. 대동아공영권에 대한 제국 일본의 지원 및 지배에 관한 정책적 의지가 크게 의심받을 수 있다는 이유에서였습니다. 또한 각 지역에 진출하여 투자를 행한 일본 자본가들의 반대도 중요한 요인이었습니다. 변동환율제를 실시하면 엔화로 표시된 그들의 투자자산 가치가 크게 절하되기 때문입니다. 요컨대 대동아공영권 각 지역에서 현지 통화로 이루어진 저축이나 송금을 일본이나 조선에서 인출할 때 윤명숙의 주장대로 인플레율을 고려한 실질환율로 평가절하한 일은 없었습니다.

그 대신 일본 대장성大藏省을 중심으로 한 전시금융당국戰時金融當局은 송금 및 인출을 제한하는 정책을 취하였습니다. 그에 관해서는 『조선은행사朝鮮銀行史』(1987)를 비롯하여 몇 가지 연구 성과가 있어서 그 구체적인 상황을 파악할 수 있습니다. 등가 고정환율제를 고수하는 가운데 송금 및 인출이 자유로우면 각 지역의 인플레는 그대로 일본으로 밀려오게 마련입니다. 이를 방지하기 위해 전시금융당국은 송금의 용도를 제한하거나, 월별 송금액의 한도를 설정하거나, 일본에서 인출할 때 그 상당 금액을 강제저축 시키거나, 이후 일정 한도의 소액 인출만을 허용하는 정책을 시행하였습니다.

그런데 송금과 인출에 대한 통제정책이 조선에서 얼마나 철저하게 시행되었는지는 자료의 부족으로 자세한 실상을 알기 힘든 실정입니다. 그에 관해 『조선은행사』는 1944년 5월 이후 중국에서 조선으로 송금된 금액에 대해 그 4~5할을 강제저축의 대상으로 했다고 서술하고 있습니다. 대개 그 무렵부터 조선에서도 송금과 인출의 제한정책이 본격화했다고 이야기할 수 있습니다. 그 이전의 1943년까지는 송금과 인출이 자유로웠다고 하겠습니다. 1944년 5월 이후라도 조선총독부와 조선은행의 통제정책이 얼마나 철저했는지는 의문입니다. 생산, 물자, 금융의 통제와 관련하여 조선총독부는 늘 조선은 일본과 형편이 다르다면서 일본에서 시행 중인 제반 통제정책과 일정 거리를 두어왔습니다. 조선은행의 경우도 마찬가지였습니다. 일본 대장성은 자주 조선은행이 본국의 방침과 달리 대량의 자금을 조선은행 일본지점에 송금하고 있음을 지적하면서 그 시정을 요구하였습니다.

외자금고에 대해

그리 중요한 문제는 아닙니다만, 한 가지 지적하고 넘어가겠습니다. 윤명숙은 지역 간 상이한 인플레에 따른 환전 차액의 실현을 막기 위해 일제가 1945년 2월 외자금고外資金庫를 설치했다고 주장했습니다. 이 외자금고에 관해선 『일본금융사자료』 제30권(1971)이나 『조선은행사』로부터 대강의 정보를 구할 수 있습니다. 중국, 동남아 등 일본군 점령지에서 물가가 폭등하자 일본 정부는 더 이상 조세 증수나 공채 발행의 방식으론 군사비를 감당할 수 없게 되었습니다. 이에 대장성 외자국 산하에 금융기관을 하나 설립하여 환율을 변경하지 않고도 동일 효과를 내는 자금조작을 행하여 점령지의 군사비를 충당토록 했는데, 그것이 외자금고입니다.

자금조작의 방식은 대략 다음과 같습니다. 중국 화중華中 지역의 일본군이 저비권儲備券이라 불리는 현지 통화 100불弗의 군사비를 대장성에 요청했다 칩시다. 대장성은 외자금고에 자금의 지급을 명합니다. 그럼 금고의 외자조정위원회가 이를 일본은행권 18엔의 액면으로 조정합니다. 조정비율은 유동적이었습니다. 연후에 금고는 외자금고자금증서를 발행하여 일본은행에 제출합니다. 일본은행은 이를 정부 대상금貸上金 계좌의 자산으로 잡고 정부예금 18엔을 발생시켜 일본군에 지급합니다. 일본군은 이를 외자금고 상해지점에 입금하고, 동지점은 이를 요코하마정금은행橫濱正金銀行 상해지점에 예금합니다. 여기까지는 순전히 외자금고의 장부조작으로만 이루어지는 과정입니다. 연후에 동 상해지점은 점령지의 중앙은행인 저비은행儲備銀行과의 예금협정에 따라 18엔을 동 은행에 예금하고 현지 통화 100불을 인출합니다. 한마디로 외자금고는 점령지 일본계은행에 허위의 정부예금을 발생시키고 이를 근거로 점령지 중앙은행으로부터 현지 통화를 무제한 인출하는 자금조작의 기구였습니다. 전쟁이 끝나자 일본 정부는 점령지 일본계 은행에 보관 중인 소량의 정부 보유금을 가지고 점령지 중앙은행에 대한 일본 정부의 채무를 청산했는데, 그 역시 사기적인 금융조작이었습니다. 잔뜩 유발한 인플레에 따라 금의 가치도 저절로 부풀려졌으니 그렇게 이야기할 수 있습니다.

외자금고는 점령지 각지에 지점을 설치했는데, 주요 거래 은행은 화중을 담당한 요코하마정금은행 상해지점, 화북을 담당한 조선은행 북경지점, 동남아를 담당한 남방개발금고였습니다. 조선은행이 외자금고에 대여한 금액은 총 565억 원에 달하였습니다. 외자금고는 이외에 점령군이 영위한 연초 전매사업의 수익금과 현지 기업의 기부금 등을 수입원으로 했는데, 그 자세한 실태는 극비에 부쳐져 알기 힘든 실정입니다. 외자금고가 조성한 자금은 점령지 군사비 중에 주로 물건비의 지급에 충당되었습니다. 아무튼 외자금고의 역할은 개인이나 기업의 지역 간 금융거래와는 무관하였습니다. 그 차원에선 전쟁이 끝날 때까지 고정환율제가 고수되었습니다. 지역 간 상이한 인플레에 따른 환전 차액의 실현을 막기 위해 외자금고를 설치했다는 윤명숙의 이해는 정확하지 않습니다.

위안부들의 송금과 인출

싱가포르에서 활동한 조선인 위안부들의 송금에 관해서는 박치근이란 사람의 일기가 구체적인 정보를 전하고 있습니다. 그는 싱가포르에서 키쿠수이菊水클럽이란 위안소의 조바로서 근무하였습니다. 그는 위안부들의 부탁을 받고 싱가포르 요코하마정금은행 지점이나 우편국을 통해 그들의 본가로 송금하는 업무를 대행하였습니다. 1944년의 그의 일기엔 도합 30차례 이상의 송금에 관한 기록이 나옵니다.

한 가지 예를 들겠습니다. 5월 31일 "정금은행에 가서 카나가와 광옥金川光玉의 송금허가신청을 제출하였다"고 했습니다. 폐업을 한 다음 조선으로 돌아가는 위안부였습니다. 그에 대해 정금은행이 송금 허가를 통지하는 것은 6월 10일이었습니다. 그리고 나흘 뒤 6월 14일 박치근은 정금은행에 나가 송금을 하였습니다. 같은 날 6월 14일 박치근은 싱가포르 중앙우편국에 가서 대구大邱의 처에게 600엔을 우편환으로 송금하였습니다. 이 사실은 가족의 생활비를 위한 소액의 송금에는 별다른 제약이 없었음을 이야기하고 있습니다. 반면 카나가와 광옥의 송금 허가에 열흘이나 걸린 것은 그것이 꽤 큰 액수인 가운데 현지에서 취득한 사업소득이기 때문이었다고 여겨집니다.

그 액수가 얼마인지에 관해서 다음과 같은 예를 소개하겠습니다. 1944년 11월 24일 박치근은 김○수金○守라는 위안부를 대신하여 정금은행에 송금 허가를 신청합니다. 그것이 허락되는 것은 1주일이 지난 12월 1일입니다. 이후 12월 4일 박치근이 김○수를 위해 송금한 금액은 1만 1,000엔입니다. 그 정도의 금액은 신청 이후 허가를 받고 송금을 하는 데 대략 열흘이 걸렸다고 하겠습니다.

액수가 클수록 송금 허가에는 더 긴 기간이 필요하였습니다. 1944년 11월 4일 박치근은 대구로 돌아올 결심을 하고 3만 9,000엔의 송금을 신청합니다. 그것이 허가되는 것은 12월 16일이 되어서였습니다. 42일이나 걸린 것입니다. 그렇게 일정 수준 이상의 대금大金을 송금할 때는 허가를 받는 데 상당한 제약이 걸렸다고 하겠습니다. 그렇지만 박치근이 취급한 30여 건의 송금 업무 가운데 거절된 것은 단 한 건도 없습니다. 다시 말해 대개 개인의 영업소득인 데다 그 액수가 많아야 1~3만 엔이었기 때문입니다.

그럼 고향으로 돌아간 위안부나 그의 가족이 송금액을 추심하는데 어떤 제약이 있었을까요? 소액의 생활비를 인출하는 데는 하등의 지장이 없었습니다. 박치근이 대구의 처나 김해金海의 동생에게 500엔이나 600엔의 소액을 송금하면 얼마 있지 않아 돈을 잘 받았다는 전보가 날아왔습니다. 1만 엔 또는 그 이상의 금액은 어떠하였을까요?

표3-1은 1936~1945년 일본, 만주, 중국, 동남아 등지에서 조선

으로 발행한 국제우편환의 수취를 나타내고 있습니다. 1937년 일본과 중국의 전쟁이 터지자 수많은 조선인이 노무자, 군속, 이민의 형태로 일본과 만주로 이주하였습니다. 중국 관내로는 1939년 이후 조선인의 이주가 급증하여 1942년 그 총수가 10만 명에 달하였습니다. 표에서 보듯이 1943년까지 해마다 조선의 국제우편환 수취가 크게 증가한 것은 이들 각 지역으로 이주한 조선인의 본가 송금이 크게 늘었기 때문입니다. 물론 그 가운데는 1937년 이후 각 지역으로 나간 일본군 위안부들의 송금도 포함되어 있지요. 예컨대 멀리 남양의 라바울 섬까지 간 하루코라는 예명의 조선인 위안부는 군사우편을 통해 매달 100엔을 양친에게 꼬박꼬박 송금하였습니다.

표3-1 전시기 국제우편환 수취와 우편환저금의 동태

연도(연말)	국제우편환		우편환저금	
	금액(엔)	증가율(%)	금액(엔)	증가율(%)
1936	29,178,637		6,774,376	
1937	35,690,047	22.3	8,707,755	28.5
1938	47,211,274	32.3	10,706,240	23.0
1939	81,750,498	73.2	14,974,211	39.9
1940	121,587,521	48.7	18,827,491	25.7
1941	150,390,391	23.7	24,957,361	32.6
1942	204,401,248	35.9	31,728,612	27.1
1943	286,726,899	40.3	40,609,447	28.0
1944	315,729,575	10.1	112,578,000	177.2
1945(6월)	30,298,617	-90.4	123,037,000	9.3

자료: 1936~1942년: 朝鮮總督府, 『朝鮮總督府統計年報』 1942년도판.
　　　1943년: 南朝鮮過渡政府, 『朝鮮統計年鑑1943』.
　　　1944~1945년: 朝鮮銀行調査部, 『經濟年鑑 1949』.

표에 제시된 우편환저금은, 국내환도 포함합니다만, 우편환을 수취한 사람이 이를 전액 인출하지 않고 저금의 형태로 남겨둔 금액을 말합니다. 1943년까지의 추세를 보면 국제우편환의 증가와 거의 같은 추세로 우편환저금도 증가하고 있습니다. 다시 말해 1943년까지는 국제우편환의 인출에 하등의 제약이 없었습니다. 제약이 생기는 것은 1944년부터입니다. 그해에 우편환저금이 갑자기 177%나 증가하였습니다. 앞서 1944년 5월 이후 중국에서 송금된 은행환의 경우 그 4~5할이 강제저축되었다고 지적했는데, 동일한 제약이 국제우편환에도 걸리기 시작했다고 보입니다.

　요컨대 그 이전엔 은행환이든 우편환이든 지역 간 송금과 인출에 별다른 제약이 없었습니다. 제약이 걸리는 것은 1944년 5월 이후인데, 그것도 그해 말까지는 금지적 수준은 아니었다고 보입니다. 앞서 소개한 대로 그 기간에도 싱가포르에서 귀환하는 위안부들은 그들이 번 돈을 조선으로 송금했는데, 금액에 따라 송금 허가에 시차가 발생하는 정도의 제약이었습니다. 조선에서 그 돈을 인출하는 데에도 금액과 용도에 따라 유사한 제약이 걸렸을 뿐입니다. 그렇지만 1945년에 들면 상황은 전혀 딴판이 됩니다. 표에서 보듯이 그해 6월까지 국제우편환의 수취액이 전년도의 10분의 1에 불과한 수준으로 급감하였습니다. 바야흐로 대동아공영권 전체가 붕괴하는 파국이었습니다. 송금과 인출은 거의 금지적 수준이었다고 보입니다.

과장은 곤란

결론을 말하자면, 1944년 5월까지 개인의 수만 엔 정도의 송금과 인출에는 큰 제약이 없었습니다. 일본에서처럼 강력한 통제가 가해지지 않은 것은 기업의 해외 진출에 따른 대규모 영업소득이 없는 가운데 대개 개인의 소규모 영업소득이나 가족 생계비의 송금이 중심을 이루어 총 통화량에 그리 큰 영향을 미치지 않았기 때문입니다. 큰 제약이 걸리는 것은 파국이라 할 1945년부터라고 하겠습니다. 가장 불쌍한 사람들은 1945년 8월 전쟁이 끝날 때까지 위안소에 머물렀던 여인들입니다. 문옥주도 그러한 사람 중의 한 명이었습니다. 전승 연합국은 현지 통화로 이루어진 저축의 인출을 한동안 인정하지 않았습니다.

그렇다고 1944년까지 운 좋게도 귀환한 사람들이 일확천금에 성공했다고 과장하는 것은 곤란합니다. 몇 가지 알려진 위안부들의 송금액이나 저축액의 현재 가치를 추정하기는 어렵습니다. 환산 기준을 무엇으로 하느냐에 따라 추정치는 달라집니다. 무엇보다 그 실질가치가 얼마든, 돈을 인출해도 물자가 없어서 어디 쓸 데가 없는 시기였습니다. 그래서 은행이나 우편국에 그대로 둘 수밖에 없는 형편이었습니다. 해방 후는 더욱 심한 인플레였습니다. 자칫하면 실질가치가 더욱 줄었을 수도 있습니다.

영민한 사람이라면 무리를 해서라도 예금을 인출하여 그 돈으로 토지나 가옥을 샀을 겁니다. 그 경우는 한 재산 마련했다고 보입니다. 싱가포르에서 3만 9,000엔을 송금한 박치근은 고향 김해에서 과수원을 구입했습니다. 이는 아주 성공한 경우이겠지요. 여인들에겐 생각하기 힘든 투자였을지 모릅니다. 충남 논산면의 경우 2명의 귀환 위안부가 논산역 앞에서 식당을 차렸습니다. 돈이 좀 있어서 나이 많은 홀아비와 결혼에 성공한 여인도 있으며, 결혼했다가 과거사가 탄로 나 소박을 당한 여인도 있습니다. 위안부 생활이 매우 힘들고 위험했던 만큼 수익이 좋았던 것은 사실입니다. 그들이 빈손으로 돌아왔다고 이야기하는 것은 잘못입니다. 그렇다고 그들 모두가 큰 돈을 벌었다고 이야기하는 것도 잘못입니다. 시대는 극심한 혼란기로서 귀환 이후 위안부들의 인생도 결코 순탄하지 않았습니다.

참고문헌

안병직 번역·해제(2013), 『일본군 위안소 관리인의 일기』, 이숲.
윤명숙(2019), 「돈벌이 좋은 개인 영업자라니」, 『한겨레신문』, 2019년 9월 5일.
이영훈(2019), 「일본군 위안부 문제의 진실」, 『반일 종족주의』, 미래사.
日本銀行調査局(1971), 『日本金融史資料』 제30권, 大藏省印刷局.
柴田善雅(1999), 『占領地通貨金融政策の展開』, 日本經濟評論社.
朝鮮銀行史研究會(1987), 『朝鮮銀行史』, 東洋經濟新報社.
堀和生(2015), 「東アジアの歴史認識の壁」(manuscript).

2편

전시동원

동원의 강제성과 폭력성은 말기로 갈수록 노골화되었다. 내무성 촉탁 고구레 타이요小暮泰用는 다음과 같이 보고하고 있다. "출동은 모두 납치와 같은 상태이다. 그것은 만약 사전에 이를 알리면, 모두 도망가기 때문이다. 그래서 야습, 유출誘出, 기타 각종 방책을 강구해서 인질적 납치 상태의 사례가 많은 것이다"(김민철 2019, 정혜경 2019).

1939년부터 조선 민중의 이탈은 시작되었다. 탈출자는 1939년엔 전체의 5.2%인 2,000명이었으나 1940년에는 37.2%로, 1943년에는 40%로 늘었다. '로망'인데, 왜 탈출을 하고 관헌을 폭행하며 집단 항거했는가(정혜경 외 2019).

04

일본에 갔으면
다 강제동원인가

———— 이우연

'강제동원'과 '강제징용'이라는 용어에 대하여

『반일 종족주의』가 출간된 뒤에 저에게 제기된 첫 번째 비판은 '강제징용'이나 '강제동원'을 부정하였다는 것입니다. 기자만 아니라 연구자들도 이 같은 비판을 쏟아냈습니다. 우선 '강제징용'의 부정에 대해서 말하겠습니다. 저는 징용을 부정한 적이 없습니다. 1944년 9월부터 징용이 실시되었고, 이를 통해 22만여 명의 조선인이 일본으로 동원되었습니다. 징용에 응하지 않으면 1년 이하의 징역이나 1000엔 이하의 벌금에 처해졌습니다. 그렇게 징용은 명백한 강제였습니다. 따라서 저는 "법률이 규정하는 그야말로 강제적인 동원방법"이라고 했습니다. 그런데도 '강제징용'을 부정한다는 비판이 제기된 것은, 제 글을 잘못 읽은 것이 아니라면, 제가 '강제징용'이라는 말 자체가 사실을 왜곡하는 허구적인 개념이라고 비판하였기 때문일 것입니다.

징용은 그 자체로 강제임에도 불구하고, 굳이 '강제'라는 말을 덧붙이고 있습니다. 만약에 우리나라의 징병을 '강제징병'이라고 말하면 사람들은 웃을 것입니다. 마찬가지입니다. 그런데도 굳이 '강제'라는 말을 첨부하는 것은 징용에 대하여 "노예처럼 끌고 갔다"는 식의 노예사냥 이미지를 덧칠하기 위해서입니다. 의도한 것이 아닐지 모르겠지만, 결과적으로는 그렇습니다. 하지만 징용은 기본적으로 그런 것이 아니었습니다.

당시 징용령서徵用令書라고 불리던 영장이 나오면 대상자는 영장을 수령해야 하고, 정해진 시간과 장소에 맞춰 출두하여 신체검사와 적성검사를 받았습니다. 그것을 통과하면 면사무소나 군청에 다시 모여 부산이나 여수로 집단 이동해 그곳에서 일본 회사에서 나온 노무담당자의 인솔 하에 연락선을 타고 바다를 건넜습니다. 징용에는 이같이 정해진 법규가 있었고 그에 따라 진행되었던 것이지, 마구잡이로 붙잡아 트럭에 싣고 짐짝처럼 일본으로 수송한 게 아니었습니다.

'강제동원'도 사실을 과장하여 역사를 왜곡하는 개념입니다. 징용에 앞서 1939년 9월 이후 만 5년에 걸쳐 '모집'과 '관알선'이라는 방식으로 노무동원이 진행되었습니다. 모집과 관알선은 기본적으로 개인의 자발적 의사에 따른 것이었습니다. 일본으로 동원된 약 72만 명의 노무자 중에 징용으로 간 22만 명 정도를 제외한 약 50만 명이 그렇게 일본으로 갔습니다. 징용으로 갔다고 히더리도 1년을 채우기 전에 전쟁이 끝났으므로, 노무동원에서 징용이 갖는 의미는 더욱 작아집니다.

'강제동원'이라는 개념 아래서는 일본으로 동원된 모든 조선인은 노예가 되어버립니다. 그러나 적어도 모집과 관알선에서 중요했던 것은 새로운 곳에서 자신의 운명을 개척하고자 했던 조선인들의 자발적 의지였습니다. 이런 의미에서 '강제동원'은 역사의 진실을 왜곡하는 개념입니다. 저는 그저 '노무동원'이라고 하면 족하다고 주장합니다. 이를 두고 '강제동원'을 부정했다고 비판함은 제 주장의 논점을 흐리는 것입니다.

동원의 실태

제게 제기된 다른 비판은 징용 이전의 모집과 관알선도 강제적이었다는 것입니다. 그 근거로 몇 개의 기록이 제시되었는데, 글머리에서 인용한 고구레 타이요小暮太用 보고서가 가장 인상적입니다. 그외에 미즈타 나오마사水田直秀와 가마타 사와이치로鎌田澤一郎 기록이 제시되었습니다. 문제는 그러한 상황이 얼마나 일반적이었나 하는 것입니다. 저는 그에 대해 부정적입니다. 징용이 시작된 1944년 9월 이전에 그러한 강제적 동원이 일반적이었다면, 그 기간에 일본으로 동원된 50만여 명이라는 막대한 숫자에 비추어 볼 때, 관헌과의 폭력대치 등 대규모 집단행동과 소요 사태가 조선을 휩쓸었어야 마땅합니다. 하지만 그런 일은 없었습니다.

역사학이 한 시대의 특정 사건을 다룰 때는 먼저 그 시대의 큰 흐름을 읽어내야 합니다. 작고 개별적인 사건은 그것이 아무리 특수하고 다양해 보이더라도 동시대의 큰 흐름에 제약되어 있습니다. 개별적인 사건을 나열하거나 반복하는 것만으론 역사학이 성립하지 않습니다. 위에서 제시한 기록들은 그런 수준의 개별적 사건을 이야기하고 있습니다. 게다가 그런 수준의 기록을 충분히 제시하기는 쉽지 않을 겁니다.

강수희姜壽熙라는 사람은 1942년에 관알선으로 일본에 간 사람입니다. 그는 면장과 주재소 소장이 "일본에 가라"고 해서 일본에 갔는데 "일본은 천국이라고 생각하고 있었다. 마을에서 일본에 갔던 사람이 돌아오면 양복을 입고 중절모를 쓰고 구두를 신고 있었다. 그래서 '일본에 가라'고 했을 때 그리 저항감도 없었던 것이다"고 말합니다. 이두환李斗煥이라는 사람도 비슷한 시기에 관알선으로 일본에 갔습니다.

관청에서 나를 불러내서 "일본에 가 달라"고 했다. 싫다고도 못하고, 뭐 솔직히 말해서 기뻤어. 일본에 가고 싶어도 가기 힘드니까. 한국에 있어도 일도 없고 겨우 농사짓는 정도니까. 나뿐만 아니라 일본으로 오고 싶

었던 사람이 엄청 많이 있었어(明日への選擇 編輯部 2004 : 17).

이렇게 내심 일본행을 원했던 사람도 있었고, 더 적극적으로 관헌에게 "신신부탁하여" 일본으로 간 사람도 있었습니다. 자발적으로 일본에 간 사람들의 예는 이외에도 허다합니다. 관헌이 조선인에게 도항해 달라고 매달리는 사례까지 보입니다.

> 할당이 왔을 때 경찰관이 처음엔 "어때, 좀 가지 않을래?" 하면서 권유했던 모양인데, 이후에는 "너 징용 왔어, 가라", "나는 절대 못 간다" 이런 식으로 조선어로 이야기하고, 꼭 가라고 하는데 급기야 시가에서 경찰관이 "도망치더라도 상관없다, 일단 가기만 하면 돼, 잘 도망치고 오면 행운이다"라고, 마지막에는 난처한 나머지 그렇게 말하는 것이었습니다(田中直樹 1984 : 622).

처음에는 "가지 않을래?" 했다가 나중에는 "가라"하고, 그것도 통하지 않자 "가서 도망치더라도 일단 가라"고 매달렸다는 이야기입니다. 강제동원론자들에게 묻습니다. 다음은 강제입니까, 자발입니까? 강제라면 대체 그 강도는 얼마만한 것입니까?

> 주재소장이 나를 불러 "일본에 가지 않을래?" 했다. 나는 "가기 싫다"고 했다. 며칠 뒤 다시 나를 불러 "일본에 가!"라고 했다. 일자리와 돈을 생

각하면 가고 싶은 생각도 없지 않았다. 나는 "내가 가겠어요"라고 대답
했다(明日への選擇 編輯部 2004 : 16).

끝으로 "마지막 보부상"으로 유명한 유진룡의 구술을 살펴보겠습
니다. 그는 1941년 25세에 일본으로 동원되었습니다.

한번은 지서에서 나를 오라구 허드구. 가니께 "일본을 가야 헌다"는 겨.
"일본은 왜 가냐? 나 못 간다. 내가 일본 가믄 남은 식구들어 어떻게 허고
가냐? 누가 멕여 살리느냐 말여?" 허고 막 대들었어. "나 못 간다"구 마구
우겼지. 우기니까 그려. "식구들언 걱정헐 거 웃구 무조건 가야 된다"는
겨. "가서 눈 딱 감고 3년만 있다 오라"는 거여. "걱정을 안 허다니 어떻게
걱정을 않소? 당신네가 멕여 살릴 재간 있소?" 허니께 내가 일본을 가야
만 식구들을 멕여 살린다는 거여. 자기네가 배급 줘 갖고 살릴 테니 염려
말고 가라는 거여. 지서 주임이 그려. "멕여 살린다는 것도 다 헛소린 게
나 못 간다"구 그랬지. "정 못 갈 껴? 잡으러 댕기믄 어쩔 거여?", "잽혀갈
때 잽혀가더라도 나 지금은 못 가겄다. 알아서들 혀." 그러구 나왔어. 그
러니께 날마다 불러. 지서서 오라, 면서 오라, 난리여. 이렇게 하루하루
를 버텨 나가는디 드디어 잡으러 왔어. 면 직원 한눔허구 순사 한눔허구
우리집에 들이닥쳤더라구. "잡을 거 읎다"구, "가자"구. "내 순순히 따라
갈 테니까 가자"구. 그러구서 따라 나선 거여. 헐 수 읎이 끌려간 거지. 인
저 강제로 끌려가는디 눈물이 앞을 가리는 거여(유진룡 외 1992 : 94).

조금 길지만, 생생한 묘사가 매우 흥미롭습니다. 면사무소와 지서의 강제가 있었습니다. 그러나 유진룡은 끌려가기 전에, 즉 직접적인 폭력이 행사되기 전에, 제 발로 따라나섰습니다. 그때까지 유진룡의 거부 의사도 분명했습니다. 거칠 것이 없었습니다. 양쪽 모두 집요했지만, 폭력은 나타나지 않았습니다. 어디까지가 자발이고 어디부터 강제일까요? 복잡합니다. 이후 유진룡이 일본으로 건너가는 과정을 자세히 살피면, 여러 차례 도망칠 기회가 있었음에도 그러질 않았습니다. 끌려가는 노예의 행렬은 아니었습니다. 부산에 도착한 그의 심사는 다음과 같았습니다. "기왕지사 여그꺼정 왔으니께 일본 구경 좀 히야겄다."

자유도항

모집과 관알선 시기의 노무동원과 관련하여 주목해야 할 중대한 사실이 있습니다. 표4-1에서 보듯이 1939년부터 해방 이전까지 노무동원과 무관하게, 주로 돈벌이를 위해 일본으로 건너간 조선인이 무려 165만 명이 넘습니다. 그로 인해 일본에 거주하고 있는 조선인은 1939년 말의 96만여 명에서 1945년 8월의 200만 명까지 2배 이상으로 폭증하였습니다. 징용이 실시되기 전인 1943년까지 노무동원과 관계없이 일본으로 간 조선인의 총 수는 140만여 명이나 됩니다. 모집과 관알선에 의해 동원된 52만여 명의 2.7배에 해당하는 큰 규모입니다.

일본으로 도항하는 조선인이 1939년 이후에 크게 증가하긴 했지만, 전에 없던 새로운 현상은 아니었습니다. 일찍부터 일본으로 건너가는 이민의 행렬이 있었습니다. 1910년대에는 연평균 5,000명 미만이었으나 1920년대에는 연평균 3만 5,000명, 1930년대에는 연평균 7만 2,000명이 일본으로 이주했습니다. 일본 각지에는 조선인의 이민 사회가 형성되었습니다. 조선에서 가장 가까운 후쿠오카의 경우, 1928년에 조선인 탄광부가 이미 6,500명에 달했습니다. 1925년 이후 일본에서는 보통선거가 실시되었습니다. 그에 따라 조선인이 밀집한 곳에서는 지방의회 의원을 배출하기도 했으며, 심지어 중앙 중의원 의원에 당선되는 사람까지 나타났습니다. 이민 사회의 2세 가운데는 교사, 공무원, 의사처럼 계층 상승에 성공한 사람들이 적지 않았습니다. 대개의 이민 사회가 그렇듯이 앞서 간 사람들은 조선의 친척이나 지인들을 불러들였습니다. 1939년 이후 조선인의 대규모 자유도항에도 그런 배경이 작용하였습니다.

또한 이 시기에 밀항이 성행하였다는 사실에도 주목해야 합니다. 1939~1942년의 기간에 고액을 지불하고 작은 배에 목숨을 의지한 채 밀항을 시도하다가 발각된 조선인이 2만 2,800명이었습니다. 물론 얼마나 많은 사람이 밀항에 성공했는지는 알 수 없습니다. 그밖에 위명도항僞名渡航이라는 것도 빈번하였습니다. 군청 소재지나 부산

표4-1 전시기 일본 도항자와 재일 조선인 인구 (단위: 명)

연도	도항자(a)	노무동원 도항자(b)	일반도항자 (a-b)	재일 인구 (연말)
1939	316,424	53,120	263,304	961,591
1940	385,822	59,398	326,424	1,190,444
1941	368,416	67,098	301,318	1,469,230
1942	381,673	119,721	261,952	1,625,054
1943	401,059	128,296	272,763	1,882,456
1944	403,737	286,472	117,265	1,936,843
1945	121,101	10,622	110,479	2,000,000
계	2,378,232	724,727	1,653,505	-

자료: 森田芳夫(1954), 『在日朝鮮人の推移と現狀』; 日本大藏省管理局(1947), 『日本人の海外活動に關する歷史的調査』.

·여수의 여관과 같은 곳에서 수송편을 기다리는 동안에 일본으로 갈 조선인의 호적등본을 구입하여 그 사람의 노릇을 대신하는 것입니다. 그들은 일본이나 사업장에 도착한 직후 더 좋은 일자리를 찾아 도망하였습니다. 편승도항便乘渡航도 성행하였습니다. 비용을 들이지 않고 안전하게, 또 합법적으로 일본에 도항하는 기회로 노무동원을 이용한 것을 말합니다. 그들 역시 도착 직후 새로운 직장으로 도망하였습니다.

노무동원과 무관하게 165만여 명이 합법적으로 도항하고, 2만 명 이상이 밀항을 시도하다 발각되었음은 무엇을 말하는 것일까요? 저를 비판하기 위해 제시된 기록들은 결코 그 시대의 일반적 흐름을 대변하고 있지 않다는 사실입니다. 그 시대의 큰 흐름은 '로망'이라고 해도 손색이 없는, 신문명과 고임금의 기회를 찾아 일본으로 밀려드는 조선인의 거대한 물결이었습니다. 일본의 노무동원도 이 같은 시대적 흐름을 전제해서 조선인의 노동력을 군수 관련 산업으로 유도하려는 것이었습니다.

저항의 실태

탄광과 기타 광산에서 근무하던 일본인 청장년들은 대부분 전쟁터로 징집되었습니다. 그에 따라 심한 노동력 부족 사태가 벌어졌습니다. 노무동원으로 일본에 건너간 조선의 청년들은 6할 이상이 탄광과 기타 광산에서 일하였습니다. 그들의 대부분은 농촌 출신이었습니다. 몇 시에 출근하여 몇 시에 퇴근한다는 근대적 노동규율은 그들에게 벅차고 생경한 것이었습니다. 또한 탄광 등 광산에서의 지하노동은 심한 공포감을 안겨 주었습니다.

저를 비판하는 사람들이 말하는 조선인의 '저항'이란, 많은 경우 일본행 그 자체에 대한 것이라기보다 탄광·광산행에 대한 것이었습니다. 오늘날 한국에 오는 동남아 젊은이들을 생각하면 이해하기 쉽습니다. 그들에게 한국은 하나의 로망입니다. 그렇지만 그들도 3D 업종은 기피합니다. 그들에게 3D 업종에의 취업 제안이 있다고 칩시다. 그들은 거절하겠지요. 그것을 두고 그들이 한국행 자체를 거부했다고 이야기할 수는 없습니다. 당시에도 마찬가지였습니다. 모집이나 관알선에 대해 일부이긴 하지만 강제가 행사되고 조선의 젊은이가 저항한 것은 그러한 배경에서였습니다.

앞서 소개했듯이 1939년 이후 많은 젊은이가 일본으로 건너갔습니다. 모집이나 관알선과 무관하게 165만여 명이나 일본으로 건너갔습니다. 그들은 도시 주변의 잡업이나 토목공사판에서 일자리를 구했습니다. 그편이 보다 안전하고 고소득이었습니다. 탄광이나 광산, 군수 관련 공장으로는 취업하려 하지 않았습니다. 그래서 1939년 이후 일본회사의 모집과 총독부의 관알선이 착수되었던 것입니다. 그래도 필요한 노동력을 모두 충당하지 못했습니다. 모두가 기피하는 힘들고 위험한 업종들이기 때문이었습니다. 모집과 관알선 과정에서 부분적으로 강제가 행사되고 저항이 일었던 것은 그 때문이었습니다. 어디까지나 부분적 현상이었습니다. 시대의 대세는 새로운 일자리와 삶의 기회를 찾아 연간 10만 명 이상의 조선인이 일본으로 몰려가는 그것이었습니다.

탈출론 비판

끝으로 피동원자의 최대 40%에 달한 도망자 문제에 대해 살피도록 하겠습니다. 정혜경은 저를 비판하면서 일본이 '로망'이었다면 왜 그토록 많은 사람이 도망을 쳤느냐, 결국 강제노동으로부터의 탈출이 아니었느냐고 주장합니다. 우선 지적할 것은 도망자가 많았던 것은 사실이지만, 그들은 조선으로 돌아온 것이 아니라 일본에서 더 좋은 직장을 찾아 나섰다는 사실입니다. 도망의 목적이 귀향이었다는 기록이나 증언을 찾기는 힘듭니다.

도망 노동자의 경험담 한 가지를 소개하겠습니다. 주인공은 1945년 3월에 오사카로 징용된 창씨명 가네야마 정연金山正捐입니다. 그는 4개월 만에 단주鍛鑄공장에서 벗어나 도쿄로 도망하였습니다. 도망 과정에서는 하등 곤란도 없었습니다. 도쿄에서는 함바 소속으로 목재 운반이나 방공호 파는 일을 하였는데, 일은 훨씬 가볍고 급료도 전보다 많았습니다. 전쟁이 끝나자 그는 오사카로 돌아옵니다. 그가 돌아온 이유는 조선인의 귀국을 동원 당시 사업장이 책임졌기 때문인 듯합니다. 무료로 신속히 귀국할 수 있어서 원 사업장으로 복귀하였습니다. 그때 오사카경찰서에서 조사를 받았고, 그래서 조서 기록이 남았습니다.

도망은 일본으로 건너가기 전부터 기획된 것이기도 하였습니다. 앞서 소개한 편승도항이 그러한 경우입니다. 일본행을 앞둔 조선인은 일본의 조선인 브로커와 연락합니다. 언제 어디에서 만날지 미리 약속해둡니다. 브로커는 그가 일할 새로운 직장을 마련하고, 그곳을 향한 여행 준비를 해놓습니다. 그는 하루의 작업을 마치고 기숙사로 돌아와 외출을 신고한 후 느긋하게 그곳을 빠져나와 기차를 탑니다. 새로운 직장은 도로, 비행장, 방공호 등 토목공사판인 경우가 많습니다. 워낙 노동력이 부족하였던 때라 공사주들은 도망자임을 알면서도 그들의 고용을 마다하지 않았습니다.

이렇게 '로망'과 '도망'은 양립하고 병존하였습니다. 다수 도망자의 존재는 강제동원이나 노예노동의 증거가 될 수 없습니다. 오히려 그 반대일 수 있습니다. 피동원자의 40% 가까이가 조용히 사업장을 벗어났습니다. 노예사냥으로 끌려온 자들이라면 그토록 쉽게 많은 사람들이 도망칠 수 있는 환경이었겠습니까. 쇠사슬과 채찍이 난무하는 수용소이어야 마땅했습니다. 그렇지만 현실은 그렇지 않았습니다. 일본에서의 노무환경은 비교적 자유로웠습니다. 그 사실은 조선에서의 동원 자체가 노예사냥이 아니었음을, 다시 말해 조선인들의 동의에 기초한 과정이었음을 시사하고 있습니다. 조선에서의 동원 과정과 일본에서의 관리 방식은 나름의 일관성을 지니고 있었습니다.

참고문헌

김민철(2019), 「진부한 레퍼토리, 그러나 악의에 찬 거짓 선동들 ─강제동원·강제노동 부정론 비판─」, 『『반일종족주의』 긴급진단 : '역사부정'을 논박한다』.
유진룡 외(1992), 『장돌뱅이 돈이 왜 구린지 알어?』 뿌리깊은나무.
정혜경(2019), 「강제동원 아닌 취업? 조선인 '도망자' 40%는 왜 나왔나」, 『한겨레신문』 2019년 9월 2일.
정혜경 외(2019), 『반反대를 론論하다』, 도서출판 선인.
明日への選擇 編輯部 編(2004), 『『强制連行』はあったのか』 日本政策研究センター.
田中直樹(1984), 『近代日本炭鑛勞働史研究』 草風館.
西岡力(2019), 『でっちあげの徵用工問題』 草思社.

(이우연은) 조선인 탄광부가 작업배치에서 불리하지 않았다고 주장하고는 바로 뒤에서는 위험한 작업을 맡은 조선인의 비율이 일본인보다 2배나 높았고 그 결과 사망률도 높았다고 말한다. 이건 자가당착 아닌가?(전강수 2019)

조선인 광부의 임금과 조선인을 포함한 광부 일반의 임금을 비교하면 아시오동산足尾銅山 진착부進鑿夫의 경우 56.6%, 내차부內車夫의 경우 74.2%, 운반부의 경우 76.8%에 불과하였다. 조선인 광부의 실제 임금은 수령액으로 어느 기업도 10엔 정도만 지급하였다(김민철 2019).

05

일본에서의 노동, 보수,
그리고 일상

—— 이우연

작업배치의 차별 여부

위에서 요약 소개한 바와 같이 전강수는 탄광의 근로환경이나 작업배치에 있어서 조선인을 특별히 차별하지 않았다는 저의 주장에 대하여, 이 주장이 조선인 중에는 갱내부 등의 비율이 높고 그로 인해 부상률이 더 높았다는 제 서술과 모순된다고 비판하였습니다. 전강수의 비판은 당시 탄광노동의 수요와 조선인 노동의 공급, 그리고 탄광의 노동사정을 잘 모르는 데서 나온 것입니다.

우선 탄광노동은 완력만으로 할 수 없는 일이라는 것을 염두에 두어야 합니다. 안전하고 효율적으로 작업하려면 기술이 필요했고, 그것은 경험에서 쌓이는 숙련을 통해 얻을 수 있는 것입니다. 하지만 조선인은 지하 근로를 기피하였고, 계약기간 2년이 지나면 대부분 조선으로 돌아갔습니다. 따라서 갱내부, 특히 탄을 캐는 채탄부採炭夫, 갱도를 파나가는 굴진부掘進夫, 갱도를 유지하는 작업의 사조부仕操夫는 일본인 없이 조선인들만 독립적으로 작업하지 못하고 일본인들과 함께 작업조를 편성해 작업을 해야 했습니다.

탄광의 경우, 대부분의 일본인 청장년들이 전쟁터로 빠져나가면서 노동력 부족이 심각해진 곳도 갱외보다는 갱내였습니다. 갱내에서도 채탄부·굴진부·사조부의 작업이었습니다. 일본의 탄광업체들은 이러한 작업에 적합한 강한 체력의 젊은이들을 조선에서 동원하였습니다. 그 결과 조선인은 일본인에 비해 갱내부의 비율이 더 높고, 갱내부 중에서도 채탄부·굴진부·사조부의 비율이 높았습니다. 1943년의 통계에 의하면, 일본인 탄광부 중 갱내부는 60%였고, 조선인은 92%가 갱내부였습니다. 갱내부 중에서도 위 3개 작업의 탄광부가 차지하는 비율은 일본인의 경우 38%였지만, 조선인은 그 두 배에 가까운 70%였습니다.

쉽게 짐작할 수 있듯이 탄광의 사고와 그로 인한 희생자는 갱외부보다는 갱내부에서, 갱내부 중에서도 위 3개 작업반에서 더 빈번하였습니다. 이는 상대적으로 높은 재해율로 나타납니다. 탄광의 노동조건, 조선인 탄광부의 수요와 공급 상황으로 인해 조선인의 재해율이 일본인보다 높을 수밖에 없었습니다. 조선인이 일본인과 함께 조를 짜서 작업하였으므로 작업배치에 있어서 차별이 없었다는 사실과 조선인의 재해율이 일본인보다 더 높았다는 사실은 이렇게 설명됩니다. 양자는 모순되지 않습니다. 전강수는 자가당착이라고 말했지만, 비판하려는 의욕이 앞선 나머지 제 연구의 논지를 이해하지 못한 탓입니다.

격차와 차별의 혼동

전강수, 김민철, 정혜경은 "임금은 민족차별적이었다"고 저를 비판하였습니다. 이에 대해서는 우선 임금 민족차별론의 선구라고 할 수 있는 박경식의 주장에 대해 『반일 종족주의』에서 제가 제기한 비판이 전혀 언급되지 않았음을 지적해야 하겠습니다. 박경식은 민족적 임금차별을 나타낸다는 민족별 임금 분포표를 제시하면서, 그 배경이 되는 민족별 연령분포의 차이에 대해서는 의도적으로 소개하지 않았습니다. 연령분포의 차이는 임금분포의 차이를 낳은 주요 원인이었습니다. 박경식의 엉터리 주장은 그 후 자명한 명제가 되어 지금까지 무비판적으로 복사되고 여러 버전으로 반복되었습니다. 또 『반일 종족주의』에서 저는 전기호의 연구를 인용하면서 일본인보다 조선인의 임금이 더 높은 경우도 제법 많았음을 지적하였습니다.

저는 2016년 『경제사학』 61호에 논문 「전시기(1939~1945) 일본으로 노무동원된 조선인 탄·광부의 임금과 민족 간 격차」를 게재했습니다. 제도적인 임금 차별은 없었다는 주장의 근거로 저는 1987년에 발표된 나가사와 슈長澤秀의 논문부터 2013년의 팔머B. Palmer의 연구서에 이르기까지 6개의 선행 연구를 소개하였습니다. 그러나 김민철이나 전강수는 그에 대해서는 전혀 응답하지 않았습니다.

그들이 연구자라면 특정 연구자를 비판함에 있어서 그 저본이 된 논문까지 검토해야 마땅합니다. 참고문헌으로 밝혔으니 존재를 모를 리 없습니다. 검토하지 않았다면 지적으로 게으른 것이며, 읽고서도 무시했다면 학문적으로 비겁합니다. 전강수는 제가 에무카에江迎 탄광의 사례에 대해 이야기한 것을 두고 "한 탄광에서 나온 사료 하나로 민족 간에 임금 차별이 없었다는 결론을 내린다"고 했으니 저의 논문을 읽지 않았음이 분명합니다. 게으름입니다. 그러고선 모리야 요시히코守屋敬彦는 "이우연이 제시한 통계로는 임금 차별의 유무를 알 수 없다"고 말했다고 합니다. 출처는 알 수 없습니다. 모리야의 이 말은 임금 격차를 여러 요인으로 분해할 수 없는 무지를 솔직하게 표현한 것에 불과합니다.

김민철은 철강업과 금속광산에서 조선인의 임금이 일본인의 60%, 석탄광산에서는 70%였다며, 이것을 두고 민족차별이라고 단언합니다. 유감스럽게 근거가 무엇인지 알 수 없습니다. 그런데 그 격차가 그대로 임금 차별일까요? 만약 한국에서 동남아인의 급료가 한국인의 60~70%라고 한다면, 30~40%의 임금 격차가 곧바로 차별일까요? 한국에서 남성과 여성 사이에 30~40%의 임금 격차가 있다면 그것이 모두 여성차별일까요? 경제학자들의 대답은 "아니오" 입니다. 민족 간 또는 남녀 간 임금 격차는 노동생산성 사이에 의한 것과 순수한 차별에 의한 것으로 구성됩니다. 전자는 교육기간이나 근속기간에 따라 숙련도의 차이로 발생하는 임금 격차입니다. 후자는 단지 이민족이거나 여성이라는 이유로 임금을 적게 주는 것입니다. 경제학자들은 이 양자를 구별하는 수학적 모형을 추정하여 차별의 존부나 그 심각성의 정도를 판단합니다.

김민철이 말하는 30~40%의 임금 격차가 사실이라고 할지라도, 이를 곧바로 '차별'이라고 단정하는 것은 '차이'의 존재 가능성을 배제하는 것입니다. 이는 경제학의 기초적 상식에 해당하는 이야기입니다. 김민철은 30~40%의 격차를 두고 그것이 무엇에 의해 발생하였는지, '차이'를 제외하면 진정한 의미의 '차별'은 과연 있었는지, 있었다면 어느 정도인지 물어야 했습니다. 그는 이러한 과정을 생략한 채 격차를 모두 차별로 간주하는 오류를 범했습니다.

저는 조선인의 월수입이 일본인보다 적은 경우가 많이 있었지만, 민족차별은 아니라고 주장했습니다. 정혜경은 그것도 모순이라고 말합니다. 저는 에무카에 탄광 운탄부運炭夫의 임금 자료를 이용하여 이에 대해 자세히 설명했습니다. 당시 탄광이나 광산의 임금은 성과급이었고, 위 운탄부의 10시간 노동에 따른 기본급에서 민족차별의 흔적을 찾아볼 수는 없습니다. 일본인들이 월수입이 높은 이유는 초과 근로가 조선인보다 훨씬 많았기 때문입니다. 이것은 민족 간에 근로의식의 차이도 있겠지만, 조선인과 달리 일본인에게는 부양해야 할 가족이 있었기 때문입니다. 따라서 월수입만 놓고 민족차별을 말하는 데는 문제가 참 많습니다.

현금 지불액이 적은 이유

다음은 조선인에게 현금으로 지불된 금액에 대해 살피겠습니다. 물론 일본인보다 적었던 것은 사실입니다. 그렇다고 차별의 결과로 미미한 푼돈이 지불된 것은 아니었습니다. 그럼에도 김민철은 여전히 그러한 주장을 반복하며 저를 비판합니다. "조선인 광부의 실제 임금은 수령액으로 어느 기업도 10엔 정도만 지급했다"고 말합니다. 앞서 임금총액의 민족 간 격차에서와 마찬가지로 여기에서도 그는 저의 2016년 논문에 대해서는 전혀 언급을 하지 않았습니다.

다음 표5-1을 봐주십시오. 우선, 이 표에서 이용된 자료들은 새로운 것이 아님을 강조해 두고 싶습니다. '강제연행', '노예노동'을 주장하는 연구자들이 편찬해 낸 자료에서 관련 사항을 제가 모두 찾아내어 작성한 표입니다. 예를 들어, 1940년의 수치는 일본 전국의 46개 탄·광산의 자료로부터 평균을 계산한 것으로 원래 박경식이 편찬한 자료집 속에 들어 있는 정보입니다. 이 표에서 알 수 있듯이 임금에서 식대 20% 내외, 저금 20% 내외 등이 공제된 후 40% 이상이 조

표5-1 임금 지출 내역 (단위: 엔, 괄호 안은 %)

연도	공제액				송금	잔액	계
	식대	저금	기타	소계			
1940	15.24 (21.2)	13.37 (18.6)	11.78 (16.4)	40.39 (56.1)	24.84 (34.5)	6.72 (9.3)	71.95 (100.0)
1941		11.50 (21.7)			21.52 (40.6)		52.96 (100.0)
1944	18.00 (12.0)	45.00 (30.0)	25.00 (16.7)	88.00 (58.7)	40.00 (26.7)	22.00 (14.7)	150 (100.0)
1945		67.16 (53.8)		67.16 (53.8)	36.88 (29.6)	20.75 (16.6)	124.79 (100.0)

자료: 이우연(2016).

선인의 손에 쥐어졌습니다. 그들은 이 돈을 조선의 가족들에게 송금하거나 현지에서 소비하는 데 사용하였습니다.

송금 이후에 남는 금액은 임금 총액의 9.3%에서 16.6%까지였습니다. 김민철은 하야시 에이다이林ㅊぃだぃ가 발표한 스미토모 고노마이住友鴻之舞 금광의 사례를 언급합니다. 1941년 11월 이후 6개월간의 총 임금은 446.39엔이고 공제액은 총 413.01엔으로 그것을 차감한 인도금액은 6.43엔, 곧 임금의 8.6%에 불과하다는 것입니다. 그러나 해당 자료를 직접 확인하면 '공제금 총액'만 나와 있을 뿐 그 내역을 알 수 없습니다. 이 8.6%라는 수치는 표5-1의 '잔액', 즉 송금 이후에 남는 금액의 수치에 가깝습니다. 스미토모 고노마이의 '공제금 총액'에는 송금이 포함된 것으로 보입니다. 따라서 이 사례는 저의 논지를 훼손하지 못합니다.

　정혜경은 "조선인의 인도금액이 일본인보다 적었다"는 제 서술이 "임금은 정상적으로 지불되었고 그에 있어서 민족차별은 없었다"는 주장과 모순된다고 비판합니다. 조선인은 대부분 단신으로 기숙사에서 생활한 반면, 일본인은 대개 부양가족과 함께 살았습니다. 따라서 조선인은 임금에서 식대가 공제되었고, 가족이 없었기에 저축의 여력이 일본인보다 훨씬 더 컸습니다. 그 결과 손에 쥐는 현금, 즉 인도금액에서 차이가 발생하게 되었습니다. 따라서 임금에 있어서 민족차별이 없었다는 주장과 인도금액에서 민족 간 차이가 있었다는 서술 사이에는 하등 모순이 없습니다.

　임금에 관련한 제 주장에 대한 비판은 이처럼 오독이나 게으름의 소치에 지나지 않습니다. 종종 논리적 사고의 결여도 발견됩니다. 여기에는 공통된 원인이 있다고 생각합니다. 반일 종족주의 역사학의 제약입니다. 이 틀을 벗어나지 못하면 한국의 역사학은 과학으로 성립할 수 없을 것입니다.

일상생활에 대하여

　조선인의 일상은 비교적 자유로웠습니다. 이에 대해서 저는 밤새워 화투를 치는 바람에 다음 날 출근을 제대로 못하거나, 술집이나 조선 여인들이 있는 특별위안소 출입으로 수입을 탕진하는 경우도 있을 정도로 자유로웠다고 썼습니다. 여기에서 강조점은 '그런 경우도 있을 정도'에 있습니다. 조선인 모두가 무절제한 생활을 했다는 뜻은 아닙니다. 이를 통해 저는 조선인의 일상이 자유 없는 노예생활이 아니었음을 주장하고자 했을 뿐입니다. 그런데 전강수는 그런 것은 "조선인 노동자의 일탈로 봐야지 자유라고 할 수 없고, 사업주도 그런 자유쯤은 얼마든지 허용할 수 있었다"며 논점을 흐립니다.

도박은 근로시간 이외의 생활이 자유로웠음을 말합니다. 음주나 특별위안소 조선 여인과의 접촉은 퇴근 이후나 휴일의 자유로운 외출을 말하며, 다른 한편으로는 그에 필요한 현금을 그들이 보유하였음을 말합니다. 전강수가 저를 비판하고자 한다면, '자유 없는 노예생활'이었음을 증명하면 될 일입니다. 그러나 그는 몇 개의 단어로 유희를 즐기는 데 그치고 말았습니다.

김종성은 "쇠사슬이 아니어도 노예노동"이라고 저를 비판합니다. 쇠사슬과 같은 것은 애당초 없었음을 그도 인정하는 모양입니다. 그러나 이 비판도 관념적 유희에 지나지 않습니다. '노예노동'이라는 개념은 일반적으로 경영의 주체가 아니며, 도주를 막고자 일상생활에서 자유가 심각하게 제한되며, 노동의 보수가 없는 노동을 말합니다. 김종성처럼 노예노동의 개념을 고무줄처럼 늘릴 수 있다면, 학문적 개념이란 것이 무슨 필요가 있으며 의미 있는 토론은 어떻게 가능하겠습니까?

여기서 한국 역사학계의 고질적인 병폐와 나쁜 습속을 봅니다. 한 연구자가 반일 종족주의에 사로잡혀 근거나 논리도 없는 단정이나 선입견을 학설로 포장하면, 다른 연구자들은 그것을 검증도 하지 않은 채 인용하고, 그렇게 상호 인용하는 과정이 반복됩니다. 이를 통해 종족주의적 신화가 탄생하고 국민적 상식으로 번져갑니다. 그렇게 성립한 신화에 대한 논리적·실증적 비판에 대해선 간단히 "선행 연구가 충분하다"는 말로 비판자의 입을 막아버리려 합니다. 저는 이 고질적 병폐의 연쇄를 끊고 그것의 사실 여부를 검증코자 했을 뿐입니다.

참고문헌

김민철(2019), 「진부한 레퍼토리, 그러나 악의에 찬 거짓 선동들 –강제동원·강제노동 부정론 비판–」, 『『반
　　일 종족주의』 긴급진단: '역사부정'을 논박한다』.
김종성(2019), 「일본 돈 받고 강제징용 부정」, 오마이뉴스 2019년 8월 30일.
이우연(2016), 「전시기(1939~1945) 일본으로 노무동원된 조선인 탄·광부의 임금과 민족간 격차」, 『경제
　　사학』 61.
전강수(2019), 「『반일 종족주의』를 비판한다 ① '친일파' 비판이 억울? 자업자득이다」, 오마이뉴스 2019
　　년 8월 14일.
정혜경 외(2019), 『반反대를 론論하다』, 도서출판 선인.

원고들의 동원과 강제노동 피해 및 귀국 경위… 한 달에 2, 3엔 정도의 용돈만 지급받았을 뿐이고, 구 일본제철은 임금 전액을 지급하면 낭비할 우려가 있다는 이유를 들어 원고1과 원고2의 동의를 얻지 않은 채 이들 명의의 계좌에 임금의 대부분을 일방적으로 입금하고 그 저금통장과 도장을 기숙사의 사감에게 보관하게 하였다. 원고3은 임금을 저금해 준다는 말을 들었을 뿐 임금을 전혀 받지 못하였다. 원고4는 노역에 종사하는 동안 임금을 전혀 지급받지 못하였고… (2018년 10월 30일, 대법원 판결문 발췌).

06.

일하고도 임금을 못 받았다는 거짓말

———— 이우연

국민적 상식의 오류

앞장에서 서술한 대로 1939~1945년 전시기에 일본으로 동원된 조선의 노무자들은 정상적으로 임금을 지급받았습니다. 약간의 미불금이 남은 것은 전쟁이 끝난 뒤의 혼란기에 임금, 저금, 각종 적립금이 정산되지 못했기 때문입니다. 그럼에도 불구하고 그에 관한 오늘날 한국인의 기억은 정반대입니다. 임금은 제대로 지급되지 않았으며, 대부분 강제저축을 당했고, 나중에 그것을 찾지 못했으며, 받았다고 하지만 소액의 용돈 수준에 불과했다는 겁니다. 한마디로 노예노동이었다는 겁니다. 한국사 교과서가 그렇게 학생들을 가르치고 있습니다. 역대 교과서를 뒤지면 대체로 1960년대 중반부터 그러하였습니다. 그런 식의 교육이 이미 반세기를 넘겼으니 오류가 국민적 상식이 되고 말았습니다.

국민적 상식의 오류는 언젠가 폭로되기 마련입니다. 저는 2018년 10월에 내려진 대법원의 판결이 그 좋은 계기라고 생각합니다. 위에서 요약 제시한 대로 대법원은 1943~1945년 구 일본제철에서 일한 4명의 원고가 임금을 제대로 지급받지 못했으며, 회사로부터 학대를 당했다는 주장을 인용하였습니다. 그리고선 구 일본제철의 뒤를 잇는 신일철주금에 1억 원씩의 위자료를 지불하라고 명하였습니다. 이 판결의 문제점에 대해선 이 책의 8장에서 논의될 것입니다. 여기서는 임금을 제대로 지불받지 못했다는 원고 4명의 주장이 과연 사실인지를 검토하겠습니다. 대법원의 판결과 비슷한 시기에 고등법원이 여자근로정신대를 다녀온 사람들이 제기한 소송에 대해 대법원과 동일한 판결을 내렸는데, 그에 대해서도 살피도록 하겠습니다.

김규수金圭洙와 이춘식李春植

당시 일본제철은 6곳의 제철소를 가동하고 있었습니다. 그중에서 4명의 원고가 근무한 곳은 야하타八幡제철소, 가마이시釜石제철소, 오사카大阪공장이었습니다. 이 3곳의 제철소·공장에는 당시의 노무기록이 지금도 잘 보관되어 있습니다. 1991년 고쇼 다다시古庄正라는 연구자가 그 자료를 분석하여 「조선인 강제연행의 전후 처리-미불금 문제를 중심으로-」라는 논문을 발표하였습니다. 여기서는 그 논문에 제시된 자료에 근거하여 원고들의 주장을 검토하겠습니다.

원고 김규수는 "임금은 전혀 받지 못하였다"고 했습니다. 그가 일한 곳은 야하타제철소였습니다. 그에게 미불금이 있었다면, 고소의 논문 140쪽에 있는 도표 중에서 '정리해고'된 3,042명 중의 1명이 될 것입니다. 김규수는 종전 후에 귀국하였는데, 그것을 두고 '정리해고'라 하였습니다. 그에게 남겨진 미불금은 50.20엔이었습니다. 조선인 전체의 1인당 미불금의 평균은 88.15엔이었습니다. 100엔 이하가 전체의 66.8%, 100~200엔이 22.2%였습니다. 1940년 가마이시제철소 임금은 월 60엔 내외였습니다. 전시 인플레와 다른 직종의 임금을 고려하면, 1945년에는 적어도 월 120엔은 되었을 것입니다. 야하타제철소 경우도 마찬가지였을 겁니다. 이를 감안하면 김규수의 미불금 50.20엔은 한 달 월급의 절반에 못 미치는 소액입니다. 그 내역을 보면 퇴직 수당금이 10.20엔, 임금은 40엔이었습니다.

이춘식은 가마이시제철소에서 근무하였습니다. 그 역시 "저금해 준다는 말을 들었을 뿐, 임금을 전혀 받지 못하였다"고 주장하였습니다. 그런데 동 제철소 자료에서 확인되는 이춘식의 미불금은 23.80엔에 불과합니다. 동 제철소에 근무한 조선인의 미불금은 평균 91.60엔입니다. 100엔 이하가 66.7%, 100~200엔이 22.0%로서 야하타제철소 경우와 거의 동일합니다. 미불금 평균 91.60엔의 내역도 마찬가지입니다. 저금 72.17엔, 퇴직적립금 2.57엔, 징용보급금 3.30엔, 전쟁보험금 3.39엔이고 임금은 고작 9.73엔이었습니다. 이춘식의 미불금 23.80엔은 모두 저금인데, 전체 평균보다 훨씬 적습니다.

요컨대 일본제철에 보관된 그 많은 자료가 모두 조작된 것이라고 주장할 요량이 아니라면, 김규수와 이춘식이 동 회사에 근무한 기간에 임금을 정상으로 지급받았음은 의심의 여지가 없는 사실입니다. 그들에 대한 미불금은 회사를 그만두거나 서둘러 귀국할 때 충분히 정산되지 못한 임금이나 각종 적립금인데, 그나마 월 임금의 절반에 못 미치는 소액에 불과하였습니다. 오히려 소액이기 때문에 모두 정산하지는 않고 퇴사하거나 귀국했다고 봄이 마땅하겠습니다.

여운택呂運澤과 신천수申千洙

원고 여운택과 신천수 두 사람은 오사카공장에서 근무하였습니다. 두 사람 역시 한 달에 2~3엔 정도의 용돈만 지급받고, 나머지는 자신들의 동의 없이 회사가 일방적으로 저금을 했으나 이후 그것을 돌려받지 못했다고 주장하였습니다. 오사카공장의 경우, 미불금을 남긴 조선인 노무자가 공장을 떠난 사유는 '만기', '가정 사정 귀환' 등 5개로 분류됩니다. 위 두 사람은 1945년 6월 오사카공장이 미군의 공습으로 파괴된 후 청진공장에 재배치되었으므로 '청진전용淸津轉傭'

의 163명에 속합니다.

동 공장의 자료에 따르면, 여운택에게 남겨신 미불금은 서금 445 엔, 임금 50.52엔, 합계 495.52엔입니다. 신천수도 각각 410엔, 57.44엔으로 합계는 467.44엔입니다. 조선인 163명의 1인당 미불금의 평균은 115엔 19전인데, 내역을 보면 임금 54.08엔, 수당 26.26엔, 저금 34.40엔, 기타 0.45엔입니다. 합계가 100엔 이하인 사람이 전체의 65.5%, 100~200엔은 27.9%였습니다. 400엔 이상은 5.6%인데, 두 사람은 여기에 속합니다. 상대적으로 고액의 미불금을 남겼다고 하겠습니다. 두 사람의 미불금 중에서 임금은 전체 평균과 같은 금액이지만, 저금은 다른 사람들보다 훨씬 많습니다. 이 사실은 그들이 미성년이었다는 사정과 관계가 있을 겁니다.

여운택과 신천수의 미불금이 상대적으로 많긴 하지만, 1943년 9월부터 약 2년간 일본제철에 근무한 기간에 임금을 정상으로 지급받았음에는 변함이 없습니다. 미불금 내역의 대부분은 저금이고 그중 임금 50여 엔은 통상 한 달치 임금의 절반에 불과하기 때문입니다. 또한 미불 저금이 400여 엔이라고 하지만 그 총액이 약 2,400엔으로 추정되는 2년치 임금의 일부에 불과하기 때문입니다. 요컨대 임금을 정상으로 지급받지 못했다는 두 사람의 주장 역시 그대로 믿기란 매우 곤란합니다. 그렇다면 두 사람이 400여 엔의 저금을 찾지 못한 것은 어떠한 연유에 의해서였을까요?

저금의 미추심 사유

자료에 따르면 1942년 가마이시제철소에서 저금은 월임금의 평균
20%였습니다. 오사카공장의 경우도 마찬가지였을 겁니다. 일본제철
만이 아니라 다른 회사·공장에서도 대개 그러하였습니다. 그에 관
해서는 앞장에서 제가 제시한 표5-1을 참조해 주십시오. 다시 말해
여운택과 신천수의 주장대로 회사가 임금의 대부분을 강제로 저금
하는 일은 있을 수 없는 일이었습니다. 실제로 그러했다면 노무자의
대부분이 굶어 죽을 수밖에 없는데, 군수품을 생산하는 공장의 사정
이 그래서야 어찌 전쟁을 치를 수 있겠습니까?

당시의 강제저축에는 두 종류가 있었습니다. 첫째는 '애국저금'과
같이 우편국 등에 저금하여 퇴직이나 징병과 같이 불가피한 상황이
아니면 인출할 수 없고, 통장도 회사에서 보관하는 국정저금입니다.
둘째는 상대적으로 소액 저금으로서 인출이 자유롭고, 본인이나 기
숙사의 사감이 통장을 보관하는 사내저금입니다. 여운택과 신천수
가 찾지 못한 저금이 이 둘 가운데 어느 것인지는 확실치 않습니다
만, 사감이 통장을 보관했으므로 아마도 사내저금이었을 가능성이
큽니다.

당시 종업원의 사내저축을 사감이 절취하는 일은 불가능하였습니
다. 기업은 조선인 노무관리에 세심한 주의를 기울이고 있었습니다.
회사에 대한 평가가 나빠지면 조선에서 노무자를 모집하는 것이 어려

워지기 때문입니다. 이 두 사람의 경우는 사감이 일본인이었습니다. 사감 중에는 일찍부터 일본에 징착하여 노무자를 모집하거나 묘寮에서의 숙식을 제공하는 일을 직업으로 하는 조선인이 많았습니다. 어쨌든 사감도 전시통제와 관리의 대상이었습니다. 후방의 치안을 담당한 경찰은 조선인 노무자의 동향을 예의주시하였습니다. 그러한 전시기에 일개 사감이 종업원의 저축을 착복하고도 무탈할 수는 없었습니다. 혹 그런 일이 있었다면, 그것은 회사의 노무방침과 무관한 사감 개인의 비리일 뿐입니다.

앞서 소개했듯이 여운택과 신천수는 445엔과 410엔의 저금을 찾지 못했는데, 그것은 그들만의 특수한 사정입니다. 오사카에서 청진으로 이동한 조선인 노무자 163명의 미불 저금은 평균 34엔에 불과하기 때문입니다. 두 사람이 저금을 찾지 못한 것은 전쟁 말기의 황급한 상황 때문이었습니다. 여운택의 인터뷰 기록에 의하면, 1945년 8월 9일인가 소련군이 청진에 상륙하기 시작하였습니다. 청진공장의 직원은 일본인이고 조선인 할 것 없이 모두 산속으로 도망쳤습니다. 이후 여운택은 무산까지 갔다가 성진으로 와서는 그 대열에서 이탈하여 서울까지 걸어서 왔습니다. 그 와중에 시내의 급류를 건너다가 현찰 보따리를 물에 떠내려 보내기도 했습니다. 신천수는 무산에서 기차를 타고 서울에 도착한 다음, 일본제철 지사를 찾아갔으나 모두가 떠난 뒤였다고 합니다. 이렇게 이 두 사람이 400여 엔의 저금을 찾지 못한 것은 종전 당시의 황급한 상황 때문이었습니다. 회사나 사감이 착복하거나 고의로 지불을 거절한 탓이 아니었습니다.

여자근로정신대

대법원의 판결이 있은 지 석 달 뒤 2019년 1월에는 여자근로정신대의 '피해자' 6명에 대한 서울고등법원의 판결이 있었습니다. 여자근로정신대 동원은 1944년 봄부터 시작되었습니다. 동원처로는 일본 미쓰비시三菱의 나고야名古屋 항공기제작소와 후지코시不二越의 도야마富山공장이 유명합니다. 총탄과 폭탄을 만드는 후지코시는 약 1,000명의 근로정신대를 동원하였습니다. 동원된 여자들은 소학교 6년생이나 졸업생이 대부분이었습니다. 계약기간은 1년이었습니다. 판결문에 의하면, 그들은 진학을 하거나 월급을 받을 수 있다는 기망이나 강요에 의해 본인의 의사에 반하여 일본으로 건너갔다고 합니다. 공장에서의 생활은 위험하고 고된 작업, 난방시설이 없는 기숙사, 극심한 식량 부족, 철조망과 감시원이 있는 기숙사, 자유 외출의 금지, 서신 검열, 무임금과 학교 교육의 부재로 요약됩니다.

재판부는 후지코시의 원고들에 대한 행위는 '반인도적 불법행위'이며, 이로 인해 원고들은 심각한 '정신적 고통'을 입었으니 이에 금전적으로 배상할 의무가 있다며 원고들에게 1억 원씩 지급하라고 판결하였습니다. 이 재판은 미불금에 대한 소송이 아니고, 판결 또한 미불금의 지급을 명하지는 않았습니다. 하지만 '무임금'이 '반인도적 불법행위'의 하나로 지적되었고, 그에 따른 '정신적 고통'을 배상하려는 취지이므로, 과연 임금이 지불되지 않았는지를 살펴보고자 하는 것입니다.

후지코시에는 미불금의 공탁 자료가 있습니다. 전쟁 이후 일본 정부는 미불금을 남긴 채 조선으로 귀환한 사람들이 언젠가 지불을 요구할 수 있다는 예상에서 기업이 미불금 모두를 법원에 맡기게 하였는데, 그것이 공탁입니다. 후지코시가 공탁한 금액은 9만 325엔 76전이고 수취인, 즉 채권자 수는 485명입니다. 1인당 평균 186엔 24전입니다. 미불금의 내역을 보면 저금, 국민저축, 퇴직금부족액, 퇴직적립금, 후생연금 등입니다. 저금이 50~100엔으로 가장 많고, 다음이 국민저축 40~80엔입니다. 미불 임금은 없습니다. 이들 공탁 자료가 모두 조작되었다고 주장할 요량이 아니라면, 월급은 이미 정상적으로 지불되었다고 보아야 합니다.

참고로 미쓰비시를 상대로 한 여자근로정신대 소송의 원고 중 한 명인 김복례는 다음과 같이 증언했습니다.

> 급료는 연령에 따라 조금씩 달랐습니다. 나는 30엔, 정확히 주었지만, 사는 것이 없고, 아무것도 팔지 않아서 저금하고 고향에 부쳤습니다. 3분의 2를 보내고 나머지는 치약 따위를 샀습니다. 급료봉투에는 미쓰비시 도토쿠道德공장이라는 이름이 있었습니다. 작업한 날, 쉰 날이 기입되어 있고, 뒤에는 표어가 있었습니다"(伊藤孝司 1992 : 18).

보상 요구

1972년 박정희 정부는 「대일민간청구권 보상에 관한 법률」을 제정하였습니다. 그에 따라 1975년부터 징병이나 노무동원 중 사망한 사람에 대해 30만 원씩 보상을 실시하였습니다. 이후 2007년 노무현 정부가 「태평양전쟁 전후 국외 강제동원 희생자 등 지원에 관한 법률」을 제정한 이래 이명박·박근혜 정부에 이르기까지 총 7만 2,631명에게 위로금과 의료지원금이 지급되었습니다. 사망자에 대해선 2000만 원씩 지급되었습니다. 부상자에 대해선 상이의 정도에 따라 위로금이 차등 지불되었습니다. 아무런 부상 없이 무사 생환한 사람에 대해선 연간 소정의 의료지원금이 제공되게 되었습니다. 이 사업과 관련하여 일본 정부는 미불금의 공탁 자료를 한국 정부에 건네주었습니다. 한국 정부는 그 자료에서 확인되는 군인, 군속, 노무자로서 미불금을 남긴 사람들에게 1엔=2,000원의 환율을 적용하여 지급을 완료하였습니다.

구 일본제철 관련 재판의 원고 4명은 모두 살아서 돌아왔습니다. 따라서 그들은 박정희 정부가 실시한 보상 대상이 아니었습니다. 이후 실시된 노무현 정부 이래의 보상 작업과 관련하여 담당 정부위원회는 『위원회 활동 결과 보고서』를 발간했습니다. 그렇지만 내용이 소략한 가운데 그마저 완간되지 못하였습니다. 그에 따르면 원고 4명은 강제동원 피해자 판정을 받았지만, 사망자나 부상자가 아니어서 위로금을 지급받지는 못했습니다.

여자근로정신대 관련 소송의 원고 6명 중 1명은 1944년 12월 일본에서 지진으로 사망하였습니다. 당시 노무동원 중에 사망하면, 일본의 원호법에 따라 그 유족에게 소정의 장례비와 위로금이 지급되었습니다. 이 사람이 박정희 정부로부터 보상금을 받았는지는 알 수 없습니다만, 노무현 정부가 지급하는 위로금 2000만 원은 받은 것으로 확인됩니다. 그 결과 그 유족은 지금까지 적어도 두 차례 상당액의 보상을 받은 셈입니다. 이제 고등법원의 판결에 따라 추가로 1억원의 위로금을 받게 되면 모두 세 차례나 적지 않은 금전적 보상을 받게 됩니다.

나머지 5명의 원고 중 1명은 2001년에 사망했습니다. 나머지 4명은 상기 『위원회 활동 결과 보고서』상에 생존 귀환자로만 명기되어 있으므로, 노무현 이후 정부로부터 위로금을 받지 못한 것으로 보입니다. 대신 정부로부터 매년 소정액의 의료비 혜택을 받았습니다. 이들은 현금으로 보상을 받은 적이 없는데 이번에 1억 원을 받으면 현금 보상으로는 첫 번째가 되는 셈입니다.

여기에서 묻지 않을 수 없습니다. 이들 모두는 피동원 중에 임금을 정상으로 지급받았습니다. 임금을 받지 못했다는 그들의 주장은 기억의 착란일지 모르지만 거짓말일 가능성이 큽니다. 그들은 살아서 돌아왔기에 보상금이나 위로금을 받지 못했습니다. 그래서 상당액의 금전적 보상을 추구하여 양국 법원에서 소송을 제기하였습니다. 구 일본제철 관련 원고들은 일본 법원에서 일본 기업과 정부를 상대로 소송을 제기했습니다만 패소하였습니다. 그렇지만 그들은 결코 포기하지 않았습니다. 다시 한국 법원에서 일본 기업을 상대로 소송을 제기했으며, 결국 승소하였습니다. 이 집요한 소송의 행렬은 결국 무엇에 바탕을 둔 것일까요? 전 인류가 시효를 두지 않고 추구할 반인륜 범죄에 대한 정의감일까요? 아니면 자국의 명예나 위신 따위엔 아랑곳하지 않는 벌거벗은 물질주의의 욕망일까요? 관련해서는 이 책의 에필로그로 대답을 미루고자 합니다.

참고문헌

「대법원 판결 2013다61381 손해배상(기)」, 2018년 10월 30일.
「서울고등법원 판결 서울고등법원 2016나2084567 손해배상」, 2019년 1월 30일.
대일항쟁기강제동원피해조사및국외강제동원희생자등지원위원회(2016), 『위원회 활동 결과보고서』.
이우연(2016), 「전시기(1939–1945) 일본으로 노무동원된 조선인 탄·광부의 임금과 민족 간 격차」, 『경제사학』 61.
石炭統制會 九州支部(1945), 『炭山における半島人の勤労管理』.
古庄正(1991), 「朝鮮人强制連行の戰後處理 −未払い金問題を中心として」 戰後補償問題研究會 編 『在日韓國·朝鮮人の戰後補償』, 明石書店.
伊藤孝司(1992), 『證言從軍慰安婦·女子勤労挺身隊 : 强制連行された朝鮮人女性たち』 風媒社.

원고들은 당시 한반도와 한국민들이 일본의 불법적이고 폭압적인 지배를 받고 있었던 상황에서 장차 일본에서 처하게 될 노동내용이나 환경에 대하여 잘 알지 못한 채 일본 정부와 구 일본제철의 위와 같은 조직적인 기망欺罔에 의하여 동원되었다고 봄이 타당하다. 더욱이 원고들은 성년에 이르지 못한 어린 나이에 가족과 이별하여 생명이나 신체에 위해를 당할 가능성이 매우 높은 열악한 환경에서 위험한 노동에 종사하였고, 구체적인 임금액도 모른 채 강제로 저금을 해야 하였다. (중략) 이러한 구 일본제철의 원고들에 대한 행위는 당시 일본 정부의 한반도에 대한 불법적인 식민지배 및 침략전쟁의 수행과 직결된 반인도적인 불법행위에 해당하고, 이러한 불법행위로 인하여 원고들이 정신적 고통을 입었음은 경험칙상 명백하다.(신일철주금에 대한 한국 대법원의 징용 배상 판결문, 2018.10.30.)

07

강제동원 배상을 청구한
원고들의 행적

——— 주익종

배상 판결의 근거 – "반인도적 불법행위"

2018년 10월 30일 한국 대법원은 일본의 신일철주금新日鉄住金(주)이 여운택呂運澤, 신천수申千洙, 이춘식李春植, 김규수金圭洙 등 구 일본제철(주)의 노무자 4명(혹은 그 유족)에게 강제동원 피해 위자료를 지급하라고 판결을 내렸습니다. 이 판결은 구 일본제철이 상기 4명을 노무자로 일본에 데려가 일을 시킨 것이 '반인도적 불법행위'라는 데 근거를 두었습니다. 왼쪽 인용문에서 보는 것처럼, 상기 4명은 일본 정부와 일본제철의 속임수 때문에 노동내용과 근로조건을 잘 알지도 못한 채 일본제철 노무자가 되어 열악한 환경에서 그만둘 자유도 없이 위험한 노동을 했으며, 임금도 제대로 못 받았는데, 이는 반인도적 불법행위에 해당하며 그로 인한 정신적 고통에 대한 위자료 지급이 마땅하다는 겁니다.

이 징용 배상 판결이 성립하려면, 일본제철이 상기 4명을 속여서 일본에 데려가서는 급여도 제대로 안 주고 강제로 일을 시켰다는 게 확인되어야 합니다. 과연 이들이 강제로 끌려갔는지, 혹은 겉으로는 자의로 갔어도 그것이 일본 정부와 일본회사의 조직적인 속임수 때문이었는지, 그리고 일본에서의 노동이 강제노동에 해당하는지, 급여가 지급되지 않았는지 등이 정확하게 밝혀져야 합니다.

이 4명이 한일 양국에 걸쳐 소송을 제기하였고, 그 관련 기록 중 일부가 공개되어 있어서 이 문제를 비교적 정확히 밝힐 수 있습니다. 4명 중 여운택과 신천수가 1997년 12월 일본 정부와 신일본제철(주)을 상대로 강제연행과 강제노동에 대한 위자료와 미불금을 지급하라고 일본 오사카 지방재판소에 소를 제기한 이래, 지방재판소와 고등재판소를 거쳐 2003년 10월 일본 최고재판소의 판결이 나왔습니다. 그 관련 기록이 2005년 국사편찬위원회와 한일역사공동위원회 한국측 위원회에 의해 세 권짜리 자료집으로 발간되었습니다. 그중에는 여운택과 신천수가 일본 법원에 제출하기 위해 각기 2000년 3월 25일과 1월 15일에 남긴 진술 녹취록이 있습니다. 또 2001년 독립기념관의 요청에 따라 그들이 남긴 구술 녹취록도 있습니다. 이 자료들을 검토하면, 여운택과 신천수가 일본제철 노무자로 간 경위와 일본에서의 노동, 급여 및 미수금 관계 등을 상세히 알 수 있습니다.

이춘식과 김규수 등 다른 2명의 경우는 그렇지 못합니다. 이들은 일본에서 배상의 길이 막힌 여운택과 신천수가 구 일본제철(주)의 조선인 노무자 명부를 토대로 수소문해 찾아낸 인물들입니다. 2005년 2월부터 2018년 10월까지 진행된 한국 법원에서의 소송에서 이들과 관련된 기록은 공개되지 않았습니다. 따라서 이춘식과 김규수에 관해서는 법원 판결문이나 언론 인터뷰 등의 자료를 통해 대략적으로만 파악할 수 있습니다.

자유 응모로 일본에 가다

현재까지 공개된 자료로 파악되는 원고 4명의 신상 내역은 아래 표와 같습니다.

표7-1 일본제철 관련 한국 법원 소송 원고들의 신상 내역

성명	여운택	신천수	이춘식	김규수
출생	1923년/전북 익산	1926년/전남 장성	1924년/전남 나주	1929년/전북(추정)
학력/경력	야학, 간이학교/일본인 상점 점원, 일본인 이발소 보조원	4년제 보통학교 졸업/주점 및 식당 종업원	?	?
도일연월/출발지	1943.9/평양	1943.9/평양	1941/대전	1943.1/군산
방식	모집(광고)	모집(광고)	대전보국대?	모집 추정
배치	오사카제철소	오사카제철소	가마이시제철소 (이와테현 내)	야하타제철소 (기타큐슈)
현원징용	1944.2	1944.2	1944년 징병 혹은 군속징용(포로감시원)	?
미수금	495.5엔 (급료 50.5엔, 예금 445엔)	467.44엔 (급료 57.44엔, 예금 410엔)	23.80엔	50.2엔 (급료 40엔 퇴직수당 10.2엔)

자료: 국사편찬위 외(2005) ; 정혜경(2004) ; 대법원 '징용'배상 판결문(2018.10.30.).

먼저, 이들이 어떻게 일본제철에 공원으로 가게 되었는지를 살펴보겠습니다. 1923년생인 여운택은 매우 불우한 환경에서 자랐습니다. 생계에 무능한 아버지가 7세의 그를 작은 아버지 집에 맡긴 후 그는 머슴이나 다름없이 일해야 했습니다. 그래도 간이학교에서 3개월 정도 일본어 공부를 했습니다. 그는 16세 때 우연히 만난 일본인의 잡화점 가게에서 점원으로 2년간 일을 했습니다. 거기서 일본어 실력을 키웠습니다. 18세인 1941년에 '기술계통 공부'를 하고 싶어 조선무연탄주식회사의 모집원을 따라 평양에 갔습니다. 그는 채탄 작업에 배치되었으나 노무과 담당자에게 항의하여 공작실에서 주물 녹이는 일을 하게 되었습니다. 위험하고 거친 작업장에 싫증이 난 그는 1년 후 안전하고 깨끗한 이발소로 옮깁니다. 그는 이발소에서 보조생활을 하던 중, 이발 손님인 일본인 군속에게서 일본제철의 공원 모집 이야기를 듣습니다. 신문광고에서 그 사실을 확인한 그는 1943년 9월 평양직업소개소를 통한 모집에 응하였습니다. 기술을 배워 2년 후에는 기술자로서 대우를 받으리라는 기대에서였습니다.

1926년생인 신천수는 2,000평의 농지가 있는 중층 가정에서 큰 어려움 없이 성장했고 4년제 보통학교를 졸업했습니다. 그러나 부친이 금 채굴에 손을 댔다가 가산을 잃는 바람에 가세가 기울자, 16세 때인 1942년 집을 떠나 서울의 한 주점에서 1년 반 동안 일을 하였습니다. 그러다 친구의 권유로 평양으로 이동, 일본인 식당에서 양갱 만드는 일을 했습니다. 그러던 어느 날 식당 앞에 일본제철이 공원을 모집한다는 평양직업소개소 벽보가 붙었습니다. 거기에는 오사카제철소에서 2년간 훈련을 받고 나면 기술자가 되어 다시 조선 내 제철소로 올 수 있는데, 보통학교 졸업의 일본어 가능자라면 응모할 수 있다고 되어 있었습니다. 그 역시 기술자가 되겠다는 생각에 응모하였습니다.

1943년 9월 평양에서의 일본제철 공원 모집에는 100명 정원에 500명이 응모하여 5 대 1의 치열한 경쟁률을 보였습니다. 일본제철의 공동 숙사 료寮의 사감인 일본인 퇴역군인이 면접을 봤습니다. 여운택과 신천수는 일본어 회화 능력, 가족 구성, 사상 내용(친척 중에 독립운동 참가자가 있는가 등)에 관한 조사와 신체검사를 거쳐 합격했습니다. 여운택은 보통학교 졸업 학력이 아니었으나, 탁월한 일본어 실력과 일본인 교장 추천 명함을 받아 제출하는 교섭 수완 덕분에 합격한 것으로 보입니다.

한편 1924년 전남 나주 태생인 이춘식은 아버지의 가출 이후 어머니가 사망하는 등 어려운 환경 속에서 자라야 했습니다. 집에 돌아온 아버지가 새로 결혼하자 이춘식은 집을 떠나고 싶던 차에 17세이던 1941년 대전시장이 모집한 보국대에 지원합니다. 보국대는 근로보국대의 줄임말로 학생, 여성, 농민을 농번기의 농촌이나 토목공사장 등에 임시로 동원하는 겁니다. 1941년 2월 국민근로보국협력령이 발포된 이래 보국대는 소집에 응해야 할 법적 의무가 생겼습니다. 그런데 일본제철 공원은 단기 임시 일자리도 아니며 법령에 따라 응해야 하는 것도 아니므로, 보국대로 일본에 끌려갔다는 이춘식의 진술은 신빙성이 낮습니다. 모집으로 갔다고 보는 게 맞습니다. 그는 충청도, 전라도 등 여러 지역 출신이 섞인 80명 무리의 일원으로 일본으로 갔다고 증언했습니다. 그리고 1929년생인 김규수는 14세 때인 1943년 군산에서 모집에 응해 일본제철 공원으로 선발되었습니다. 모집에 응한 지역이나, 그가 훗날 6·25전쟁 때 전북 제18경찰대에 지원한 것을 보면 전북 출신으로 추정됩니다.

결국 이 4명은 모두 모집에 응해서 일본제철 공원이 된 것이니 강제연행이라 할 수 없습니다. 그중 여운택은 학력도 낮고 왜소한 체격이라 "신체검사에 무사히 통과하기 위해 평소 안면이 있던 교장선생의 명함에 소개의 글을 받아" 모집에 응하기까지 했습니다(정혜경 2004 : 275). 이렇게 청탁까지 넣어서 합격한 것인데 무슨 강제연행이겠습니까? 이들은 일본에서 기술을 습득하는 데 큰 기대를 품고 있었기 때문에, 일본까지 이동하는 중에 도망할 생각도 하지 않았다합니다(일본 오사카지방법원 판결문).

일본제철에서의 노동과 생활

이들은 조선에서 출발하기 전 며칠간 정렬(줄맞추기), 보행 등에 관한 단체행동 훈련을 받았습니다. 공장 작업은 반장 지시에 따라 일사불란하게 이루어져야 하는데, 단체행동에 익숙지 않은 조선인들은 사진에 그린 훈련을 받아야 했습니다. 여운택과 신천수는 기차로 평양에서 부산으로 이동해 1박한 후, 배로 시모노세키로 갔으며, 거기서 다시 기차로 오사카까지 이동했습니다. 그리곤 오사카제철소에 배치되었습니다. 김규수는 기타큐슈의 야하타제철소에 배치되었으나, 이춘식은 멀리 일본 동북부 이와테현에 있는 가마이시제철소에 배치되었습니다. 이들은 공장 도착 후에도 첫 1~3개월간은 오전에 총검술을 포함한 군사훈련을 받고 오후에 작업훈련을 받았습니다. 거기서는 지시된 대로 못하면 장시간 손을 들고 부동不動 자세로 있는 체벌을 받기도 했습니다.

여운택과 신천수는 오사카제철소에서 시험을 보고 작업에 배치되었습니다. 어떤 시험인지는 알 수 없으나, 시험을 통과한 사람이 좀더 고난도의 기술을 요하는 일을 받았습니다. 시험을 통과한 여운택은 일본인 공원의 지도 아래 기중기를 조작해 선철과 고철을 평로에 투입하는 일을 했습니다. 고철 등이 들어간 용기를 기중기로 들어올려 평로 안에서 그 용기를 뒤집어 쏟아 붓는 일이었습니다. 그는 선임인 일본인 노무자가 하는 조작 동작을 보고 9가지 종류의 조작법을 배웠다고 합니다. 그는 총 3명의 모범공원 중 하나로까지 뽑혀어느 정부기관에선가 표창까지 받았다고 하니, 그 일을 꽤 능숙하게 처리한 듯합니다.

반면 시험을 통과하지 못한 신천수는 석탄을 때서 뜨거운 가스를 용광로로 보내는 훨씬 고되고 위험한 작업을 맡았습니다. 석탄을 넣고 철봉으로 석탄이 골고루 타도록 분산시켜야 했으며, 며칠에 한 번씩은 뜨거운 공기가 지나가는 커다란 철 파이프 안에 들어가 분진을 제거해야 했습니다. 그야말로 "골병드는 일"이었다고 합니다.

여운택과 신천수는 하루 3교대제로 8시간 근무했습니다. 이들에게 가장 어려운 점은 식사 문제와 공습 피해였습니다. 이들은 기숙사에서 자고 그 식당에서 식사를 했는데, 양이 부족해 늘 배가 고팠다고 합니다. 이는 본래 조선인에 비해 일본인이 소식小食한 데 따른 것으로, 조선인의 불평이 이어지자 일본회사는 배식량을 늘려 그를 무마한 게 일반적이었습니다. 그리고 공습 사이렌이 울리고 공습이 시작되면 그들은 엄청난 공포를 느꼈는데, 특히 오사카 전체가 불바다가 된 1945년 3월 19일의 대공습 때는 공장 밖에 있던 한 연락 담당 조선인 노무자가 소이탄에 맞아 중상을 입고 그날 밤 사망하는 일도 있었습니다.

통제가 심해 처음 6개월은 외출이 금지되었다고 합니다. 그 후 한 달에 한 번 정도 외출을 할 수 있었는데 그나마도 몇 명 이상의 단체 외출이었다고 합니다. 자유롭지 못한 생활이었다는 회고입니다. 이에 대해 여운택은 "우리가 속았구나!"라고 생각했지만, "좀 철들은 사람은 '그래, 이제 누구한테 항의를 하겠어'라면서 현실을 인정했다"고 했습니다.

오사카제철소의 여운택과 신천수는 1944년 2월 현원징용되었습니다. 현원징용은 한 사업장이나 공장이 일거에 징용 사업장이나 공장으로 지정됨으로써 그 종업원이 모두 징용된 것으로 간주되는, 그래서 이후론 자의로 공장을 그만둘 수 없게 된 것을 말합니다. 이때부터 비로소 강제동원이라 할 수 있습니다. 야하타제철소의 김규수 역시 그 무렵 현원징용되지 않았을까 합니다. 반면 이춘식은 1944년에 징병되어 군사훈련을 받은 후 고베지역에서 미군포로감시원을 했습니다. 1944년 중 가마이시제철소를 그만둔 것입니다. 그런데 오사카제철소는 1945년 3월 오사카 대공습 때 파괴되었고, 이에 일본제철회사는 6월에 조선인 노동자들을 함경북도 청진의 제철소로 전환 배치했습니다. 여운택과 신천수도 6월 말 청진으로 옮겼고, 그후 한 달여간 하루 12시간씩 제철소 건설을 위한 토목공사 일을 했습니다.

임금은 제대로 지급되었다

이들이 임금을 제대로 지급받았는지 여부는 앞장에서 이우연 박사가 자세하게 논하였기 때문에 여기서는 간략히만 다루겠습니다. 이들이 받기로 한 임금은 월 50엔이 넘었고, 이것은 조선 내의 면장 월급보다도 많은 금액이었습니다. 그러나 급료는 모두 일본인 사감이 받아 거의 전액을 강제저금하고, 한 달에 2~3엔의 용돈만 내주었다고 진술했습니다. 사감은 이들에게 임금명세가 적힌 급여봉투를 보여주거나, 월급 다음 날 월급이 입금된 이들 명의의 예금통장을 보여주곤 했습니다. 신천수는 급료봉투에 자신의 이름과 공제항목, 금액이 쓰인 것을 봤다고 했습니다.

일본제철 오사카공장의 조선인 미불금 공탁 보고서에 의하면, 여

사진7-1 일본제철 오사카공장의 조선인 미불금 공탁 보고 예

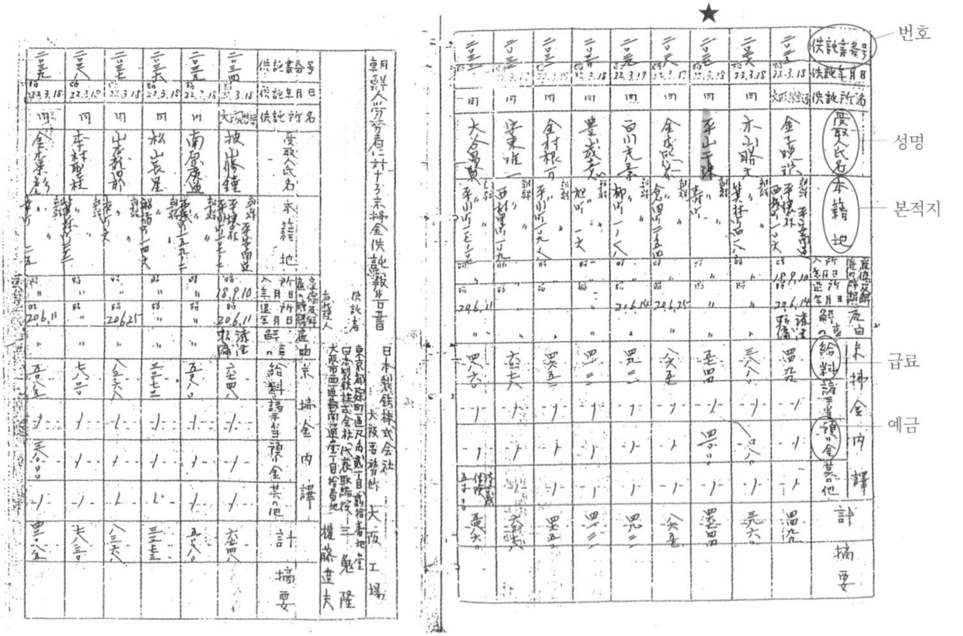

자료: 「日本製鐵 大阪工場 朝鮮人未拂金供託 報告書」(1947년 4월 작성).
주: 오른편 위 별표 표시한 것이 신천수(창씨명 平山千洙)의 미불금 내역임.

운택이 496엔, 신천수는 467엔 등 모두 상당액의 미불금이 있었습니다. 이중 미불 급여는 각기 50엔, 57엔으로서 일부에 불과했습니다. 명부상의 197명 조선인 노무자 대다수에게는 40~50엔 가량의 미불 급여가 있었는데, 이것은 1945년 8월 일본의 급작스런 항복 때문에 생긴 것이라 하겠습니다. 여운택과 신천수의 미불 예금은 400엔이 넘어, 미불금의 대부분을 차지했습니다. 위의 사진7-1에서도 볼 수 있듯이 미불 예금이 있는 조선인 노무자는 많지 않았습니다. 사진 속의 15명 중 미불 예금 보유자는 3명에 불과합니다. 여운택과 신천수는 나이가 어린 편이라 급여 중 상당액을 강제저금한 예외적인 경우라 하겠습니다. 그렇지만 그들이 예금 대부분을 지급받지 못한 것도 아니었습니다. 여운택은 소련군 진공 후 이남으로 귀환할 때 현찰을 보따리에 넣어오다가 강을 건너면서 잃어버렸다고 진술했습니다. 이 현금은 필시 저금에서 인출된 것이었겠지요.

가마이시제철소로 간 이춘식은 한 인터뷰에서 "3년간 일하면서 월급을 받은 적이 없었다"고 증언했습니다. 그러나 미불금 공탁 자료에 나와 있는 그의 미수금은 반 달치 급료가 될까 말까 하는 23.8엔에 불과합니다. 그의 말은 사실로 볼 수 없습니다. 위의 미불금 공탁 보고서를 보면, 조선인 노무자는 임금을 제대로 다 받았다는 것이 잘 드러나 있습니다. 그럼에도 불구하고 임금을 못 받았다고 증언하고 또 소송까지 하는 이 정신세계는 도대체 무엇일까요?

무엇이 반인도적 불법행위인가?

이상에 살펴본바, 원고 4명은 모두 모집을 통해 자기 의사로 일본 제철의 공원이 되었습니다. 특히 그 경위를 비교적 소상히 알 수 있는 여운택과 신천수는 자기 의사에 따라 취업한 것임이 분명합니다. 그들은 누군가의 강요로 모집에 응한 게 아니었습니다. 일본제철의 공원 모집 소식이나 광고를 접한 후 기술자가 되고자 응모했고, 적극적으로 애써서 모집 경쟁을 통과했습니다. 자신을 뽑아달라고 일본인 유력자를 통해 청탁까지 했습니다.

일본 정부나 회사가 근무 내용이나 환경에 관해 "조직적으로 기망"한 것은 없습니다. 모집광고에는 "일본제철이 자본금이 2억 엔인 큰 회사이며 2년간 근무하면 기술자 자격을 딸 수 있고 조선에 돌아오면 제철소에서 기술자로 대우를 받는다"고 되어 있었다고 합니다 (여운택의 진술). 여운택과 신천수는 2년 계약으로 갔는데 2년을 채우기 전에 일본이 항복하는 통에 귀환해야 했습니다. 여운택은 평로에 철재를 투입하는 기중기 기사 일을 했습니다. 2년 가까이 그 일을 했으니 상당한 크레인 기술자가 되었을 것입니다. 신천수는 화로에 석탄을 넣고 가스 파이프를 주기적으로 청소하는 비교적 단순한 일을 했습니다. 그가 시험에 떨어져서 그 일을 맡게 된 것이지, 일본제철이 약속을 어긴 게 아니었습니다. 이들은 일이 고되고 위험했다고 증언했습니다만, 일본제철이 이들에게 쉽고 편안한 일을 시킨다고 약속한 바는 없습니다. 한국 대법원의 판결과 달리, 이들의 취업 과정에서 일본 정부나 일본제철의 "조직적인 기망"은 없었습니다.

이들은 막상 오사카제철소에 도착해 보니, 기대와 달리 부자유스럽고 통제가 심했다고 했습니다. 일본의 오사카 지방법원도 이들이 강제연행된 것은 아니지만, 일본에 와서는 강제노동에 종사했다고 보았습니다. 하지만 당시 일본의 군수 관련 공장이나 탄광이 군대식으로 노동자를 규율한 것은 일반적이었습니다. 독신자 기숙사(寮)에서 출입 통제나 외출 제한은 조선인·일본인을 막론하고 실시된 것이지, 강제노동의 수용소이기 때문은 아니었습니다. 기숙사 창에 쇠창살이 있었다 하는데, 방범 목적으로 설치된 것일 수도 있습니다. 그것이 감금의 증거는 될 수 없습니다.

그렇다면 대법원은 결국 무엇을 갖고 반인도적인 불법행위라 한 것일까요? 오사카제철소가 1944년 2월에 징용사업장으로 지정된 '현원징용'을 강제노동이라 본 것일까요? 그런데 이춘식의 경우를 보면, "현원징용되었으므로 강제노동"이라는 논법도 성립하지 않습니다. 이춘식은 1944년에 가마이시제철소를 그만두고 8·15해방까지 고베의 일본군 부대에서 복무했습니다. 이춘식은 일본군에 징병된 것이고, 따라서 배상을 원한다면 징병을 실시한 일본 정부를 상대로 요구해야 합니다. 신일철주금에 대한 이춘식의 징용 배상 소송은 성립하지 않습니다. 그런데도 한국 대법원은 이 사람까지 묶어 신일철주금에 징용 배상 판결을 내렸습니다. 대법원은 이춘식이

1941년 모집에 응해 일본제철 공장에 가서 일한 것 자체를 강제연행과 강제노동으로 본 것입니다. 마찬가지로 대법원은 여운택과 신천수가 1943년 9월 도일하여 일본제철의 공원이 된 것을 강제동원이라 보았습니다. 실제로 아무런 강제 없이 순전히 자의로 일본제철 근로자가 된 것인데도 말입니다.

초가삼간 타는 줄도 모르고

2018년 10월 30일 한국 대법원의 판결 이후 일본 정부는 1965년의 양국 간 협정에 따라 외교 협의와 제3자 중재를 요구했습니다. 그러나 한국 정부는 이를 무시했습니다. 이에 일본 정부는 한국을 최우대 자유무역국가 리스트에서 제외하고 주요 품목의 수출을 규제하는 조치를 취했습니다. 그에 대응해서 한국 정부는 지소미아GSOMIA라는 일본과의 군사협정을 파기하겠다고 선언했습니다. 그러자 미국이 한국 정부에 강한 압력을 행사하여 지소미아의 파기를 유예시켰습니다. 그에 따라 최악의 위기는 봉합되었습니다만, 언제 다시 터져 나올지 모릅니다. 대법원의 판결에 따라 한국에 있는 신일철주금의 자산을 매각하여 원고들에게 배상을 실시하는 조치가 진행 중이기 때문입니다.

이 모든 불미스러운 일이 몇 사람의 소송으로 시작되었습니다. 그들은 전시기에 일본에 일하러 갔다가 운이 좋아 무사히 돌아왔습니다. 그러했기에 그들은 그간 별다른 보상을 받지 못하였습니다. 뒤늦게 그들은 자신들도 피해자라며 배상금을 받겠다고 소송을 제기했습니다. 그들은 이 소송에서 사실을 왜곡하며 허위 사실을 지어내면서까지 피해를 과장했습니다.

1997년 일본 법원에 낸 소송에서 여운택과 신천수 두 사람은 미불금과 위자료의 지급을 청구했습니다. 이들은 미불금으로 약 600엔의 원금(공탁금 자료 상 미불금에 임의로 100엔가량의 미지급 임금을 더한 금액)에 5천 배 곱한 약 300만 엔, 강제동원 위자료로 1500만 엔, 그리고 변호사비로 100만 엔 등 도합 1900만 엔을 각기 요구했습니다. 10여년 뒤 한국 정부가 미불금 1엔 당 2,000원을 보상했는데, 이들은 그 25배를 요구했습니다. 미불금 지급 요구만 보아도 이들의 요구가 터무니없이 과대했음을 알 수 있습니다. 더욱이 급여를 거의 못 받았다는 이들이 공탁금 자료상의 미불금에 대해서만 지급을 요구했는데, 이는 급여를 제대로 받았음을 자인한 것입니다.

이들은 한국 법원에 낸 소송에서는 미불금 지급은 빼고 '강제동원'에 대한 위자료 1억 원의 지급만 요구했습니다. 미불금은 얼마 되지 않았기에 소송 전략을 바꾼 겁니다. 이제 일본제철의 노무동원이 '반인도적 불법행위'임을 부각시키는 데 중점을 두었습니다. 일본에 간 게 일본 정부와 구 일본제철의 회유와 속임수 때문이었고, 일본에선 감시와 강압으로 노예처럼 혹사당했다는 점을 강조했습니다. 그러면서도 급여를 못 받았다는 주장은 반복해서, '부당한 대우'의 이미지를 조장했습니다.

　이미 일본의 법정에 이들의 진술을 포함한 각종 기록이 제출되었습니다. 이 기록은 풍부한 사실의 편린을 담고 있기에, 이 자료들을 제대로만 검토했어도 소송은 성립하지 않는다는 결론이 나왔을 겁니다. 당초 한국의 1, 2심 법원은 그렇게 했습니다. 하지만 한국의 대법원은 그렇게 하지 않았습니다. 대법원은 어느덧 득세한 반일 종족주의 선입견대로 일본제철에서의 노무는 강제노동이었다고 판단하였습니다. 빈대 잡으려다 초가삼간 태운다는 게 바로 이런 경우를 두고 하는 말입니다. 이 법문화의 본산인 대법원이 2012년과 2018년의 판결로 역사에 남긴 오점, 그 흑역사에 관해서는 다음 장에서 논의하겠습니다.

참고문헌

「1924년생 이춘식이 드러낸 세계」, 『시사IN』 623(2019년 8월 27일).

KBS 시사직격 – 춘식의 시간(2019.10.10. 방영).

국사편찬위원회·한일역사공동위 한국측위원회(2005), 『일본제철 강제동원 소송기록』 1~3.

정혜경(2004), 「기억에서 역사로: 일제 말기 일본제철(주)에 끌려간 조선인 노동자」, 『한국민족운동사연구』 41.

古庄 正(1993), 「日本製鉄株式会社の朝鮮人強制連行と戦後処理 - 「朝鮮人労務関係」を主な素材として-」, 駒沢大学 『経済学論集』 25(1).

西岡力(2019), 『でっちあげの徴用工問題』 草思社.

샌프란시스코조약에 따른 청구권 협정은 불법적인 식민지배의 피해 배상 문제를 다룬 게 아니고, 한일 양국 간의 재정적 민사적 채권채무 문제를 해결하기 위한 것이었기에, 강제동원 피해자의 위자료 청구권은 협정의 적용대상에 포함되지 않았다. 한일 국교 정상화 후 협정 관련 문서가 모두 공개되지 않은 상태에서 청구권 협정으로 대한민국 국민의 일본국 또는 일본 국민에 대한 개인 청구권까지도 포괄적으로 해결되었다는 견해가 대한민국 내에서 널리 받아들여져 왔기 때문에 강제동원 피해자가 위자료 청구권을 행사할 수 없었고, 따라서 이 위자료 청구권의 소멸시효는 협정 관련 문서 공개(2005년) 이후부터 기산되어야 한다. 한편, 청구권 협정문의 해석 여하에 따라서는 강제동원 위자료 청구권이 청구권 협정의 적용대상에 포함된다고 볼 수도 있으나, 이 경우도 개인의 청구권 자체는 국가가 외교 조약으로 소멸케 할 수 없고, 그 청구권에 대한 대한민국의 외교적 보호권만 포기된 것에 불과하며, 따라서 강제동원 피해자는 대한민국에서 일본 기업을 상대로 소송으로써 권리를 행사할 수 있다(신일철주금에 대한 한국 대법원의 징용 배상 판결문 요지 2018.10.30.).

08

수수깡으로 만든 집 – 대법원 판결

———— 주익종

수수깡 집

2018년 10월 한국 대법원은 일제말 노무동원이 불법적인 식민지배와 직결된 일본 기업의 반인도적 불법행위였고, 그 피해에 대한 배상이 1965년 청구권 협정에 반영되지 않았으므로, 징용 피해자의 위자료 청구권은 살아 있고 구 일본제철㈜의 승계 법인인 신일철주금㈜이 책임을 져야 한다는 판결을 내렸습니다.

이 판결은 크게 다음 일곱 가지 주장으로 구성되어 있습니다.

① 일본 법원에서의 판결은 배척한다.
② 신일철주금은 구 일본제철의 승계 법인이다.

③ 구 일본제철이 소송 원고들을 일본에 노무자로 데려가 일을 시킨 것은 반인도적 불법행위이다.

④ 청구권 회담에선 이와 같은 노무동원 피해를 다루지 않았다.

⑤ 무상 3억 달러 청구권 자금에 노무동원 피해 보상은 들어 있지 않다.

⑥ 청구권 협정에도 불구하고 노무동원 피해에 대해 위자료를 청구할 수 있다.

⑦ 위자료 청구권의 소멸 시효도 다하지 않았다.

이 일곱 가지 주장 모두가 성립해야 배상 판결이 나올 수 있습니다. 그중 하나만 잘못이어도 배상 판결은 나올 수 없습니다. 그런데 실은 일곱 개 주장 모두가 잘못된 것이기 때문에, 대법원 판결은 쇠사슬의 모든 고리가 끊어진 것과 같고, 툭 건드리기만 해도 쓰러지는 수수깡 집이나 마찬가지입니다. 이 장에서는 대법원 판결을 구성하는 상기 주장 중 ③~⑦의 다섯 가지가 잘못된 것임을 살펴보겠습니다. 법리 문제 성격이 강한 ①과 ②의 검토는 생략합니다.

식민지배가 불법이라 노무동원이 불법이라는 주장

이른바 강제동원의 피해 배상을 요구하는 소송이라면 그 원고들이 본인 의사에 반反하여 강제로 끌려가 강제노동을 했는지를 확인해야 합니다. 하지만 대법원은 원고들의 노무동원의 실상에는 무관심했습니다. 대신 대법원은 노무동원이 일본의 불법적 식민지배의 결과이므로, 그 실태 여하와 무관하게 "반인도적 불법행위"였고 위자료를 청구할 수 있다고 했습니다. 즉, 대법원 판결의 최종 근거는 식민지배의 불법성입니다.

일본의 한국 식민지배가 불법인지는 한일회담 때 한일 양국이 치열하게 다툰 문제입니다. 한국은 1910년의 한일병합조약 등이 처음부터 무효無效임을 주장하였고, 일본은 당시는 유효했으나 종전終戰과 더불어 실효失效라고 주장하였습니다. 이는 협상의 명분을 둘러싼 대립이었는데, 양측은 과거의 한일 간 조약과 협정이 1965년 시점에서 "이미 무효already null and void"라 규정하는 것으로 절충했습니다(한일기본관계조약 제2조). 한일 양국이 이 문제를 각기 자기 입장에서 해석할 수 있도록 타협한 것입니다. 어느 나라도 상대국에 자신의 주장을 강요하지 않았습니다.

그런데 국사학자 이태진 등이 "한일병합조약이 처음부터 성립하지 않았다"는 식의 주장을 계속하더니, 한일병합 100주년이던 2010년에 한일 지식인 1,139명이 "1910년 한일병합조약은 원천 무효"라는 공동성명까지 냈습니다. 징용, 징병, 일본군 위안부 등 "불법적인 식민지배의 피해자들"에게 배상하라는 요구를 위해서였습니다. 그리고 드디어 2012년 김능환 등 4명의 대법관이 그를 받아들여 "일제강점기 일본의 한반도 지배는 불법적인 강점에 지나지 않으므로",

"일본의 지배를 합법적인 것으로 본" 일본 법원의 징용 배상 기각 판결은 인정할 수 없다고 했습니다. 바로 "건국하는 심정"으로 내렸다는 그 문제의 판결입니다.

하지만 일본의 식민지배가 불법이라는 것은 그들의 일방적 주장일 뿐입니다. 한일병합은 대한제국의 주권자인 순종이 국권을 일본 천황에게 양여함으로써 성립했습니다. 순종의 조서가 칙유^{勅諭} 형태였다느니 거기에 순종의 친필 서명이 없다느니 하는 것은 부차적인 문제입니다. 순종은 국권 양여에 대해 그때나 그 후에도 반대 의사를 표하거나 무효라 주장하지 않았습니다. 이는 국권의 소유자가 자기 의사로 나라를 넘겨주었음을 말해줍니다. 이렇게 "합법"을 주장할 근거도 있는 만큼, 일본의 한국 식민지배가 도덕적으로 부당하다고 주장할 수는 있어도, 그것이 불법이며 원천적으로 무효라는 주장을 일방적으로 채택할 수는 없습니다.

어떻게 식민지배가 합법, 적법이었다고 보느냐, 그것이 정당했다고 말하느냐고 지적하는 이도 있겠습니다. 지금 저는 식민지배가 합법이었고 정당했다는 걸 주장하는 게 아닙니다. 한일 국교 정상화를 할 때 한일 양국이 이 문제를 어떻게 다루었던가를 말하는 겁니다. 식민지배가 합법이냐 불법이냐를 가릴 수 없었기 때문에, 한일 양국은 그를 논외로 하고, 뛰어넘어서 국교 정상화를 했다는 말씀입니다. 조약이란 양 당사국의 합의로 체결하는 것입니다. 반세기 쯤 뒤에, "식민지배가 불법이었으므로 당시의 XX가 불법이다"라는 주장을 학자가 할 수는 있습니다. 그러나 한 국가의 사법부가 그런 주장을 채택해서 상대국 국민에게 배상을 명하는 일은 있을 수 없습니다. 이는 국교 정상화 이전으로 돌아가자는 말밖에 안됩니다.

청구권 협정은 노무동원 피해를 반영

흔히 청구권 협정은 한국(인)과 일본(인) 간 상호 재산, 채권, 채무를 정리한 것이며, 식민지배 피해 배상을 다룬 것이 아니라고 합니다. 저도 『반일 종족주의』 책자에서 그렇게 썼습니다. 그렇다면 징용과 같이 강제성이 있는 노무동원의 피해는 청구권 회담에서 다루어지지 않았고 그 결과에 반영되지도 않았을까요?

그렇지 않습니다. 청구권 협정이 다룬, 한일 양국과 그 국민의 "재산, 권리, 이익이나 청구권"은 매우 포괄적 범주로서, 징용 피해에 대한 위자료 청구와 같은 배상 성격의 요구도 담았습니다.

회담에서 한국이 일본에 제시한 대일 청구 8개항 중 제5항에는 "피징용 한국인의 미수금, 보상금 및 기타 청구권의 변제 청구"가 들어 있습니다. "징용에 따른 정신적 피해에 대한 위자료"는 이 "기타 청구권"에 포함된다고 할 것입니다. 당시 한국은 일본에 피징용 노무자 1인당 200달러씩의 보상을 요구하였습니다. 일본은 한국의 요구를 거부했지요. 결국, 한일 양국은 개별 청구권 금액을 합산하지 않고, "일괄하여" 무상 3억 달러로 결정했습니다.

이 3억 달러에는 피징용 노무자 보상금이 들어갔다고 봐야 합니다. 일본은 한국에 순純 청구권 금액보다 훨씬 더 많은 금액을 지불했는데, 이것은 단순히 독립축하금이 아니라 한국의 청구권 요구에 부응한 것이었습니다.

청구권 협정을 비준하는 국회(1965년 8월)에서 장기영張基榮 부총리는 "무상 3억 달러는 청구권이 아니라 더 나아가서 실질적으로 배상적인 성격의 것이라고 생각된다. 그런 의미에서 이는 경제협력이 아닌 청구권이 주가 되어 있으며 실질적으로 배상이라는 견해를 가지고 있다"고 답변한 바 있습니다. 박정희 정부만 그렇게 본 게 아닙니다. 노무현 정부의 「한일회담 문서공개 후속대책 관련 민관공동위원회」는 2005년 8월 "고통 받은 역사적 피해 사실에 근거한 보상 요구가 무상자금 산정에 반영되었고, 무상 3억 달러는 개인재산권(보험, 예금 등), ⋯ 강제동원 피해보상 문제 해결 성격의 자금 등이 포괄적으로 감안되어 있다고 보아야 할 것"이라고 했습니다.

따라서 청구권 협정에는 노무동원 피해가 반영되었고, 무상 3억 달러와 청구권 문제 간에는 법적 인과관계 또는 대가 관계가 있다고 할 것입니다. 하지만 대법원은 무상 3억 달러는 양국 간 청구권 권리문제의 해결과 법적 대가 관계가 없다고 했습니다. 3억 달러는 독립축하금일 뿐이라는 겁니다. 이 3억 달러가 청구권 자금이라는 게 역대 한국 정부와 주류 학자들의 견해이고, 그것이 독립축하금이라는 건 일본 정부의 해석이었습니다. 이제 와서 한국 대법원이 일본 정부의 입장을 따르는 게 기이하지 않습니까?

청구권 협정으로 청구권 문제는 완전히 최종적으로 해결

한일 양국은 청구권 협정문에서 일체의 청구권 문제가 해결되었다고 명기했습니다. 첫째로 양국은 청구권 협정 전문에서 "양국 및 양국 국민의 재산과 양국 및 양국 국민 간의 청구권에 관한 문제를 해결할 것을 희망하고"라고 적시해서, 이 협정이 양국(국민 포함)간 청구권에 관한 문제를 '해결'하려는 의도임을 분명히 했습니다.

둘째로, 협정 제2조 1.은 "양 체약국은 양 체약국 및 그 국민(법인을 포함함)의 재산, 권리 및 이익과 양 체약국 및 그 국민 간의 청구권에 관한 문제가… 평화조약 제4조(a)에 규정된 것을 포함하여 완전히 그리고 최종적으로 해결된 것이 된다는 것을 확인한다."라고 규정했고, 제2조 3.은 "일방체약국 및 그 국민의 타방체약국 및 그 국민에 대한 모든 청구권으로서… 어떠한 주장도 할 수 없는 것으로 한다."라고 규정했습니다.

셋째로, 청구권 협정에 대한 합의의사록(Ⅰ)은 "(협정 제2조) 1.에서 말하는 완전히 그리고 최종적으로 해결된 것으로 되는 양국 및 그 국민의 재산, 권리 및 이익과 양국 및 그 국민 간의 청구권에 관한 문제에는 한일회담에서 한국 측으로부터 제출된 '한국의 대일 청구요강'(소위 8개 항목)의 범위에 속하는 모든 청구가 포함되어 있고, 따라서 동 대일 청구요강에 관하여는 어떠한 주장도 할 수 없게 됨을 확인하였다"라고 명시하였습니다.

상기 조문의 의미는 이로써 양국 간 청구권 문제가 완전히 해결되었다는 것입니다. 한일 양국은 청구권 교섭 때는 식민지 피해 배상 문제를 전면적으로 다루지 않았지만, 청구권 협정문에서는 양국과 그 국민 간의 청구권에 관한 문제가 완전히, 최종적으로 해결되었음을 확인한다고 명시했습니다. 이때 '해결된 청구권'은 청구권 교섭 때 논의한, "평화조약 제4조(a)에 규정된 것"을 포함한, 모든 청구권입니다. 징용 배상과 같은 이른바 노무동원 피해에 대한 배상도 포함됩니다. 그래서 협정 제2조 3.에서 청구권 협정 후에는 양국(국민 포함)이 어떠한 청구권 주장도 할 수 없다고 명시했습니다. 향후 일본을 상대로 징용 피해 위자료의 지급을 주장할 수 없게 되었습니다. 청구권 협정문을 이와 다르게 해석할 여지는 없습니다.

그러나 대법원은 다르게 해석합니다. "샌프란시스코조약 제4조(a)의 범주를 벗어나는 청구권, 즉 식민지배의 불법성과 직결되는 청구권"은 해결되지 않았다고 합니다. 대법원은 "평화조약 제4조(a)에 규정된 청구권"만 해결되었다고 합니다. 청구권 협정에는 "A를 포함하여" 다른 것도 해결되었다고 되어 있는데, 대법원은 "A만" 해결되었다고 한 겁니다. 대법원의 이 해석은 명백히 청구권 협정에 위배됩니다.

조약은 법률과 같은 지위를 갖습니다. 대법원 판결은 법률에 위배됩니다. 판시기 법에 따라 재판을 해야지, 법을 무시하고 판결해서야 되겠습니까. 2012년에 대법관 김능환 등은 위자료 지급이 옳다고 봤더라도, 그것이 기존 법률, 조약에 위배되므로 위자료 청구를 기각했어야 합니다. 대신, 정부에 일본과의 외교협상을 통해 청구권 협정을 개정, 보완해 달라고 요청하거나, 원고에게 한국 정부를 상대로 위자료 지급을 청구하라고 권고했어야 합니다. 2018년 대법원 전원합의체의 다수의견 대법관들도 마찬가지입니다.

식민지배의 피해를 다 반영하지 않았다는 점에서 청구권 협정은 불완전했습니다. 어느 연구자는 그를 "미완의 청산"으로 불렀습니다. 원폭피해자 보상이나 사할린 억류 한인의 귀환 문제 등이 그 예입니다. 이런 의미에서 협정을 보완할 필요성은 있습니다. 그러나 협정의 보완은 한일 양국이 협의해서 할 일이지, 이번처럼 한국 법원이 일본 국민에게 배상을 명하는 일방적 조치로 이루어질 수는 없습니다. 대법원 판결은 협정을 깨자는 것이지 그를 보완하자는 게 아닙니다.

개인 청구권은 소멸

그렇다면 국가가 이렇게 다른 나라와 조약을 맺어서 국민의 청구권을 일방적으로 소멸시킬 수 있을까요? 일본을 상대로 한 위자료 지급 청구권도 일종의 재산권일진대, 국가가 국민의 재산권을 일방적으로 소멸시킬 수 있을까요? 대법원은 2012년의 첫 판결에서 "청구권 협정으로 개인 청구권은 소멸하지 않았음은 물론이며 그 외교적 보호권도 포기되지 않았다고 봄이 상당하다"고 판시했습니다. 2018년 판결도 마찬가지였습니다.

그러나 국가는 개인의 재산권을 소멸시킬 수 있습니다. "개인의 권리 역시 국가제도인 법에 의하여 인정되는 범위 내에서 존재하는 것"입니다. "국가는 보다 큰 공익을 위하여 합법적 수단을 통하여 자국민의 권리를 수용 박탈할 수도 있"습니다. "국가가 필요한 경우에는 당사자의 사전 동의 없이도 자국민의 대외 청구권의 전부 또는 일부를 포기할 수 있"습니다(정인섭 1994 : 523). 또 국가가 일괄보상협정 방식으로 개인 청구권을 소멸시키는 것이 국제사회에서는 널리 인정되고 실행되고 있습니다. 제2차 세계대전 종료 후부터 1995년까지 200개 이상의 일괄타결방식의 협정lump-sum agreements이 체결되었다고 합니다 (이근관 2013 : 364).

국가가 외국으로부터 일괄보상을 받고 대신 자국민의 외국에 대한 청구권을 소멸시키는 것이 부당하다고요? 개인에게 상응하는 보상을 해 주면 됩니다. 청구권 회담 때 한국 정부가 일본 정부에 밝혔듯이, 일괄보상을 받은 국가가 자국민에 대한 보상을 하면 됩니다. 청구권 교섭 당시 일본 정부가 한국인 개인에게 직접 보상하겠다고 하자, 한국 정부는 개인에 대한 보상은 한국 정부 자신이 맡는다고 밝힌 바 있습니다. 그 후 한국 정부는 그렇게 했습니다. 1970년대에 한국 정부는 일본에 동원된 군인과 노무자 중 사망자에 대해 보상을 실시했고, 그것이 불충분했다고 해서 2000년대에는 사망자에게 추가 위로금을 지급했으며, 부상자에 대해서도 위로금을 지급했습니다.

대법원 소수 판사의 별개 의견으로, 청구권 협정으로 개인 청구권에 대한 외교적 보호권이 포기되었다는 주장도 있습니다. "일본의 국내 조치로 해당 청구권이 일본국 내에서 소멸했을 때 대한민국이 이를 외교적으로 보호할 수단을 잃었다"는 이야기입니다. 국제법상 외교적 보호권이란, 외국에서 자국민이 위법 부당한 취급을 받았으나 현지 기관을 통해 적절한 권리 구제가 이루어지지 않을 경우에 최종적으로 그의 국적국이 외교 절차나 사법 절차를 통하여 외국 정부를 상대로 자국민에 대한 적당한 보호 또는 구제를 요구할 수 있는 권리입니다.

이 외교적 보호권이 소멸했다는 것은, 한국 정부가 일본 정부나 기업에 징용 배상을 요구할 수 없고 또 한국의 법원도 일본 기업에 대해 징용 배상 판결을 내릴 수 없음을 뜻합니다. 이 경우는 개인 청구권이 소멸하지 않았다 해도, 일본을 상대로 그를 더 이상 주장할 수 없기 때문에 개인 청구권이 소멸한 것이나 마찬가지가 됩니다. 향후 어떤 청구권 주장도 할 수 없다고 합의했다면, 이는 외교적 보호권을 행사하지 않겠다는 약속이고, 따라서 개인 청구권을 행사할 수 없게 됩니다. 이 점에 비추어서도 대법원의 위자료 지급 판결은 잘못된 것입니다.

개인 청구권의 소멸시효도 완성

만약 협정 후에도 개인 청구권이 살아남았다고 하면, 그 시효^{時效}는 어떻게 될까요? 이른바 '강제동원 피해'는 1940년대 전반에 생겼고 한일협정은 1965년에 체결되었는데, 국내에서 그 배상 소송은 2005년에야 제기되었습니다. '피해' 발생 약 60년 뒤, 한일협정 체결 40년 뒤의 위자료 청구를 용인할 수 있을까요? 대법원은 그렇다고 합니다. 2005년 한일회담 문서가 공개되기까지는 소멸시효가 중단되었기 때문이라 하는데, 억지도 이런 억지가 없습니다.

대법원은 한일회담 문서가 다 공개되지 않은 게 위자료를 청구하지 못하게 만든 "객관적 장애사유"라고 합니다. 문서공개 전까지는 일체의 개인 청구권이 해결된 것으로 알려졌기 때문에, 노무동원 피해자가 위자료를 청구할 생각을 하지 못했다는 말입니다. 그래서 문서공개까지는 소멸시효를 유예해야 한다고 합니다. 이게 여운택 등 원고 4명에게 해당될까요? 전혀 그렇지 않습니다.

한국 정부가 한일회담 문서를 처음 공개한 것은 2005년 1월 17일입니다. 여운택 등 원고 4명은 한 달여 뒤인 2월 28일 신일본제철을 상대로 피해배상 소송을 냈습니다. 그들은 문서가 공개되자 밤을 새서 그를 분석한 후 "위자료 청구가 가능함을 비로소 알게 되어" 2월 말에 소송을 제기한 걸까요? 당연히 아니죠. 이미 훨씬 전인 1997년에 일본 법원에 소송을 내지 않았습니까? 여운택 등은 자신들의 위자료 청구권을 문서공개 훨씬 전부터 적극 주장해 왔습니다. 게다가 그들은 국내에서 소송을 내기 선에 유리한 증거를 얻기 위해 한일회담 문서공개를 요구해서 관철시키기까지 했습니다. 그렇다면 한일회담 문서공개 전에, 위자료 청구 소송을 걸지 못할 무슨 "객관적인 장애사유"가 있었던 말인가요?

일반 법리상, 잘못 알고 있어서 소송을 못 냈다고 해서 소멸시효가 유예되지는 않습니다. 자신의 권리가 있는 줄 몰랐다는 건 소멸시효 유예사유가 아닙니다. 더욱이 이 원고들은 외국 법정에서까지 주장할 정도로 자신의 권리를 잘 알고 있었으니 소멸시효가 유예된다고 볼만한 이유가 전혀 없습니다. 그러니 2005년 문서공개로 비로소 소송의 "장애사유"가 없어졌다는 대법원의 주장은 황당할 따름입니다. 이는 대법원이 소멸시효 미완성을 주장하려고 억지로 갖다 붙인 것에 불과합니다. 설령 청구권 협정에도 불구하고 위자료 청구권이 살아남았더라도, 협정 체결 후 40년이 지났기 때문에 소멸시효는 완성되었습니다.

한국 대법원의 지울 수 없는 '흑역사'

한국 대법원은 일본 법원의 기존 판결을 배척한 후, 손해배상 시효도 지나지 않았고 신일철주금이 구 일본제철과 동인격의 법인으로서 그 채무를 승계했다고 판단했습니다. 이 전제 아래서 대법원은 임의로 식민지배의 불법성을 차용해서는, 노무동원 실태를 제대로 살펴보지도 않고 노무동원이 강제동원이었다고 판정했습니다. 또 대법원은 청구권 회담에선 노무동원을 다루지 않았고 3억 달러는 단순한 독립축하금이라고 했습니다. 또 대법원은 일본에 노무자로 갔던 이들의 개인 청구권이 살아 있고 그에 대한 외교적 보호권도 행사할 수 있다고 판시했습니다.

이 장에서 살펴본 바와 같이 대법원의 여러 판단 중 성립하는 것은 하나도 없습니다. 이 글에서 다루진 않았으나, 일본 법원 판결의 기판력既判力, 신일철주금과 구 일본제철의 동인격 법인 여부 등의 문제도 대법원처럼 판단할 수는 없습니다. 대법원의 일련의 판단 중 하나만 틀렸어도 징용 배상 판결은 잘못된 것인데, 하물며 그 판단 대부분이 잘못된 것인 바에는 더 말할 나위가 없습니다. 대법원의 징용 배상 판결은 허위 조각들을 하나씩 쌓아올린 신기루에 불과합니다. 그 판결은 한국 대법원의 지울 수 없는 흑역사가 되었습니다. 대법관들은 부끄러운 줄 알아야 합니다.

참고문헌

김창록(2015), 「한일 청구권협정에 의해 '해결'된 '권리'」, 「법학논고(경북대)」 49.

김태규(2019), 「징용배상판결 살펴보기」(2019년 7월 30일자 Tae Kyu Kim facebook, https://www.facebook. com/taekyu.kim.146/posts/2310822795660005).

「대법원 판결 2009다68620 손해배상(기)」, 2012년 5월 24일.

「대법원 판결 2013다61381 손해배상(기)」, 2018년 10월 30일.

도시환(2013), 「한일청구권협정 관련 대법원 판결의 국제법적 평가」, 「국제사법연구」 19(1).

박배근(2013), 「일제강제징용 피해자의 법적 구제에 관한 국제법적 쟁점과 향후 전망」, 「법학논총」 30(3).

오타 오사무(2019), 「한일청구권협정 '해결완료론' 비판」, 「역사비평」 129.

이근관(2013), 「한일청구권협정상 강제징용배상청구권 처리에 대한 국제법적 검토」, 「서울대학교 법학」 54(3).

정인섭(1994), 「1965년 한일 청구권협정 대상범위에 관한 연구」, 「성곡논총」 25(1).

주익종(2019), 「애당초 청구할 게 별로 없었다」, 「반일 종족주의」, 미래사.

『반일종족주의』에 실린 정안기의 글은 조선총독부보다 더 조선인의 황민화를 바라는 글이다. 부왜노附倭奴의 황국신민화 찬양이다. 이런 글을 읽는 것은 고역이다. 일제가 육군특별지원병제를 실시한 것은 우리 민족을 황국신민으로 동화시키기 위한 민족말살정책이었다. 지원병의 모집은 관료기구와 경찰을 앞세운 사실상의 강제동원이었다. 그래서 49대 1의 높은 경쟁률을 보였을 뿐이다. 육군특별지원병제는 조선 청년들을 전쟁터로 몰아넣어 일본 제국을 위해 싸우게 만든 것 이상도 이하도 아니다(이영재 2019에서 발췌).

09

육군특별지원병제의 겉과 속

———— 정안기

저는 『반일 종족주의』의 「육군특별지원병, 이들은 누구인가?」에서 일제하 육군특별지원병 경력자들의 역사적 의의를 살폈습니다. 1930년대 후반 중일전쟁, 1940년대 제2차 세계대전, 1948년 대한민국 건국, 그리고 1950년대 6·25전쟁을 거치면서 근대국가의 국민 혹은 문명인으로 소생하고자 했던 이들의 실존적 몸부림을 20세기 대한민국사의 문맥에서 재해석하고자 했습니다. 이영재는 그런 저를 두고 "조선총독부도 감탄할 육군특별지원병제의 이해"라느니 "조선총독부보다 더 조선인의 황민화를 바라는 글"이라는 등의 경박한 언설을 쏟아냈습니다. 이하에서는 이전의 논의를 보다 심화시키고 확장하면서 이영재의 비판에 반론하고자 합니다.

전통사회의 신분 모순

이영재는 일본이 1938년 육군특별지원병제 시행을 전후해 조선의 병참기지화와 함께 조선인을 황국신민으로 동화시키는 폭압적인 민족말살정책을 추진했다고 주장합니다. 황민화 정책의 본질을 조선 민족의 말살로 간주하는 이영재의 주장은 그의 독창적인 견해가 아닙니다. 1985년 일본인 연구자 미야타 세쓰코宮田節子의 주장을 단순 반복한 것에 불과합니다. 미야타는 육군특별지원병제를 제국주의의 민족차별로부터 탈출을 욕망하는 조선 청년들을 국가권력의 폭력 장치로 내부화해서 조선인의 민족의식을 말살하고 일본적인 감정을 내면화시키는 황민화 정책의 추진력으로 파악했습니다. 미야타의 주장은 한국 역사학계의 정설로 수용되는 가운데 35년이 지난 지금도 널리 인용되고 있는 실정입니다.

그런데 미야타의 주장과 같이 조선의 청년들이 과연 일제의 민족 차별 때문에 육군특별지원병이 되고자 했는지는 의문입니다. 지원 자들은 대개 보통학교를 졸업한 남한지역 중농층 대가족 가계의 차남들이었습니다. 경제적으론 그리 곤궁한 처지에 있지도 않았습니다. 성장 과정에서 일본인과의 접촉도 드물어 차별을 받거나 의식할 만한 환경도 아니었습니다. 그럼에도 이들이 육군특별지원병에 지원한 것은 그들 가계의 신분이 대개 상민 출신이기 때문이었습니다. 1937년 서정주徐貞柱 시인이 노래했듯이 "혓바닥을 늘어뜨린 병든 수캐"마냥 향촌 사회의 차별과 멸시에 노출된 가혹한 삶이었습니다. 다시 말해 이들이 육군특별지원병이 되기를 결단한 것은 양반-상민의 신분 차별이라는 전통사회의 질곡과 모순 때문이었습니다.

당시의 몇 가지 소설과 영화에서도 그 같은 사회적 양태를 살필 수 있습니다. 1942년에 발표된 최정희崔貞熙의 단편소설 「야국초」가 그 한 가지입니다. 최정희는 1930년대의 페미니즘 문학을 개척한 조선 문단의 대표적인 여류 작가였습니다. 소설의 줄거리는 어머니가 쇼이치勝一라는 아들을 데리고 조선총독부 육군병지원자훈련소를 방문해 아들을 장차 육군특별지원병으로 보낼 것을 다짐하는 내용입니다. 어머니는 간호부 직업의 신여성으로서 어느 양반 신분의 조선인 유부남과 사랑을 나누었지만, 어머니가 아이를 임신하자 남자는 배신하고 말았습니다. 어머니가 장차 아들을 일본군에 보내려는 것은 아들을 비열하고 무책임한 조선 남자의 사생아가 아니라 정직하고 책임 있는 제국의 아들로 키우자는 뜻이었습니다. 자신을 배신한 양반 출신의 조선 남자에 대한 처절한 복수이기도 했습니다. 「야국초」는 가부장제의 질곡에 신음하는 조선 신여성의 전통사회를 향한 깊은 환멸의 고발이었습니다.

1941년 개봉된 「지원병」이라는 영화가 있습니다. 최승일崔承一이 설립한 동아영화제작소 창립 작품이었습니다. 중학교를 중퇴한 주인공 춘호는 돌아가신 아버지의 뒤를 이어서 부재지주의 마름 자리를 계승하고자 하지만, 친구 덕삼의 모함을 받아 마름 자리를 빼앗깁니다. 더구나 지주의 여동생 영희와의 미묘한 관계 때문에 연인 분옥의 오해마저 사게 됩니다. 그 와중에 춘호는 육군특별지원병을 지원해 합격합니다. 소식을 접한 부재지주는 춘호의 마름 자리를 보장하는 한편, 그의 가족에 대한 두터운 후원을 약속합니다. 춘호는 연인 분옥과 일장기를 흔드는 고향 사람들의 환송을 받으며 군용열차에 오른다는 플롯입니다. 영화는 지주제와 육군특별지원병제를 둘러싼 향촌 사회의 모순, 신분 상승의 욕구 등을 잘 연출하고 있습니다. 요컨대 이전 글에서 지적했듯이 육군특별지원병제가 49 대 1의 높은 경쟁률을 기록한 것은 일제의 민족차별 때문이 아니라 "우리 안의 식민지"랄까요, 전통사회의 신분모순 때문이었습니다.

친일 내셔널리스트

과연 민족의식이 황민화 정책으로 그렇게 쉽게 말살될 수 있었는지도 의문입니다. 실은 민족이란 20세기 초엽의 조선인이 일본의 통치를 받게 되면서 발견한 상상의 정치적 공동체였습니다. 실체성을 결여한 상상의 집단의식이기 때문에 민족은 오히려 강하고 질긴 생명력을 갖습니다. 우리는 단군을 시조로 하는 확대가족으로서 운명공동체라는 역사의식이 바로 그것입니다. "나라는 망했지만, 민족의

숨결은 영원하다"는 근본주의적 감성체계이기도 합니다. 조선인은 식민지기를 거치면서 민족적 정체성을 발견했으며, 그들의 역사와 전통문화에 대한 자긍심을 갖기 시작하였습니다.

그러한 민족의식을 깨우치고 보급한 대표적인 지성으로서 한국의 근대문학을 개척한 이광수李光洙를 들 수 있습니다. 그는 조선의 무지, 불결, 무질서, 무기력에 절망했습니다. 그럼에도 그에게서 민족은 영원한 바다와 같은 것이었습니다. 어떠한 사상과 주의도 일시적인 것으로 바다에 일렁이는 파도에 불과하였습니다. 조선 민족은 재생할 것입니다. 그는 일본처럼 협동하고 청결하고 용감한 문명인으로 다시 태어나는 것만이 민족 재생의 길이라고 설파했습니다. 이런 이광수를 두고 조관자는 "친일 내셔널리스트"라 명명하였습니다.

오늘날 한국의 민족주의가 그러한 생성 경로를 갖는 것은 부정할 수 없는 일입니다. 물론 오늘날 북한의 수령체제를 성립시킨 몰개인의 공산적 민족주의와는 구분되는 역사적 경로입니다. 예컨대 학도지원병 출신으로 제16대 광복회 회장을 지낸 김우전金祐銓은 "이광수의 소설을 읽고 민족의식과 근대적인 자아를 깨우쳤다"고 고백하였습니다. 그렇게 그 시대 조선의 청년들은 이광수의 작품을 읽고 근대인으로 거듭났습니다. 식민지 민중으로서의 좌절감을 극복하고 조선의 밝은 미래를 개척하는 민족의식을 일구었습니다.

그래서인지 1940년 조선총독부조차 풍속·관습·언어·의식 차원에서 조선인의 완전한 황민화는 적어도 300년의 세월을 요하는 지난한 과업이라고 했습니다. 하루아침에 조선인의 강고한 민족의식을 삭탈하여 일본인으로 개조할 수는 없다고 본 것입니다. 그래서 황민화 정책은 엉뚱하게도 다수의 조선인에게 아직 생소한 단군 신화를 비롯하여 신라의 화랑이나 조선의 이순신 등을 호출하여 조선인의 민족의식을 고취하였습니다. 민족의 신화, 서사, 영웅을 통해 모래알같이 흩어진 조선 민중을 제국의 국민으로 통합하려는 노력이기도 했습니다. 총독부의 황민화 정책을 조선 민족의 말살 정책으로 치부하는 것만큼 역사의 복잡한 실태와 모순을 단순화하는 치기도 없을 터입니다.

민족사의 새로운 서막

이영재는 육군특별지원병제의 시행을 "조선 청년들을 전쟁터로 몰아넣고 일본 제국을 위해 싸우게 만든 것"이라고 했습니다. 조선 청년들을 병력 자원으로 동원했다는 겁니다. 1938~1943년 육군특별지원병의 모집 정원은 1만 6,500명이었습니다. 최초 1938년의 모집정원 400명은 당시 일본 육군의 0.08%에 불과했습니다. 조선인의 병력 자원화를 운운하기에는 지나치게 적은 수입니다. 새로운 제도의 시행과 관련하여 1937년 7월 조선군사령부는 일본 육군성에 제출한 보고서에서 "조선인에 대한 황국의식의 파악과 동시에 장래 조선인의 병역문제 해결을 위한 제도적 실험"이라 지적했습니다. 말하자면, "황국의식의 파악", 곧 조선인이 얼마나 제국의 군인으로서 충성을 다 할 수 있는가를 확인하는 "제도적 실험"이었다는 겁니다.

총독부와 일본군이 그러한 실험을 하게 된 데에는 조선인 정치세력의 끈질긴 요구가 있었습니다. 1920년 이래 조선인 정치세력은 동화주의라는 식민통치의 합법적 공간을 활용해서 "빵이 아닌 권리"라는 참정권 청원운동을 전개했습니다. 1930년대 전반에는 참정권에 앞서 "혈세 의무의 이행"이라는 징병제 시행을 청원했습니다. 이들의 참정권과 징병제 청원에 대해 총독부는 조선인의 낮은 민도와 교육 수준을 빌미로 내세워 시기상조라는 대답만 반복하였습니다. 그래서 조선인 정치세력은 중일전쟁의 발발을 맞아 재차 우수한 자질의 지원자에 한정한 지원병제 시행을 주장했으며, 식민지 권력은 이를 타협적으로 수용하였던 것입니다.

총독부는 육군특별지원병제의 시행이 조선인의 황민화를 위한 정신적 기반을 확충하는 데 유용할 것이라고 기대하였습니다. 반면, 조선인 정치세력은 조선인에 대한 정치적 차별을 철폐하는 참정권 확보의 정치적 포석으로 간주하였습니다. 참정권을 정치적 자치로까지 발전시킨다는 '협력의 정략성'을 추구한 것입니다. 그렇게 육군특별지원병제는 조선인 정치세력과 식민지 권력의 서로 다른 목적과 셈법이 교차하는 정치적 상호 의존과 작용의 산물이었습니다. 윤치호尹致昊, 최린崔麟, 이광수 등 조선인 정치세력은 육군특별지원병제의 시행을 쌍수로 환영하였습니다. 그들은 지원자의 동원에도 적극 협력하였습니다. 심지어 조선공산당 최고 이론가였던 이강국李康國조차 육군특별지원병제 시행에 찬성했습니다. 반제국주의 민족해방 투쟁을 위한 민족해방군 창설과 독립 이후 프롤레타리아 독재를 위한 인민혁명군 창설의 군사적 기반을 마련하기 위해서라도 조선인의 군사훈련이 불가결하다고 보았기 때문입니다. 이들은 육군특별지원병제 시행이 조선왕조 500년에 걸친 조선인의 문약한 병폐를 혁파하고 상무정신을 회복하는 절호의 기회로 간주했습니다.

그래서 1938년 2월 육군특별지원병제가 시행되자 전국 각지에서 육군병지원자후원회가 우후죽순으로 결성되었습니다. "황국신민의 도장"으로 회자된 조선총독부 육군병지원자훈련소는, 지금의 육군사관학교 화랑대가 놓인 그 자리입니다만, 조선 관민의 자랑거리였습니다. 1939년 당시 경성부 육군병지원자후원회의 회장 윤치호는 1939년 5월 육군특별지원병의 중일전쟁 참전을 두고 "민족의 재무장을 알리는 조선 민족사의 새로운 서막"이라 감격했습니다.

그들은 실패하지 않았다

지원병제나 징병제를 둘러싼 지배 권력과 피지배세력 간의 정략적 협력은 식민지 조선만의 현상이 아닙니다. 대만에서도 1942년 2월 대만인 육군특별지원병제가 공포되었습니다. 대만인 사회는 이를 "충격과 환희"로 맞이했고, 열렬한 지원 붐이 일었습니다. 1942~1944년 대만의 육군특별지원병제는 모집정원 4,200명에 지원자 149만 명으로 354배의 놀라운 경쟁률을 기록했습니다. 대만의 육군특별지원병제는 "대만의 간디" 혹은 "대만 의회의 아버지"로도 불리는 린시안탕林獻堂을 비롯한 대만인 정치세력의 적극적인 지원과 협력이 있었기에 가능하였습니다. 조선에서와 마찬가지로 대만인 정치세력도 지원병제를 징병제와 연계해서 참정권을 확보하고, 이를 '정치적 자치'로까지 발전시키고자 했습니다.

나아가 식민지에서의 군사동원은 20세기의 여러 식민지에서 관찰되는 글로벌한 현상이기도 했습니다. 서구 제국주의 열강은 제국의 확장과 권익 확보를 위해 식민지 주민을 '제국의 첨병'으로 앞세웠습니다. 그 대표적 사례가 영국의 최대 식민지인 인도였습니다. 제1차 세계대전기에 영국은 인도에서 자치령과 식민지를 포함한 영국 총병력의 약 51%에 상당하는 140만 명을 동원했습니다. 이런 대규모 동원이 가능했던 것은 인도인 정치세력을 대표하는 인도국민회의의 적극적인 협력이 있었기 때문입니다. 마하트마 간디Mahatma Gandhi는 벽지 농촌을 순회하며 청년들의 인도군 지원을 호소하였습니다. 간디는 영국에 대한 전쟁협력을 두고 정치적 자치로 나아가는 절호의 기회로서 "자유를 위한 전쟁" 혹은 "민족자결

의 전쟁"이라고 설파했습니다. 제국주의는 총칼로만 지배한 것이
아닙니다. 제국주의 지배는 그에 상응하는 협력자를 통해서 관철
되었습니다. 협력은 치밀하게 계산된 정치적 목표를 향한 능동적
인 행위였습니다. 린시안탕이나 마하트마 간디에서 보듯이 민족의
진정한 자유와 독립을 추구하는 지도자라면 전쟁협력은 피할 수
없는 쓴 잔이었습니다.

　육군특별지원병제에 협력했던 조선인 정치세력도 마찬가지입니
다. 그들은 일본의 어리석은 들러리가 아니었습니다. 사리사욕에
눈이 멀어 민족을 팔아넘긴 매국노는 더더욱 아니었습니다. 이들은
전혀 다른 정치적 셈법의 주판알을 튕긴 민족주의자이기도 했습니
다. 하지만 그들이 모든 것을 걸었던 '협력의 정략성'은 1945년 8월
일본의 패전이라는 예상치 못한 사태로 아무것도 아닌 것이 되고
말았습니다. 겉으론 그렇게 보입니다. 오랫동안 그렇게 매도당해
왔습니다. 그렇지만, 지난 글에서 소개했듯이 육군특별지원병 출신
자들은 1950~1953년 6·25전쟁에서 그들의 새로운 조국 대한민국
을 국제 공산세력으로부터 지켜내는 데 혁혁한 전공을 세웠습니다.
이 점을 고려할 때 조선인 정치세력이 추구한 '협력의 정략성'은 실
패하지 않았습니다. 나름의 성과로 대한민국 현대사에 크게 기여하
였습니다.

반일 종족주의의 전성시대

　식민지기의 조선인은 신분 차별을 비롯한 전통사회의 유산에 제약되어 있었습니다. 조선인 육군특별지원병제의 시행은 그런 조선인이 근대국가 일본의 국민으로 포섭되어 전쟁으로 동원되는 와중에서 문명인으로 소생하고자 하는 실존적 몸부림의 양태를 적나라하게 보여줍니다. 당대의 조선인이 감당해야 했던 역사의 과중한 무게를 황민화 정책 또는 민족 말살 정책에 대한 저항과 협력으로 단순화하거나 양단해서는 곤란합니다. 육군특별지원병제는 그것 이상의 복잡한 현실과 모순을 드러내 보였습니다.

　저를 비판한 이영재는 육군특별지원병과 관련해서 이전에 단 한 편의 논문도 집필한 적이 없는 이 분야의 아마추어입니다. 그는 기존의 연구를 그물질하고 짜깁기해서 광폭한 언설을 쏟아냈습니다. 일본인 연구자의 이미 힘 빠진 학설을 어떤 의문과 성찰도 없이 주워섬겼을 뿐입니다. 망국의 시련을 견디면서 민족의 새로운 장래를 모색한 당대인의 시대정신을 비천한 노예의 그것으로 내치고 말았습니다.

　이들 반일 종족주의자들은 나름의 사명감으로 역사의 진실을 이야기하는 연구자를 두고 "매국노", "신친일파", 그것도 모자라서 "부왜노"라고까지 몰아세웁니다. 반민족행위자 처벌을 위한 새로운 법을 제정해서라도 그들의 입에 재갈을 물리자고 선동합니다. 그들에게 묻습니다. 그것이 '언론의 자유'이고 '사상의 자유'입니까? 이 시

대는 반일 종족주의의 전성기입니다. 그들의 망동은 자유민주주의
라는 가면에 숨긴 이 시대의 추한 면모를 폭로하고 말았습니다. 그
래서 오히려 고맙기도 합니다.

참고문헌

이영재(2019), 「육군특별지원병·학도지원병제 왜곡 비판」, 『일제종족주의』, NEXEN MEDIA.

정안기(2018), 「1930년대 육군특별지원병제의 성립사 연구」, 『한일관계사연구』 61.

정안기(2019), 「육군특별지원병, 이들은 누구인가?」, 『반일 종족주의』, 미래사.

정안기(2020), 『충성과 반역: 대한민국 創軍·建國과 護國의 주역 일본군 육군특별지원병』, 조갑제닷컴.

조관자(2006), 「민족의 힘'을 욕망한 '친일 내셔널리스트' 이광수」, 『해방 전후사의 재인식』 I , 책세상.

최경희(2006), 「친일 문학의 또 다른 층위 – 젠더와 〈애국초〉」, 『해방 전후사의 재인식』 I , 책세상.

宮田節子(1985), 『朝鮮民衆と「皇民化」政策』, 未来社.

반일 종족주의자 주장하길

조선총독부는 학도지원을 강요하였다. 지원하지 않으면 휴학, 퇴학, 징용에 처한다고 협박하였다. 총독부는 친일파를 동원하여 학도지원을 권유하였다. 그럼에도 조선인 학도들은 총독부의 방침에 저항하였다. 총독부는 지원을 늘리기 위해 마치 저인망식 그물을 펴고 동력을 최대로 높인 고기잡이배처럼 총력전을 전개하였다. 조선인을 황국신민으로 대우하여 차별을 없애는 천재일우의 기회라는 선전은 기만에 불과하였다. 총독부의 강요로 입영한 조선인 학도들은 일본군 탈영으로 투쟁하였다. 『반일종족주의』에서 정안기는 이러한 학도지원병의 시대적 분투를 외면하고 매도하였다. 정안기로부터는 가치관의 커다란 착란을 읽을 뿐이다(이영재 2019 발췌 요약).

10.
학도지원병의
'시대적 분투'라고?

─────── 정안기

저는 『반일 종족주의』의 「학도지원병, 기억과 망각의 정치사」에서 오늘날 한국의 반일 종족주의가 한편으로는 학도지원병 출신자들이 표출한 기억과 망각의 정치성, 그 허위의식에 뿌리를 두고 있음을 밝혔습니다. 해방 이후 이들은 사회 지도층으로 군림하면서 일제의 신민으로서 충실했던 그들의 젊은 날을 의도적으로 망각했습니다. 그리고선 마치 독립운동에 헌신한 지사인양 행세하였습니다. 이들의 위선적인 망각과 기억은 오늘날 한국인의 역사의식과 집단심성을 심하게 왜곡하였습니다. 저는 그 점을 지난 글에서 여지없이 폭로하였습니다. 이영재는 그런 저를 두고 "학도지원병의 시대적 분투를 매도하지 말라"느니 "조선 청년들의 삶과 분투를 기억하라" 등 원색적 비난과 황당한 훈계를 서슴지 않았습니다. 저를 "부왜노附倭奴"

로까지 매도하였습니다. 저는 이영재로부터 더욱 심한 허위의식으로 포장된 기억과 망각의 정치사를 확인할 뿐입니다.

저인망식 포획이었다고?

이영재는 "총독부가 마치 저인망식 그물을 펴고 동력을 최대로 높인 고기잡이배처럼" 조선인 학도들을 포획하여 전쟁터로 끌고 갔다고 했습니다. 하지만 학도지원병은 지원자 모집, 적성검사, 입영자 확정이라는 일련의 까다로운 선발 과정을 거쳐야 했습니다. 저인망으로 고기를 잡듯이 포획했다면, 시간과 비용을 들여가면서까지 그렇게 할 필요가 없었을 겁니다. 더구나 조선 전역에 걸쳐 마구잡이가 횡행했다면 심각한 사회적 물의를 빚었을 겁니다. 그렇지만 그런 사례가 한 건이라도 보고된 적은 없습니다. 아무리 제국의 2등 국민이라고 하지만 그런 식으로 전쟁터로 끌고 갈 수는 없었습니다. 그 시대를 그렇게 무지막지한 야만의 시대로 감각해서는 곤란합니다.

당시 학도지원자들의 심리상태는 어떠하였을까요? 1944년 3월 조선총독부 고등법원검사국이 작성한 『조선검찰요보朝鮮檢察要報』라는 기밀자료가 있습니다. 거기에는 평양검사국이 학도지원 검사장에서 채집한 수검자들의 언동이 다음과 같이 기록되어 있습니다.

"체격 검사 당시 군의가 당신은 훌륭한 체격이라 칭찬해 갑종 합격이 틀림 없을 것이라 기뻐했지만, 제1을종을 판정해서 크게 낙심하고 말았다."

"갑종 합격한 자신은 현재 일신을 국가에 바칠 각오가 충분하며 입대 이후 기필코 간부후보생에 합격할 것이다. 그래서 병종도 보병을 지원하였다."

"나는 항공병을 지원해 갑종으로 합격했다. 무얼 꾸물대는가, 제시하는 방향으로 돌진하면 그만이다."

또한 조선인 병사 개개인의 일본군 병적을 기록한 「병적전시명부」란 자료가 있습니다. 현재 대한민국의 국가기록원에도 소장되어 있습니다. 「병적전시명부」에 있는 창씨명 大□□雄의 '학도지원조서'를 소개하겠습니다. 그는 1943년 10월 와세다대학 문과 재학 중에 학도지원병을 지원해 갑종으로 합격하였습니다. 자료에 나타난 그의 지원 동기와 자세는 다음과 같습니다.

"학도지원병제 시행은 10월 하순 도쿄에서 신문을 통해 알았다. 자발적으로 지원했다." "학도지원을 권유한 사람은 대학의 은사와 형이었다." "부모는 당초 주저했지만 나중에 쾌락하였다." "병영 생활에 사적 제재가 횡행한다고 알고 있지만 기꺼이 감수하겠다." "희망하는 병종은 보병이다." "간부후보생에 탈락하더라도 일반병으로 봉공하겠다."

이들 학도지원자의 목표는 입영 이후 간부후보생에 지원해 합격하는 것이었습니다. 바꾸어 말해 학도지원은 일본군 장교로 출세하는 지름길이었습니다. 그래서 학도지원을 기피하고 덕유산 골짜기에 숨었던 하준식河俊植조차도 "가는 곳마다 찾는 곳마다 지원이요 출정이다. 심지어 혈서지원까지 속출하였다"며 혀를 찼습니다. 그렇게 학도지원은 당대 조선인 청년을 대표하는 대학생 엘리트들의 자발적인 선택이었습니다. 결코 "쇠사슬에 묶여서 끌려간 강제동원"이나 "마구잡이식 포획"이 아니었습니다.

이광수와 최남선의 학도지원 권유

이영재는 조선인 정치세력이 학도지원을 권유했던 사실을 두고 "일제의 대동아 이념 구현이라는 선전도구로 활용"되었던 "부왜노"의 활동이라고 매도하였습니다. 실제로 1943년 11월 윤치호, 이광수, 주요한朱耀翰, 민규식閔奎植, 박흥식朴興植 등은 '학도병종로익찬회'를 결성해 학도지원병 권유를 위한 호별 방문, 권유문 발송, 지역별·학교별 간담회 개최, 권유 논설의 게재 등 적극적인 '권전勸戰운동'을 펼쳤습니다. 나아가 이광수, 최남선崔南善, 김연수金秊洙는 '학도지원병권설대學徒志願兵勸說隊'를 결성해 일본 각지를 순회하며 재일조선인 유학생의 학도지원을 권장하는 강연회를 개최하였습니다.

1943년 11월 중순 도쿄의 주오中央대학에서 개최된 이광수의 강연회에 대해서는 나중에 서울대학교 불문과 교수로 재직한 김붕구金鵬 九의 회고가 있습니다. 그가 기억한 이광수는 "경건한 태도로 민족의 구원을 설교하던 그 병고에 시달린 상기된 얼굴, 미열에 손발이 바르르 떨리는 듯하고 금시 쓰러질 듯이 숨 가쁜 고행자"의 모습이었습니다. 이광수는 "일제가 모진 고문 끝에 무슨 혼을 빼는 주사라도 놓은 게 아닐까?" 의심할 정도로 성심성의를 다하여 학도지원을 권유하였습니다. 김붕구는 "그의 애국과 민족주의엔 티끌만큼의 위선도 없었다. 그는 평생에 걸쳐 민족의식이라는 병을 앓았다"고 회고하였습니다. 이광수는 어차피 가야 할 학도지원병이라면 자발적으로 가는 것이 장차 조선인의 발언권을 확보하여 각종 차별을 해소하는 길이며, 이 기회를 살려서 군사기술을 배우는 것이 민족의 실력을 양성하고 장래를 대비하는 일이라 갈파했습니다.

김우전의 증언도 참고할 필요가 있습니다. 학도지원병으로 일본군에 나갔다가 탈영해 광복군에 투신한 분입니다. 해방 이후엔 김구金九 선생의 비서, 한국광복군동지회 회장, 그리고 제16대 광복회 회장을 역임하였습니다. 그는 2014년 10월 20일자 『조선일보』와의 인터뷰에서 유년기 이래 이광수의 소설 『흙』과 『그의 자서전』 등을 탐독하면서 민족의식을 각성하고 근대적 자아를 발견했다고 고백했습니다. 그는 1943년 11월 리쓰메이칸立命館대학 법과 재학생으로 교토에서 열린 이광수의 강연회에 참석했습니다. 이광수는 "당신들이 희생하고 공을 세워야 우리 민족이 차별을 안 받고 편하게 살 수 있다. 조선 민족을 위해 전쟁에 나가라"고 권유하였습니다. 그래서 김우전은 "이 분이 역시 민족의식이 있구나, 민족을 사랑한다는 느낌이 있었어요. 조선 민족이 살아남으려면 이렇게 할 수밖에 없다는 고민이 담겨 있었어요"라고 회고하였습니다. 민족의 장래를 고민한 이광수의 절박한 심정은 최남선도 마찬가지였습니다. 1943년 11월 도쿄 메이지明治대학에서 개최된 강연회에서 최남선은 "(학도지원이) 우리 민족을 위하는 길이며, 이것이 계기가 되어 우리 민족에 대한 예우도 개선될 수 있을 것이다. 뒷일은 우리에게 맡기고 안심하고 입대하라"고 권유했습니다. 얼마나 열변을 토했던지 "허리띠가 끊어져 버리는 줄도 몰랐다"는 일화가 전해지고 있습니다. 1980년대에 국무총리를 역임했던 강영훈姜英勳은 당시 만주국의 건국대학에 재학하는 조선인 학생들과 함께 학도지원 문제를 상의하고자 최남선을 찾았습니다. 최남선은 제자들에게 "우리 민족의 자치를 위해, 나아가서 독립을 위해, 가장 중요한 무력을 양성할 호기로 생각한다. 이 기회를 우리는 활용해야 한다"며 간곡하게 권유하였습니다. 그래서 건국대학의 조선인 학생은 한 명도 빠짐없이 학도지원에 나섰다고 합니다.

아들을 보내는 아버지의 심중

이영재는 친일파의 거두로 알려진 조병상曹秉相의 차남 조문환曹文煥

을 거론했습니다. 친일파의 아들 조문환조차도 일본인 학교장과 주위의 권유를 받아야 했다며, 강제동원의 피해자라 강변했습니다. 조문환은 1943년 10월 경성법학전문학교 재학생으로 학도지원병을 자원했고, 1944년 1월 일본군 제59사단에 입영했습니다. 1949년 5월 조문환은 친일경력으로 반민특위에 피소된 부친 조병상의 재판에 증인으로 출석했습니다. 당시 육군 중위 신분이었던 조문환은 학도지원 동기를 추궁하는 심문에 "주위의 권유도 있었지만, 전쟁의 실상을 확인하고 스스로의 운명을 개척하겠다"고 결심해 학도지원에 나섰다고 진술했습니다. 그럼에도 불구하고 이영재는 "주위의 권유"를 곧바로 '식민권력의 개입'으로 바꿔치기해 '강압에 의한 지원'이라고 해석했습니다.

조선인 유력 인사의 자제들 가운데 학도지원자는 조문환만이 아니었습니다. "조선의 간디"로 칭송을 받았던 조만식曺晩植의 차남 조연욱曺然旭(연희전문)을 비롯해 조선인 최초의 중의원 의원 박춘금朴春琴의 차남 박춘웅朴春雄(릿교대학), 귀족원 칙선의원 이진호李軫鎬의 장남 이한직李漢稷(게이오대학) 등 다수에 달했습니다. 조만식의 차남 조연욱은 아버지와 한 마디 상의도 없이 학도지원병을 지원하였습니다. 하지만 조만식은 "이 땅에도 오랫동안 자취를 감추었던 씩씩한 무인의 대오가 다시 소생했다"며 아들의 용단을 칭찬하였습니다. 앞의 조병상도 반민특위 재판에서 "이를 기회로 삼아 조선 민족의 상무정신을 회복하고, 정치적으로 민족적 차별을 해결할 수 있다고 믿었기 때문"이라고 진술했습니다. 조만식과 같은 민족지사든 조병상과 같은 친일파든 아들을 전쟁터로 내보낸 것은 이를 호기로 삼아 조선인의 정치적 권리를 신장하고 나아가 군사기술을 습득하여 민족의 독립에 대비하겠다는 심중의 결의가 있었기 때문입니다.

탈영자의 허위의식

지난 글에서 밝힌 대로 학도지원병으로서 일본군에서 탈영한 사람은 모두 197명입니다. 탈영 동기는 폭력이 횡행하는 병영 생활에 대한 부적응, 간부후보생 탈락에 따른 비관 그리고 죽음의 공포 등이었습니다. 이영재는 저의 그 같은 주장을 "실증적 사료 편취의 헛발질"이라고 조롱하였습니다. 그는 학도지원병에 관한 행정안전부의 보고서에 입각하여 탈영자는 89명이며, 탈영 동기는 충만한 민족의식 때문이라고 강변하였습니다. 제가 파악한 탈영자의 수 197명과 그들의 탈영 동기는 국가기록원이 소장하는 『병적전시명부』로부터 집계, 분석한 것입니다. 이영재는 그런 수고를 하지 않았습니다. 그저 손에 물 한 방울 묻히지 않고 기존의 속설을 앵무새처럼 읊었을 뿐입니다.

이영재는 일본의 패전을 예감하고 광복군에 투신하고자 학도지원병을 자원했다는 김준엽金俊燁의 예를 들고 있습니다. 김준엽은 『장정長征』이라는 그의 자서전에서 "오직 우리의 독립군으로 가서 조국의 주권을 되찾고 이 불쌍한 동포들을 해방시키는 위업에 참가하려는 일념"에서 학도지원을 결심했다고 회고하였습니다. 학도지원 단계에서 이미 탈영을 결심하고 주머니칼, 지도, 중국어책, 나침판, 사진, 자금을 준비했다는 겁니다. 하지만 입대도 하기 전에 어느 지역의 어느 부대에 배치될 줄 알아서 탈영을 기획했단 말입니까. 김준엽이 소속했던 한광반韓光班학병동지회도 1979년에 출간한『장정육천리』라는 회고록에서 "우리 학병은 초년병 훈련을 받으면서도 우리들이 어느 전선으로 배치될 것인가에 온 신경을 썼다. 그것이 중국대륙 전선이 될지, 남방 어느 섬이 될지는 알 수 없었다"는 기록을 남겼습니다.

김준엽은 평북 강계 출생으로 1940년 전후 신의주에서 중학교를 졸업하고 게이오慶應대학 사학과에 진학했습니다. 신의주라면 얼마든지 지척의 압록강을 건너서 광복군에 투신할 수 있었습니다. 그럼에도 굳이 학도지원이라는 번거로운 수속과 탈영이라는 큰 위험을 감수하였습니다. 얼핏 들으면 참으로 감동적인, '독립운동에 헌신한 민족의 스승'으로 받아들여지기에 충분한, 영웅담입니다. 하지만 사실관계를 따지면, 기억과 망각의 정치성이 개입된 허위의식으로 포장된 황당한 이야기에 불과합니다. 욕을 먹더라도 연구자라면 지적해야 할 역사의 진실이라고 생각합니다.

비탈영 학도의 시대적 분투

이영재는 일본군에서 탈영하여 광복군에 들어간 학도들을 "어떤 세대보다도 조국의 미래를 최우선으로 고민한" 독립투사로 높이 평가하였습니다. 그렇다면 학도지원병 총 3,050명 가운데 탈영자 197명을 제외한 비탈영자 2,853명은 무엇입니까? 조국의 미래에 대한 고민이 덜한 자들이거나 일본군 장교로 출세하고자 한 반민족 친일파에 불과했던가요? 이영재의 탈영자 평가는 그 같은 논리적 귀결성을 갖습니다. 이것은 기존의 독립운동사 연구가 국내에 머물면서 일제의 억압과 차별을 감수하면서도 근대문명을 학습한 실력양성론자들을 친일파로 몰았던 것과 동일한 논리입니다.

대다수 비탈영 학도지원병은 일본군 병영 생활의 혹독함을 견디면서 군사지식을 습득하고 생사를 가르는 실전을 경험하였습니다. 해방 이후 이들 비탈영 학도지원병은 군사영어학교, 조선경비사관학교, 육군사관학교를 거쳐 대한민국의 장교로 임관하였습니다. 1946년 군사영어학교 출신자 110명 가운데 68명이 비탈영 학도지원병 출신이었습니다. 이들은 6·25전쟁에서 새로운 조국 대한민국을 지켜낸 핵심 전력이었습니다. 1951년 5월 제6사단장으로 용문산 전투에서 중공군 3개 사단을 격파한 장도영張都暎 장군을 필두로 하여 제12대 육군참모총장 최영희崔榮喜, 제16대 육군참모총장 민기식閔機植, 제18대 육군참모총장 김계원金桂元, 제6~10대 국회부의장 장경순張坰淳, 제21

대 국무총리 강영훈姜英勳, 초대 특전사령관 조문환曹文煥 등이 비탈영 학도지원병 출신이있습니다.

저는 일본군을 탈영한 학도지원병의 시대적 분투를 매도한 적이 없습니다. 나름의 각오가 없이는 결행하기 힘든 것이 전쟁 중의 탈영입니다. 거기에 조국의 미래를 고민한 '시대적 분투'가 있었던 것은 사실입니다. 그렇다고 그것을 과대 포장해서는 곤란합니다. 몇 사람의 탈영 행위를 학도지원병 전부의 지향인양 분식粉飾해서는 곤란합니다. 몇 개월에 그친 광복군 생활을 민족 투사의 그것으로 영웅시해서도 곤란합니다. 최근 학도지원병을 독립운동가로 승격하고자 하는 정부 일각의 움직임이 일고 있음은 참으로 유감스러운 일입니다.

이 책 25장의 내용이기도 합니다만, 우리 민족이 일제로부터 해방된 것은 우리 민족의 힘만으로 된 일이 아닙니다. 광복군이 개선군으로 입경한 적은 없습니다. 우리가 해방된 것은 독일, 일본 등의 전체주의 체제를 해체한 '자유의 큰 물결'이 한반도 남부에 밀려왔기 때문입니다. 대한민국은 그 물결을 타고 세워진 나라입니다. 진정한 독립운동가는 그 물결을 한반도로 인도한 사람들입니다. 그들이 누구입니까. 제25장을 참고해 주십시오.

자유민주주의 체제의 나라가 건립되자 이 땅의 젊은이들은 그들이 구 일제하에서 어떤 처지에 있었든 각자 자신의 역량과 포부로 새로운 조국에 봉사할 기회를 가졌습니다. 탈영자 김준엽이 역사학자로서 봉사하였다면, 비탈영자 조문환은 군인으로서 봉사하였습니다. 김준엽만이 조국의 미래를 위해 시대적 분투를 했던 것은 아닙니다. 친일파의 아들 조문환도 마찬가지였습니다. 이영재는 저에게 학도지원병, 특히 탈영자들의 시대적 분투를 매도하지 말라고 훈계하고 있습니다만, 저는 오히려 비탈영자들의, 나아가 그들을 전선으로 보낸 이광수 등 "친일 내셔널리스트"의 시대적 분투에 대해서도 따뜻한 시각으로 재평가하라고 권하고 싶습니다.

참고문헌

이영재(2019), 「육군특별지원병·학도지원병제 왜곡 비판」, 『일제종족주의』 NEXEN MEDIA.
정안기(2018), 「전시기 학도지원병제의 추계와 분석」, 국방부군사편찬연구소 발표 논문.
정안기(2019), 「학도지원병, 기억과 망각의 정치사」, 『반일 종족주의』 미래사.
행정안전부 과거사관련업무지원단(2017), 「일제 조선인 학도지원병 제도 및 동원부대 실태 조사 보고서」

3편

독도

반일 종족주의자 주장하길

조선의 관리가 우산도, 곧 독도를 구체적으로 목격한 기록이 있다. 1694년 울릉도 수토관으로 파견된 장한상이 쓴 「울릉도사적」이 그것이다. 1693, 1696년 일본에 간 안용복도 우산도를 실제로 목격하였다. 조선 정부는 안용복을 통해 우산도가 일본에서는 송도로 불린다는 정보를 취득하였다. 이후 『동국문헌비고』(1770)와 『만기요람』(1808)은 우산도가 일본에서 송도로 불린다고 밝혀 우산도에 대한 영유 인식을 분명히 하였다. 여러 지도에서 우산도가 울릉도의 서쪽에서 동쪽으로 그려진 것은 우산도가 실재한 섬임을 인식했다는 증거이다. 우산도가 울릉도 바로 옆에 그려진 것은 그에 대한 존재 인식과 영유 의사를 보다 선명하게 표현하고자 한 의도였다(홍성근 2019 발췌 인용).

원래는 나라 이름

신라왕조의 해상 활동은 오늘날 우리가 상상하는 것 이상으로 활
발하였습니다. 그보다 못하지만 고려왕조도 마찬가지였습니다. 사
람들이 바다로 활발히 진출한 시대엔 있지도 않은 섬에 대한 환상
은 있기 힘들었습니다. 그런 환상은 한국인이 바다로부터 철수한
15~19세기 조선왕조 시대에 생겨났습니다. '우산于山'이 역사적 기록
에 등장하는 것은 12세기에 편찬된 『삼국사기三國史記』에서입니다. 그
에 의하면 6세기 동해의 울릉도에 우산국于山國이란 나라가 있었습니
다. 울릉도의 '지방地方'은, 곧 사방의 둘레는 100리(40킬로미터)라 하였
습니다. 이는 오늘날의 실측과도 일치합니다. 위키백과에 의하면 울

릉도 일주 해안도로의 길이는 총 44.55킬로미터입니다. 그렇게 둘레를 언급했으니 울릉도는 당연히 한 개의 섬입니다. 울릉도에 부속한 조그만 섬들이 있지만 무시해도 좋을 정도였습니다. 그 울릉도에 '국國'이란 정치체제가 들어섰으니, 다름 아닌 우산국입니다. 울릉과 우산의 관계는 원래 이러하였습니다.

『고려사高麗史』에 의하면 우산국이 소멸하는 것은 11세기입니다. 이후 우산은 울릉의 별칭으로 쓰였습니다. 15세기 초의 『조선왕조실록朝鮮王朝實錄』에서 그 점을 확인할 수 있습니다. 조선왕조는 전국 대부분의 섬에서 인구를 비우는 공도空島 정책을 취하였습니다. 그와 보조를 같이하여 우산을 울릉과 별개의 섬으로 보는 인식이 생겨났습니다. 1454년에 출간된 『세종실록지리지世宗實錄地理志』가 그에 관한 최초의 기록입니다. 1530년에 출간된 『신증동국여지승람新增東國輿地勝覽』의 「팔도총도八道總圖」란 지도에서 우산도는 울릉도 서쪽에 놓인 그와 비슷한 크기의 섬이었습니다. 그런 섬은 객관적으로 실재하지 않습니다. 그래서 환상인 것입니다. 환상으로 성립한 만큼 19세기까지 조선왕조가 그린 다수의 지도에서 우산도의 크기와 위치는 가지각색이었습니다. 크게 말해 17세기까지는 울릉도 서쪽에 비슷한 크기로 그려지다가 18세기 이후 울릉도 동쪽의 조그만 섬으로 변해갔습니다. 1900년 대한제국은 울릉도를 울도군鬱島郡으로 승격하였습니다. 부속하는 섬은 죽도竹島와 석도石島로 명시되었습니다. 우산도는 없었습니다. 역사적 기록에서 우산도가 마지막으로 등장하는 것은 1908년에 편찬된 『증보문헌비고增補文獻備考』에서였습니다. 그렇지만 당시 울릉도 주민들은 그 우산도가 어디에 있는지 알지 못했습니다. 우산도를 찾기 위해 탐색대까지 조직했습니다만, 성공하지 못했습니다. 이에 관해서는 다음 장에서 보다 자세하게 소개할 예정입니다. 이후 우산도는 역사의 무대에서 사라졌습니다. 환상의 섬이었음이 이윽고 드러났기 때문입니다.

제가 『반일 종족주의』의 「독도, 반일 종족주의의 최고 상징」에서 우산도를 역사적으로 생겨났다 없어진 환상이라 한 것은 대략 이상과 같은 이유에서였습니다. 오늘날의 한국인이 독도를 역사적으로 그의 고유한 영토라 하면서 내세우는 중요 근거를 부정한 꼴이었습니다. 그랬더니 적지 않은 반발이 일었는데, 위에서 소개한 바와 같은 동북아연구재단 홍성근 위원의 글이 대표적입니다. 이하에서는 『반일 종족주의』의 출간 이후 새롭게 습득한 정보까지 포함하여 좀 더 자세하게 저의 이전 주장을 펼침으로써 여러 비판에 대응하겠습니다.

1도설島說과 2도설島說

『세종실록지리지』 보다 조금 앞선 1451년에 『고려사』가 간행되었습니다. 거기에 "울릉도가 울진현 동쪽 바다 가운데 있는데, 신라 때 우산국이라 칭하고 무릉武陵 또는 우릉羽陵이라고도 했으며, 땅의 사방은 100리이다. 혹자가 말하기를 우산도와 무릉도는 본래 두 섬으로 날씨가 맑으면 바라볼 수 있다고 한다"(원 기사를 약술한 것임, 이하 인용도 마찬가지임)라는 기술이 있습니다. 다시 말해 원래는 한 섬인데(이하 1도설島說) 혹자는 두 섬이라고도(이하 2도설島說) 한다는 겁니다. 그렇게『고려사』는 1도설을 주설主說로 취한 다음, 2도설을 종설從說로 소개하였습니다. 1도설의 근거가 앞서 소개한『삼국사기』임은 두말할 필요도 없습니다.『삼국사기』에서 1도설은 이설異說을 허락하지 않을 만큼 명확합니다. 그럼에도『고려사』가 종설로 2도설을 소개한 것은 그것이 15세기 중엽에 유행한 새로운 설이기 때문이었습니다.

그런데 3년 뒤 편찬된『세종실록지리지』는 2도설을 주설로 채택하고 1도설을 종설로 소개하였습니다. 이에 관해서는 널리 알려져 있기도 하거니와 이전 글에서 그 문제점을 지적한 바 있어서 더 이상의 언급을 생략하겠습니다. 이후 1481년에『동국여지승람東國輿地勝覽』이, 1530년에『신증동국여지승람』이 편찬되었습니다. 거기엔 "우산도 울릉도, 두 섬은 울진현 동쪽 바다 가운데 있다. 일설에 우산과 울릉은 원래 한 섬이고 사방이 100리라고 한다"라고 되어 있습니다. 역시 2도설을 주설로 채택하고, 1도설을 종설로 소개하고 있습니다. 그런데 2도설의 우산도가 환상임은『신증동국여지승람』에 실린「팔도총도」란 지도에서 저절로 명확합니다. 앞서 지적한 대로 그 지도에서 우산도는 울릉도 서쪽에 울릉도와 비슷한 크기로 그려져 있는데, 그런 섬은 실재하지 않기 때문입니다. 이 같은 저의 지적을 두고 저를 비판하기 위해 기획된 KBS의 연속보도에서 담당 기자는 우산도가 "안타깝게도" 울릉도 서쪽에 그려져 있음은 사실이라고 했습니다. 무엇 때문에 안타깝다고 합니까? 다시 지적하지만, 원래 환상이기에 그러했던 것입니다.

뒤이어 1656년에는 유형원柳馨遠이 『동국여지지東國輿地誌』란 지리서를 편찬했는데, 그 내용은 『신증동국여지승람』과 동일합니다. 1693년과 1696년에는 저 유명한 안용복安龍福 사건이 발생하였습니다. 1693년 동래부 출신의 안용복이 울릉도에 고기잡이를 갔다가 일본 어민과 충돌하고, 그들을 따라 일본까지 들어가 울릉도가 조선의 땅임을 주장하였습니다. 1696년 다시 일본에 들어간 안용복은 일본인이 마쓰시마松島(오늘날의 독도)라고 부르는 그 섬이 조선의 영토 우산도임을 주장하였습니다. 그렇지만 당시 조선 정부는 울릉도의 영유권에만 관심이 있었습니다. 일본 정부가 울릉도는 조선의 영토임을 인정하는 문서를 보내오자 사건은 거기서 일단락되었습니다. 우산도에 관해서는 별다른 관심을 표하지 않았습니다. 200년 이상 미제未濟로 이어온 1도설島說과 2도설島說의 대립을 해소하기 위한 좋은 계기였습니다. 마땅히 안용복을 앞세워 우산도를 탐사해야 했습니다만, 그리하질 않았습니다. 오히려 함부로 국경을 넘었다 하여 안용복을 유배형에 처하고 말았습니다. 바다와 섬에 관한 조선왕조의 관심은 그런 수준이었습니다. 조선왕조는 철저하게 닫힌 자급적 농업 국가였습니다.

환상의 심화

그 결과 안용복 사건은 오히려 우산도에 관한 환상을 깊게 하는 계기로 작용하였습니다. 1756년 신경준申景濬이 「강계고疆界考」라는 글을 썼습니다. 그는 우산과 울릉에 관해 그간 종설로나마 이어져 온 1도설을 폐기하였습니다. 그는 2도설이 옳다고 결론을 내린 다음, 이전에 없던 새로운 주장을 펼쳤습니다. 첫째는 우산도를 가리켜 왜인倭人들은 송도라고 칭한다는 것인데, 이는 안용복 사건의 영향을 말합니다. 둘째는 우산과 울릉 두 섬이 모두 옛날 우산국의 땅이었다는 겁니다.

1770년 조선왕조는 제반 국가제도의 역사를 총괄한『동국문헌비고東國文獻備考』라는 거질의 사전을 편찬하였습니다. 그 가운데 「여지고輿地考」라는 이름의 지리서가 있는데 신경준이 주도하여 집필했다고 합니다. 여기서 우산과 울릉에 관한 조선왕조의 이해가 집대성되었습니다. 해당 부분을 요약하면 다음과 같습니다. "우산도 울릉도, 울진현 동쪽 바다 350리에 있다. 鬱은 蔚이라고도 芋라고도 羽라고도 武라고도 한다. 두 섬을 합한즉 우산(于山 또는 芋山)으로서 모두 옛날 우산국의 땅이다. 우산도는 왜인이 이르는바 송도이기도 하다." 이렇게『동국문헌비고』는 2도설을 정설로 채택한 다음, 두 섬 모두 옛날 우산국의 땅이라는 새로운 설을 정착시켰습니다. 1808년에 편찬된『만기요람萬機要覽』이란 책도 이 같은『동국문헌비고』의 신설을 채택하였습니다.

제가 신경준이 「강계고」와 『동국문헌비고』의 「여지고」에서 펼친 "우산도+울릉도=우산국"이란 신설을 환상의 심화라고 규정하는 이유는 다음과 같습니다. 이전 글에서 지적한 적이 있는 문제이기도 합니다. 신설이 옳다면, 다시 말해 우산도가 울릉도와 별개의 섬이라면, 그리고 그 섬에서 우산국이란 나라 이름이 나왔다면, 그 섬은 울릉도만큼이나 크고 사람이 많이 사는 섬이어야 마땅합니다. 그렇지만 그런 섬은 울릉도 주변에 실재하지 않습니다.

그런데 독자 여러분, 웃지 마십시오. 18세기의 조선인들은 그런 섬이 있다고 생각했습니다. 다음은 1735년 1월 17일 국왕 영조와 대신들 사이에 오고 간 이야기입니다.

> 1697~1698년 정부에선 장한상張漢相을 파견하여 울릉도를 살피고 지도를 그려 오게 하였는데 이후 듣자 하니 울릉도는 땅이 넓고 비옥하여 일찍이 사람이 살았고 간혹 선박이 오고 간 흔적이 있다고 하며, 그 서쪽에 또한 우산도가 있는데 이 역시 땅이 넓고 비옥하다고 한다.(『승정원일기承政院日記』 영조11년 1월 17일).

안용복 사건을 계기로 정부는 울릉도 수토관搜討官 장한상을 파견하여(후술) 울릉도 지도를 그려 오게 했습니다. 그 지도에 의하면 울릉도는 넓고 비옥한 섬이었습니다. 또한 안용복 사건은 울릉도 근방의 우산도를 일본인들은 송도로 부르고 있음을 알게 했으며, 이는 우산도의 객관적 실재를 뒷받침하였습니다. 그러자 조선왕조의 위정자들은 전래의 우산도 환상에 더하여 우산도 역시 울릉도와 마찬가지로 넓고 비옥한 섬이라는 더욱 깊어진 환상을 갖게 되었습니다. 위에서 소개한 『승정원일기』의 기사는 이러한 역사적 배경에서 나온 것입니다.

저에 대한 여러 비판자는 말합니다. 일본이 송도라고 부르는 그 섬을, 다시 말해 오늘날의 독도를 18세기의 조선왕조는 우산도의 이름으로 영유하지 않았느냐. 『동국문헌비고』와 『만기요람』 등이 그 뚜렷한 증거가 아닌가라고 말입니다. 이제 그에 대답하겠습니다. 우산도를 울릉도와 별개의 섬으로 간주하는 2도설은 15세기 중엽에 성립한 것입니다. 17세기 말의 안용복 사건으로 우산도는 더욱 확실하게 실재하는 섬으로 바뀌어 갔습니다. 그렇지만 조선왕조의 위정자들은 우산도의 실재 위치와 크기를 탐사하지 않았습니다. 이후 2도설은 "우산도(송도)+울릉도=우산국"이란 새로운 환상으로 심화하였습니다. 18세기 조선왕조의 위정자들은 우산도(송도)를 넓고 비옥한 섬으로 상상하였습니다. 그렇지만 그런 섬은 울릉도 근방에 실재하지 않습니다. 넓고 비옥한데 아무도 탐사한 적도, 탐사하려고 한 적도 없는 섬입니다. 오늘날의 독도를 두고 넓고 비옥하다고 할 수는 없지요. 그렇게 심화해 온 환상을 두고 여러 비판자들은 독도 고유영토설의 근거로 믿어 의심치 않으니 필자로서는 가슴이 답답할 뿐입니다.

우산도의 이동

이상이 역대 지리서를 통한 고찰이라면, 지도는 우산도에 관한 정부와 민간의 인식을 보다 생생한 시각으로 보여줍니다. 표11-1은 이케우치 사토시池內敏가 고찰한 109장의 지도에 나타난 울릉도를 기준으로 한 우산도의 위치입니다. '서'는 울릉도 서쪽에 우산도가 있다는 뜻입니다. 나머지 방향표기도 같은 식으로 읽으면 됩니다. '무'는 우산도가 그려져 있지 않다는 뜻입니다. 지도는 전국도全國圖와 강원도도江原道圖로 구분되었습니다. 17~19세기의 각 세기에서 '초', '전

표11-1 울릉도를 기준으로 한 우산도의 위치

		全國圖		江原道圖	
16세기 이전		서 서 서 북		서	
17세기	초	서		서 서 서 서 서 북 무	서 서 남 무
	전반	서			
	중반	서 서			
	후반	서 북 북			
	말	서 서			
18세기	전반	서 서 서 동 무	서	서 북동	서 북동 남
	중반	서 서 서 서 동 동 무		서 서 남 남 남 북동 무	
	후반	서 서 동 동 동 북동 무		남 남 남 북동 북동	
	말	동 무 무		북동	
19세기	초	동 동 동 무	동 무 무	북동 북동 북동	남 북동 무
	전반	동 무 무 무 무 무		동 동 북동 무	
	중반	동 동		동 동남 북동	
	후반	서 동 동남 무		남 남 무	
	말	동남 북동 북동		동남 북동	
20세기		무 무 무			

자료: 池內敏(2014: 230-234.)

반' 등의 구분은 지도가 그려진 시기를 좀 더 세분한 것입니다. 그렇게 할 수 없는 경우는 오른쪽에 세기별로 뭉뚱그려 제시되었습니다.

표에서 보다시피 17세기까지 우산도는 울릉도 서쪽에 놓였습니다. 그러했던 우산도가 18세기 이후 울릉도의 남으로, 동으로, 나아가 북동으로 옮겨갔습니다. 우산도가 그렇게 이동한 것은 17세기 말의 안용복 사건 때문입니다. 1694년 이후 조선 정부는 2, 3년에 한 차례 울릉도에 수토관을 파견하여 사람이, 특히 일본인이, 들어와 살고 있지 않은지를 조사하였습니다. 그렇게 수토관이 정기적으로 왕래하자 육지와 울릉도 사이에 어떤 섬도 없다는 사실이 저절로 명확해졌습니다. 그렇지만 인식의 변화는 속도가 느렸습니다. 중앙정부가 그린 전국도에서 우산도는 18세기 전반까지도 울릉도 서쪽에 놓인 경우가 다수였습니다. 앞서 소개한 1735년의 『승정원일기』 역시 조선의 위정자들이 우산도가 울릉도의 서쪽에 있다고 믿었음을 이야기해 주고 있습니다. 전국도에서 우산도가 울릉도 동쪽으로 옮겨가는 것은 18세기 후반부터입니다. 반면 지방정부가 그린 강원도도에서의 변화는 좀 더 빨라서 18세기 이후 우산도는 울릉도 남쪽으로 갔다가 동이나 북동으로 이동하였습니다.

우산도의 위치가 이동한 것과 관련하여, 앞서 소개했듯이 홍성근은 조선왕조가 우산도가 실재하는 섬임을 인식한 증거로 평가하고 있습니다. 그렇다면 이전에 우산도가 울릉도 서쪽에 있던 때는 그 실재 여부를 몰랐다는 이야기가 됩니다. 본의 아니게 홍성근은 2도설의 우산

도는 원래 환상이었다는 저의 주장을 지지하고 있습니다. 그런데 그것
이 동쪽으로 옮겨갔다고 해서 환상이 사라졌다고 주장할 수 있을까요?
그러기 위해서는 조선의 관리가 우산도를 탐사하고 그 위치, 형태, 크
기를 확인할 필요가 있었습니다. 그렇지만 조선왕조는 그런 수준의 관
심을 갖지 않았습니다. 동쪽으로 옮겨진 후에도 우산도에 관한 환상은
탈각되지 않았습니다. 오히려 동쪽에 실재한 다른 섬을 확인하고 그것

지도11-1 울릉도도형(1711)

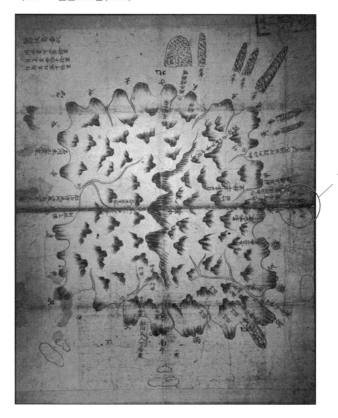

"海長竹田
所謂于山島"

을 우산도로 착각하는 현상이 벌어졌습니다.

지도11-1은 1711년 울릉도를 다녀온 수토관 박석창^{朴錫昌}이 그린 「울릉도도형^{鬱陵島圖形}」입니다. 현재 전하는 울릉도 지도로서는 가장 오랜 것입니다. 울릉도 서쪽에서 동쪽으로 옮겨온 우산도가 구체적으로 어떤 섬인지를 보여주는 최초의 지도이기도 합니다. 울릉도 동쪽에 섬이 하나 있습니다. 그 섬에다 박석창은 "해변에 길게 대나무밭이 있는데 소위 우산도이다^{海長竹田 所謂于山島}"라는 해설을 붙였습니다. 다름 아니라 오늘날 울릉도 북동 해상 3킬로미터에 있는 죽도^{竹島}라고 하겠습니다. 이후 19세기 후반까지 울릉도를 그린 여러 장의 지도는 모두

지도11-2 팔도여지도(18세기 중엽)

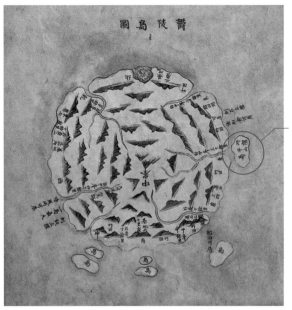

"所謂于山島"

이 「울릉도도형」을 저본으로 하였습니다. 지도11-2는 18세기 중엽에 제작된 「팔도여시도八道輿地圖」상의 울릉노입니다. 동쪽 가까운 해상에 "소위 우산도"가 그려져 있음을 확인할 수 있습니다.

표11-1에서 간과해선 안 될 한 가지는 부차적이긴 하지만 '무', 곧 우산도를 그리지 않은 지도가 18세기 이후 점점 많아졌다는 사실입니다. 전국도의 경우 그런 지도는 17세기까지만 해도 총 20장 중에서 1장(5%)에 불과하였습니다. 그런데 18세기가 되면 23장 중에서 5장(22%), 19세기가 되면 22장 중에서 9장(41%), 20세기가 되면 3장 중에서 3장(100%)으로 뚜렷이 증가하는 추세를 보입니다. 정기적인 수토에 따라 울릉도에 관한 정보가 쌓이면서 우산도란 원래 없는 섬이라는 인식이 퍼져나간 결과라고 생각합니다.

저는 그 좋은 예를 19세기의 유명한 지리학자 김정호金正浩가 그린 지도에서 찾습니다. 지도11-3은 김정호가 1834년에 그린 「청구도靑邱圖」상의 울릉도와 우산도입니다. 앞서 소개한 두 지도를 모사한 것임을 쉽게 알 수 있습니다. 우산도 아래에다 김정호는 다음과 같은 취지의 해석을 붙였습니다. "1735년 강원감사의 계에 의하면 울릉도 서쪽에 우산도가 있는데 넓고 비옥하다고 했다. 그런데 여러 지도를 보니 우산도는 울릉도의 동쪽에 있어서 나도 우산도의 위치를 동쪽으로 그렸다"는 겁니다. 여기서 김정호가 18세기에 성립한, 우산도는 넓고 비옥한 섬이라는 환상을 그대로 계승하였음을 확인할 수 있습니다. 반면 지도11-4는 1861년 만년의 김정호가 완성한 「대동여지도大東輿地圖」

지도 11-3 청구도(1834)

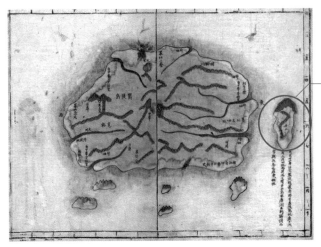

"于山
영조11년(1735) 강원감사 조최수가 아뢰기를 울릉도 는 땅이 넓고 비옥하여 사 람이 거주하는데 그 서쪽 에 또 우산도가 있어서 역 시 넓고 비옥하다고 한다. 소위 '서쪽'은 이 지도에서 동쪽에 있음과 일치하지 않는다."

지도 11-4 대동여지도(1861)

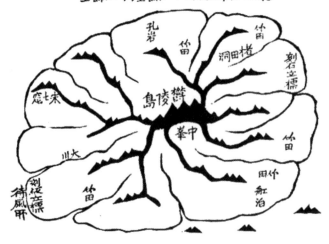

상의 울릉도입니다. 우산도가 말끔히 소거되어 있습니다. 이를 두고 독도 고유영토설을 신봉하는 사람들은 안타깝게 여깁니다만, 그래서는 곤란합니다. 오히려 조선의 지리학이 발전해 가는 현상으로 평가해야 합니다. 김정호는 『삼국사기』를 포함한 여러 문헌을 고증한 결과 우산도는 원래 없는 섬이라는 결론을 내렸던 것입니다.

장한상의 「울릉도사적」

1694년 최초로 울릉도에 파견된 수토관은 삼척영장三陟營將 장한상입니다. 그는 동년 9월 20일부터 10월 3일까지 울릉도에 머물렀으며, 「울릉도사적鬱陵島事蹟」이라는 탐사기를 남겼습니다. 어느 맑은 날 그는 중봉中峯으로 불리는 울릉도 정상에 올랐는데 "서쪽으로는 구불구불한 대관령大關嶺의 모습이 보이고, 동쪽으로 바다를 바라보니 동남쪽에 섬 하나가 희미하게 있는데 크기는 울릉도의 3분의 1이 안되고, 거리는 300여 리에 지나지 않았다"고 했습니다. 바로 이 기록이 독도 고유영토설의 매우 중요한 근거로 받들어져 왔음은 널리 알려진 사실입니다. 앞서 소개했듯이 홍성근의 저에 대한 비판도 이 기록에 크게 의존하고 있습니다.

그런데 장한상이 중봉에 올라 서쪽으로 대관령을 보았다는 것은 있을 수 없는 일입니다. 울릉도 북안에서 육지의 산맥은 맑은 날 석양에 어둑한 실루엣으로 보임이 고작입니다. 그는 대관령 밑의 삼척에서 출발했기에 서쪽에 형성된 산형山形의 구름을 보고 그런 느낌을 받았을 뿐입니다. 그가 동남 해상 300여리(120킬로미터)의 섬을 봤다는 것도 비슷하게 이해되어야 합니다.

홍성근은 울릉도 출신으로서 울릉도에서 독도가 어떻게 보이는지 누구보다도 소상한 연구자입니다. 2008~2009년 그를 중심으로 한 연구팀은 울릉도에 547일간 체류하면서 독도의 관측 여부를 조사하였습니다. 그에 의하면 고도 200미터 이상의 적지適地에서 독도가 관측된 날은 56일이었습니다. 대개 아주 맑은 날 조양朝陽과 석양을 배경으로 손톱만 한 크기의 독도가 1시간가량 수평선 위로 솟았다가 사라졌습니다. 그러니까 고도 200미터 이상의 적지에서 독도를 관측할 확률은 일수日數 기준으로 10.2%입니다. 하루의 일조 시간을 12시간으로 잡아서 시간 기준의 확률을 계산하면 0.9%입니다.

이러한 정보를 알 리 없는 장한상 일행이 중봉에 오른 것은 필경 해가 중천에 있을 시간입니다. 저도 독도를 보기 위해 그 시간에 세 차례나 그곳에 올랐습니다만, 어디가 하늘이고 바다인지도 몽롱한 가운데 바다 위에는 해무나 복사광이 가득하였을 뿐입니다. 제가 독도를 보지 못한 이유를 저는 홍성근 팀의 보고서를 통해 비로소 알게 되었습니다. 1694년의 장한상도 마찬가지였습니다. 그의 뇌리에는 여러 지도에서 익히 보아온 우산도에 관한 이미지가 있었을 터입니다. 그는 그에 적합한 해무나 구름의 뭉치를 동남 해상에서 보았던 것입니다. 그래서 섬의 크기가 울릉도의 3분의 1이라 하였습니다. 실제로 그가 독도를 관측하는 행운을 누렸다면, 홍성근 님의 보고대로 손톱만 한 크기의 섬을 봤다고 했을 겁니다.

그런데 과연 장한상은 중봉에 올랐던 것일까요? 그의 탐사기를 세밀히 읽어보면 그 같은 의심을 품지 않을 수 없습니다. 거의 300년간 인구가 비워진 섬이었습니다. 장한상은 "산세가 험하고 골짜기가 깊고 하늘에 닿아 해를 가릴 정도의 수목이 가득한 가운데 칡넝쿨과 초목이 엉켜 도저히 사람의 힘으로 뚫고 올라갈 산이 아니다"라고 했습니다. 중봉의 중턱에는 벌써 눈이 내려 한 자나 쌓였다고도 했습니다. 그런데 장한상은 한 장의 지도도 없이, 한 명의 안내자도 없이, 하루 만에 해발 985미터의 정상을 다녀왔습니다. 그게 가능할까요? 실제로 올랐다면 온갖 고난에 봉착했을 겁니다. 그렇지만 그의 탐사기는 등반과정에 대해선 한 마디도 하고 있지 않습니다. 더구나 그의 탐사기는 울릉도에 있을지 모를 귀신이나 괴물에 대한 커다란 공포감을 숨기지 않고 있습니다. 요컨대 과정에 대한 구체적 설명을 결여한 장한상의 중봉 등정은 그대로 신뢰하기 곤란합니다. 이후 울릉도를 다녀간 어느 수토관도 중봉에 올라 우산도를 보았다는 기록을 남기지 않았습니다.

이후 역대 수토관이 그린 울릉도지도에서 우산도는 앞서 소개했듯이 해안에 길게 대나무밭이 조성된 섬이었습니다. 오늘날의 죽도 竹島 그것입니다. 독도에는 대나무가 서식하지 않습니다. 그 우산도를 두고 동남 해상 87킬로미터의 독도라고 우겨서는 곤란합니다. 저는 울릉도와 독도 사정에 누구보다 정통한 홍성근이 그런 무리한 주장을 펼침을 납득할 수 없습니다. 더구나 홍성근은 여러 지도에서 우산도가 울릉도에 가깝게 붙은 것은 조선왕조의 독도에 대한 강렬한 애착을 반영하는 현상일지도 모른다고 주장하고 있습니다. 실은 그 같은 주장에는 선례가 있습니다. 17세기까지 여러 지도에서 우산도가 울릉도 서쪽에 그려진 것을 두고 신용하愼鏞廈는 우산도에 대한 조선왕조의 강렬한 애착 때문이라고 한 적이 있습니다. 읽는 이의 실소를 자아내는 괴설을 홍성근은 동쪽으로 옮겨간 우산도를 두고서도 반복하고 있습니다. 과연 조선왕조의 우산도 애착은 그렇게 강렬했던 것일까요. 우산도가 소멸하는 과정을 보면 그렇게 말할 수 없습니다. 장을 바꾸어 설명하겠습니다.

참고문헌

김영수(2018), 「고종과 이규원의 울릉도와 독도 위치와 명칭에 관한 인식 과정」, 『사림』 63.

신용하(2006), 『한국의 독도영유권 연구』, 景人文化社.

유미림(2013), 『우리 사료 속의 독도와 울릉도』, 지식산업사.

이영훈(2019), 「독도, 반일종족주의의 최고 상징」, 『반일 종족주의』, 미래사.

홍성근(2019), 「이영훈의 '독도'를 반박한다」, 『주간조선』 2019년 10월 14일자.

홍성근·문철영·전영신·이효정(2010), 『독도! 울릉도에서는 보인다』, 동북아역사재단.

池内敏(2014), 『竹島問題とは何か』, 名古屋大学出版会.

1882년 이규원의 울릉도 검찰에서처럼 우산도(독도)의 존재를 확인하지 못하는 경우도 있었지만, 조선왕조의 우산도에 대한 영유 의지는 여전하였다. 1899년의 「대한전도」와 1908년 『증보문헌비고』 등은 여전히 울릉도의 부속 도서로서 우산도를 언급하고 있다(홍성근 2019 발췌 인용).

독도가 한국 영토였다는 주장의 핵심 근거라고 할 수 있는 일본의 태정관문서에 대한 언급이 이 책(『반일 종족주의』)에 전혀 없는 것은 납득할 수 없습니다(이선민 2019).

12.

우산도의 소멸

———— 이영훈

이규원의 울릉도 검찰

1882년 조선왕조는 인구를 들여보내 울릉도를 개척하기 시작합니다. 이미 일본인을 포함하여 약 200명의 사람이 울릉도 이곳저곳에서 살고 있었습니다. 울릉도에 들어온 지 10년이 넘은 조선인도 있었습니다. 고종은 이규원李奎遠을 울릉도 검찰사로 파견합니다. 그때 두 사람이 나눈 대화가 전합니다. 그에 대해선 『반일 종족주의』의 「독도, 반일 종족주의의 최고 상징」에서 소개한 적이 있습니다만, 반복하겠습니다. 고종은 이규원에게 "송도, 죽도, 우산도가 울릉도 근방에 있는데 그 거리가 얼마인지 살펴라"라고 명합니다. 그러자 이규원이 "우산도는 울릉도이며, 우산은 옛 국도의 이름입니다"라고 대답합니다. 고종은 다시 역대 지리서를 언급하면서 "혹은 송도, 죽도, 우산도 세 섬을 통칭하여 울릉도라고 하니 그 형편을 검찰하라"고 지시하였습니다.

이처럼 고종의 울릉도 이해는 혼란스럽기 짝이 없습니다. 17세기 이후에 형성된 여러 갈래의 울릉도 정보가 무질서하게 엉켜 있는 상태입니다. 반면 이규원의 입장은 확고하였습니다. 그는 '울릉도=우산도'의 1도설을 신봉하였습니다. 이후 울릉도 검찰을 수행하고 돌아온 이규원은 「울릉도외도鬱陵島外圖」와 「울릉도내도鬱陵島內圖」라는 두 지도를 고종에게 바쳤습니다. 섬의 해안과 바다를 그린 것이 「울릉도외도」입니다. 그 지도에서 이규원은 역대 수토관이 '소위 우산도' 또는 '우산도'라 했던 그 섬에 '죽도竹島'라는 이름을 붙였습니다. 해변에 길게 대나무가 자란다는 그 섬이 언제부터 '죽도'로 불렸는지는 확실치 않습니다만, 이미 울릉도에 들어와 살고 있는 사람들 사이에선 꽤 일반화된 상태였다고 짐작됩니다. 이규원은 그것을 청취하여 기록하였습니다. 그가 그린 또 하나의 섬이 있는데 울릉도 북동에 붙은 '도항島項(섬목)'입니다. 그 역시 주민들로부터 청취한 것이겠지요. 그 외엔 울릉도에 부속한 섬이 없습니다.

왕명을 의식한 이규원은 어느 맑은 날 높은 곳에 올라 먼 바다를 살폈지만, 어떠한 섬도 관측하지 못하였습니다. 앞장에서 소개한 대로 울릉도에서 독도를 관측할 확률은 시간 기준으로는 1% 미만입니다. 관측 장소의 고도와 기상조건이 구비되어야 누릴 수 있는 특별한 행운입니다. 이규원을 안내한 현지 주민도 그에 대해선 알지 못했던 것 같습니다. 흔히들 이규원의 검찰 기록에서 우산도(독도)에 관한 언급이 없음을 아쉽게 여깁니다만, 저의 생각은 다릅니다. 그것은 환상이 깨지고 원래의 1도설이 회복되는 가운데 실재한 죽도가 전면으로 부각하는 진보적 사건이었습니다.

「대한전도」와 『대한지지』

그렇지만 400년 이상을 이어온 환상이 쉽게 사라질 리는 없습니다. 지도12-1은 1899년 12월 15일 대한제국의 학부 편집국이 간행한 「대한전도大韓全圖」입니다. 세계 표준의 위도와 경도를 표시한 최초의 지도라고 알려져 있지요. 여기서 우산도는 울릉도 동북에 붙은 조그만 섬으로 나옵니다. 곧 죽도입니다. 이것을 두고 동남 해상 87킬로미터의 독도라고 우겨서는 곤란합니다. 앞장에서 소개한 대로 1711년의 「울릉도도형」을 비롯하여 역대 수토관이 그린 울릉도지도에서 '소위우산도' 또는 '우산도'는 후대의 죽도 그것이었습니다. 학부 편집국은 그 같은 역대 수토관의 울릉도지도를 「대한전도」에 삽입하였습니다. 그들은 1882년 이규원이 그린 「울릉도외도」를 알지 못했던 것 같습니다. 알았더라면 더 이상 '우산'이라 하지 않고 '죽도'라고 하였을 겁니다. 어쨌든 오랜 세월 여기저기 떠돈 환상의 섬 우

지도12-1 대한전도(1899)

산은 19세기 말에 이르러 죽도를 그의 마지막 정착지로 하였습니다.

당시 학부 편집국의 국장은 이규환李圭桓이었습니다. 그의 휘하엔 한국의 근대 역사학과 지리학을 개척한 인물로 평가되는 현채玄采가 있었습니다. 이 두 사람이 「대한전도」의 제작을 주도했다고 보입니다. 지도의 간행과 때를 같이 하여 동년 12월 25일 현채가 『대한지지 大韓地誌』라는 지리서를 편찬하였습니다. 기기에 기존의 독도 논쟁을 무용지물로 만들 결정적 정보가 들어 있습니다. 현채는 대한제국의 위치를 세계 표준의 위도와 경도로써 다음과 같이 설명하였습니다. "우리 대한국大韓國의 위치는 (중략) 북위 33도 15분에서 42도 25분에 이르고 동경 124도 30분에 130도 35분에 이른다." 즉 대한제국의 동단東端은 동경 130도 35분이었습니다.

현채가 이 정보를 얻은 것은 일본에서 출간된 조선 관계 지리서였다고 보입니다. 예컨대 고마쓰 스스무小松運가 1887년에 편찬한 『조선팔도지朝鮮八道誌』에 동일한 기술이 있습니다. 이후 일본에서 편찬된 여러 지리서도 동일한 정보를 전하고 있습니다. 현채는 그 같은 일본으로부터의 정보를 그대로 수용하였습니다. 이후 한반도의 동단에 관한 인식은 더욱 정밀해져 동경 130도 56분 23초로 수정됩니다. 1947년 최남선崔南善은 그의 『조선상식문답朝鮮常識問答』에서 조선의 '극동極東'은 동경 130도 56분 23초로서 '경상북도 울릉도 죽도'라고 밝혔습니다. 그런데 1905년 1월 일본 정부가 자국의 영토로 편입하면서 밝힌 독도의 경도는 동경 131도 55분이었습니다. 최남선이 밝힌 죽도의 경도와 대략 1도의 차이가 있습니다. 죽도와 독도가 놓인 북위 37도에서 경도 1도의 차이는 85킬로미터입니다. 이는 죽도와 독도 간의 실거리와 거의 일치합니다. 이 사실은 현채가 지적한 한반도의 동단이 독도가 아니었음을 확인해 주고 있습니다.

요컨대 현채는 독도의 존재를 알지 못했으며, 혹 알았더라도 그것을 대한제국의 판도 밖이라고 간주하였습니다. 저는 『반일 종족주의』의 출간 이후 이상과 같은 한반도 동단에 관한 정보를 알게 되었습니다. 자료를 뒤지니 이미 1950년대에 독도 영유권을 둘러싸고 벌인 논쟁에서 일본 정부가 한국 정부에 제시한 정보의 하나이더군요. 이 중요한 정보를 그간 한국의 연구자들은 알지 못했습니까? 아니면 고의로 숨겨왔습니까?

석도

1900년 10월 대한제국은 칙령 41호를 반포하여 울릉도를 울도군으로 승격하였습니다. 부속 도서로서는 죽도竹島와 석도石島라는 두 섬이 지정되었습니다. 지도12-2는 1916년에 제작된 울릉도 지도입니다. 울릉도 동북에 두 섬이 있으니 죽도와 관음도觀音島입니다. 저는 칙령 41호의 석도를 관음도라고 생각합니다. 섬의 수가 같아서 그렇게 추론함이 자연스럽습니다. 원래 조그만 섬의 이름은 생겼다가 잊히는 등 변화를 거듭합니다. 1900년 대한제국의 관리가 붙인 '석도'란 명칭은 오래 가지 못하였습니다. 1910년대 이후면 어느 기록에도 나타나지 않습니다. 그 대신 울릉도 현지에서 자생한 관음도란 명칭이 1916년에 채집되어 지도에 명기되었다고 하겠습니다. 그

지도12-2 울릉도, 죽도, 관음도(1916)

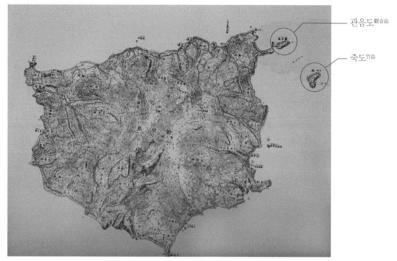

관음도觀音島

죽도竹島

자료: 조선총독부(1916), 『근세한국 5만분지 1 지형도』.

석도를 두고 한국 정부와 연구자는 독도라고 주장합니다. 그에 대해
서는 다음 장에서 자세하게 논박하도록 하겠습니다.

여기서 제가 독도 연구자들에게 던지는 질문은 다음과 같습니다. "당
신들은 역대 지리서와 지도에 나타난 우산도를 독도라고 믿어 의심치
않았다. 그 우산도가 1900년에 갑자기 석도라는 엉뚱한 이름으로 불리
게 되었다. 그 이유는 무엇인가? 그 10개월 전에 간행된 「대한전도」에
도 우산도가 있지 않았던가? 저 유서 깊은 우산도 칭이 석도 칭으로 바
뀐 이유는 무엇인가?" 독도 고유영토설의 신봉자들은 이 질문에 답변
하지 않으면 안 됩니다. 어물쩍 넘어가도 좋을 문제가 아닙니다.

저의 답변이 어떠할지는 앞장에 이어 지금까지 읽으신 독자라면 쉽게 짐작할 수 있을 겁니다. 1882년 울릉도검찰사 이규원은 우산 도의 실재를 부정하였습니다. 1899년 현채는 우산도란 울릉도 동북 의 작은 섬, 곧 죽도라는 역대 수토관의 입장을 계승하였습니다. 현 채는 죽도를 경계로 한 바깥 바다에 대한제국의 영토로서 어떤 섬이 있다고 생각하지 않았습니다. 1900년 울릉도를 군으로 승격하기 위 해 울릉도를 답사한 대한제국의 관리는 울릉도에 부속한 두 섬 중 하나에다 검찰사 이규원의 선례에 따라 '죽도'라는 이름을 붙였습니 다. 나머지 하나, 울릉도 북동 끝에 붙은 아주 조그만 섬에 대해선, 주민들로부터 자세한 사정을 청취도 하지 않은 채, '석도'라는 섬 이 름으로선 진부한 이름을 붙였을 뿐입니다. 저는 저간의 경위를 그렇 게 짐작합니다. 그 관리는 그가 임의로 붙인 석도 칭이 후대의 한국 인에 의해 동남 87킬로미터 해상에 놓인 어떤 섬에 대한 영유권의 중요 근거로 받들어질 줄은 상상도 하지 못했을 겁니다.

'양고' 소동

대한제국이 울릉도를 죽도 및 석도와 함께 울도군으로 승격한 지 6개월 뒤 1901년 4월 일본에서는 조그만 소동이 일었습니다. 도쿄東 京의 각 신문이 일본해에서 미지의 섬 하나를 발견했다고 보도한 것입니다. 기사의 내용은 다음과 같습니다.

한국 울릉도에서 동남 30리 해상에, 일본 오키隱岐섬에서 거의 같은 거리의 해상에, 아직 세인에 알려지지 않은 한 섬이 발견되었다. 일본 지도에도 영국 지도에도 올라 있지 않은 섬이다. <u>울릉도에 사는 일본인은 맑은 날 산의 높은 곳에서 동남을 보면 아련히 섬의 모습을 볼 수 있다고 한다.</u> 실은 1, 2년 전 규슈九州의 어느 잠수기를 갖춘 어선이 어족을 찾으러 바다로 나왔다가 익숙하지 않은 곳에서 섬 하나를 발견하고 이를 근거지로 삼아 주변 바다를 탐사하였다. 그 결과 주변 바다에 어족이 매우 풍부함을 알았으나 해마海馬 수백 마리의 방해를 받아 목적을 이루지 못하고 돌아왔다. 섬은 크기는 30정보, 구릉이 매우 높으나 해변의 굴곡이 많아 어선을 정박하고 풍랑을 피하기에는 편리하다. 그렇지만 땅을 파도 물을 얻을 수 없어서 수산물 제조장으로서의 가치는 적다. <u>일본과 한국의 어민은 이를 가리켜 양코라고 부른다고 한다.</u> 이상의 정보에 의거할 때 아직 해도에 올라 있지 않다고 하나 1849년 프랑스의 배가 발견한 리앙쿠르트 섬이 아닌가 싶다. 확실한 단정은 자세한 보고를 얻은 후에야 가능할 것이다(밑줄 필자).

기사의 내용, 특히 밑줄 부분을 볼 때, 독도에 관한 보도임을 쉽게 알 수 있습니다. 세인들은 지도에도 없는 미지의 섬이 발견되었다고 소동을 벌였지만, 실은 1849년 프랑스의 배가 발견하여 '리앙쿠르트'라고 이름 붙인 그 섬으로 추측된다고 하였습니다. 한국인과 일본인은 이 섬을 공히 '양코'라고 부른다는 사실에도 주목할 필요가 있습니다. 그런데 1901년 4월 1일 서울의『제국신문』도 다음과 같은 기사를 실었습니다.

> 울릉도 동남 30리 해중에 양고라 하는 섬을 일본에서 얻었는데, 그 섬은 천하지도에 오르지 아니하였고, 소산은 어물인데, 바다 속의 말海馬이 제일 많아 어부들을 많이 상한다더라(『제국신문』 1901년 4월 1일).

기사의 내용은 위의 일본발 기사와 동일합니다. 일본이 양고를 얻었다 함은 오보입니다. 일본이 독도를 자국의 영토로 편입하는 것은 1905년 1월이기 때문입니다. 이 기사는 지금의 독도 논쟁과 관련하여 무엇을 시사하고 있습니까? 당시 대한제국의 정부나 민간은 울릉도 동남 30리 해중의 섬에 대해 어떠한 정보도 갖고 있지 않았다는 사실 바로 그것입니다. 여기서 동남 30리는 일본 신문의 기사를 그대로 인용한 것이어서 120킬로미터를 의미합니다. 정확하지는 않지만 그만한 거리의 섬이라곤 독도밖에 없습니다. 역대의 조선왕조가 영유의식을 가져온 섬이라면 모를 리 없는 섬입니다. 그렇지만『제국신문』은 이웃 나라의 소동을 남의 일처럼 태연하게 보도하였습니다. 나아가 보도를 접한 대한제국의 정부는 아무런 대응도 하지 않았습니다. "아 그 섬, 우리나라 땅 우산도가 아닌가"라면서 일본 정부에 관련 사실을 조회해야 마땅하였습니다. 일본 신문이 지적하듯이 울릉도의 조선인들은 그 섬을 알고 있었습니다. 일본인과 마찬가지로 그 섬을 '양코'라고 칭하였습니다. '양코'나 '양고'나 같은 이름입니다. 그럼에도 울도군이나 중앙정부는 하등의 관심을 표하지 않았습니다. 이 사건 역시 1901년까지도 대한제국이 독도의 객관적 소재를 인지하지 못했음을 증빙하고 있습니다.

『증보문헌비고』

1905년 1월 일본 정부는 독도를 그의 영토로 편입하였습니다. 이 사건과 그에 대한 대한제국의 대응이 어떠했는지에 관해서는 다음 장에서 살피겠습니다. 여기서는 1905년 이후 환상의 섬 우산도가 한국인의 뇌리에서 사라져가는 마지막 국면을 소개하겠습니다. 1908년 대한제국은 『증보문헌비고』를 편찬하였습니다. 1770년에 편찬된 『동국문헌비고』의 마지막 증보판입니다. 앞장에서 소개한 바 있습니다만, 워낙 중요한 기사라서 다시 인용하겠습니다.

> 우산도와 울릉도. 울진현 동쪽 350리에 있다. 鬱은 蔚로도 芋로도 羽로도 武로도 쓴다. 두 섬을 합하면 芋山이다. (續) 지금의 울도군이다.

'(續)' 이전이 『동국문헌비고』의 기술이며, 그 이하가 1908년 『증보문헌비고』에서 추가된 기술입니다. 우산도와 울릉도 두 섬이 지금은 울도군이 되었다는 겁니다. 그런데 독도는 분명히 1905년에 일본에 빼앗겼습니다. 대한제국의 고위 관료들은 그 사실을 알고 있었습니다. 그럼에도 위와 같이 우산도를 여전히 대한제국의 영토로 간주하고 있었습니다. 그렇다면 우산도는 독도일 수가 없지요. 대한제국의 위정자들은 우산도를 일본에 빼앗겼다고 생각하지 않았습니다. 왜 그랬을까요? 1899년의 「대한전도」에서처럼 우산도를 죽도로 간주했을 수도 있습니다. 아니면 여전히 울진현 동해 300리(120킬로미터)에 울릉도와 함께 놓인 어느 섬이라는 환상을 품었을 수 있습니다. 그 어느 쪽이든 『증보문헌비고』는 우산도가 독도일 수 없음을 더없이 명확하게 증명하고 있습니다. 그럼에도 홍성근을 비롯한 독도 고유영토설의 신봉자들은 우산도에 관한 기술이 1908년의 『증보문헌비고』까지 이어지고 있으니 어찌 그것을 두고 독도(우산도)에 대한 조선왕조의 강인한 집착을 반영하는 현상이라고 아니할 수 있겠느냐고 강변합니다. 이성적 추론의 한 고리가 끊어져 나간, 논박하기엔 너무 슬픈, 치기의 표출일 뿐입니다.

울릉도 주민의 우산도 탐사

1913년 6월 22일자 『매일신보』에 우산도에 관한 다음과 같은 기사가 실렸습니다.

> 울도군 서면에 사는 김원준金元俊은 울도 동북 40~50리 거리에 우산도
> 라는 무인도가 있다고 하여 이를 발견하여 단체로 이주할 계획으로 찬
> 성자를 모집하는데, 그 비용은 매 인당 약 100원이고, 이로써 범선을
> 빌려서 탐색하기로 결정하니 찬성자가 30명에 달하였다. 그런데 우산
> 도는 그 실재 여부가 수수께끼로서 십수 년 전에도 조선인이 공동으로
> 탐색했으나 발견하지 못하였을 뿐 아니라, 그사이 배의 항해가 빈번해
> 졌음에도 그 실재가 확인된 바가 없으며, 또한 해도海圖에 나와 있지 않
> 아서, 설령 존재한다고 해도 발견하기가 용이하지 않고, 오히려 헛된 비
> 용만 소비함에 불과하여 이를 중지하였다고 한다.

앞장에서 소개한 바입니다만, 15세기 중엽에 성립한 우산도 환상
은 18세기에 이르면 사람이 살만한 넓고 비옥한 섬이라는 환상으로
발전하였습니다. 그 환상이 20세기 초까지 조선 민중의 뇌리에 깊숙
이 박혀 있음을 위의 신문 기사가 잘 전하고 있습니다. 울릉도 주민
들은 동북 해상 40~50리(16~20킬로미터)에 우산도가 있는데, 이를 발
견하여 단체로 이주할 계획을 세웠습니다. 십수 년 전에도 탐색대가
조직된 적이 있다고 합니다.

그런데 이 우산도가 독도라고요? 위 기사는 울릉도 주민이 맑은
날 아침 수평선 위로 떠오르는 그 섬을 우산도로 간주하지 않았음을

더없이 명확하게 이야기해 주고 있습니다. 우산도는 결국 환상의 섬이었습니다. 1910년대의 울릉도 주민 사회는 몇 차례 탐사 시도 끝에 드디어 그 환상의 미몽에서 벗어났습니다. 그런데 100년이 지난 지금도 그런 환상을 품고 있는 사람들이 많습니다. 우산도=독도를 믿어 의심치 않는 연구자들이 그 대표적인 군상입니다.

태정관문서에 대하여

우산도는 환상의 섬이었다는 저의 이전 글에 대해 여러 연구자는 더없이 격한 분노를 터뜨렸습니다. 저에게 1877년 3월 일본 정부가 공포한 태정관문서太政官文書에 대해선 왜 언급하지 않느냐고 따졌습니다. "그것도 모르는 주제에 감히 독도 고유영토설을 부정해"라는 식이었습니다. 이제 그에 대해 답변하겠습니다. 1873년 일본 정부는 전국의 토지를 측량하고 지적地籍을 작성하는 사업을 개시하였습니다. 1876년 내무성 지리료地理寮의 관리들은 일본해 속의 다케시마竹島(울릉도)가 혹 측량의 대상이 되지 않는지를 시마네島根현 지사에게 조회하였습니다. 그에 대해 시마네현은 다케시마와 도중 항로에 있는 마쓰시마(독도) 두 섬을 지적에 편제하기를 희망하는 내용의 보고를 올립니다. 1877년 내무성은 시마네현의 보고와 자체조사를 부속문서로 첨부하여 "1699년 막부의 처분으로 다케시마는 일본과 관계

없는 것으로 듣고 있으나 판도의 취사取捨는 중대한 사건이기 때문에 만약의 경우를 대비해 이 건을 문의한다"면서 최고 관부인 태정관의 의견을 구하였습니다. 내무성의 상신을 받은 태정관의 우대신 등 주요 막료는 "서면과 같이 다케시마와 그 외의 한 섬은 일본과 관계없다"는 결정을 내리고 이를 태정관의 이름으로 내무성에 통보하였습니다. 그것이 이른바 태정관문서입니다.

그런데 과연 이 문서는 우리 정부가 국제사회에 내세울 독도 고유 영토설의 근거가 될 수 있을까요? 당시 독도의 영유 주체와 관련해서는 다음의 세 가지 가설을 상정할 수 있습니다. 첫째, 독도는 조선왕조의 영토이다. 둘째, 독도는 일본의 영토이다. 셋째, 독도는 어느 쪽에도 속하지 않은 무인도이다. 국가 간의 경계가 선으로 명확하게 그어져 있지 않은 전근대 국제사회에서 셋째의 가설을 무시해서는 곤란합니다. 태정관문서는 1877년 당시 독도에 대한 일본 정부의 입장을 대변하고 있습니다. 일본이 보기에 독도는 조선왕조가 그것의 객관적 소재를 인지하는 가운데 그것을 자국의 영토로 영유하는 체제를 성립시키고 유지하는 섬이었습니다. 독도가 일본의 오키섬보다 조선의 울릉도에 보다 가깝기 때문에 그 점은 당연하게 받아들여졌습니다.

그렇다고 태정관문서가 첫째 가설을 지지하는 것은 아닙니다. 셋째 가설이 검토의 과제로 남아있기 때문입니다. 첫째 가설은 다른 누구도 아닌 조선왕조에 의해 직접 입증되어야 합니다. 독도의 객관적 위치, 형태, 크기를 인지하고 관리를 파견하여 그것을 지배하는 체제가 전제될 때 독도는 비로소 조선왕조의 영토가 되는 겁니다. 그렇지만 지금까지 서술해 온 대로 조선왕조는 독도의 객관적 존재를 알지 못했으며, 그에 대한 지배체제를 성립시킨 적도 없습니다. 다시 말해 태정관문서는 이후 언젠가 조선왕조가 독도를 영유하고 있지 않음을 일본의 관민이 인지할 때 일본 정부의 독도에 관한 입장이 달라질 가능성을 배척하지 않습니다. 실제로 그러한 일이 28년 뒤 1905년에 벌어졌음은 다음 장에서 설명하는 그대로입니다. 바로 이 점을 무시하였음에 태정관문서에 관한 기왕의 한국 측 이해에 큰 맹점이 있었다고 저는 생각합니다.

태정관문서 당시 일본의 다케시마(울릉도)와 마쓰시마(독도) 이해가 어떠한 상태였는지, 이후 어떠한 변화가 있었는지에 관한 일본 측의 연구 성과를 여기서 소개하지는 않겠습니다. 요약하자면 일본의 다케시마·마쓰시마 인식은 불투명한 가운데 유동하였습니다. 19세기 중반 이후 섬 명칭에 혼동이 생겨 다케시마가 울릉도 북서에 위치한 실재하지 않는 섬을, 마쓰시마가 울릉도를 가리키게 되었습니다. 나아가 언제부턴가 독도를 '리얀코' 또는 '양코'로 부르기 시작하였습니다. 독도의 위치에 관한 정보도 정확하지 않았습니다. 일본 해군이 해도를 명확히 그려 독도의 위치를 확정하는 것은 1880년대 중반의 일입니다. 그럼에도 일본의 민간은 그에 대해 알지 못했습니다. 앞서 소개했듯이 1901년 해도에 없는 미지의 섬을 발견했다는 소동이 인 것이 그 좋은 예입니다. 1901년의 일본 정부와 민간은 그들이 '양코'라고 부르는 일본해 상의 섬이 한국의 영토에 속할지도 모른다고 막연히 생각하였을 뿐입니다.

다시 말해 태정관문서는 조선왕조에 수교된 외교문서도 아니거니와 일본 정부를 구속하는 최종적 결정도 아니었습니다. 두 섬의 명칭과 위치에 관한 혼란 속에서 내려진 경과직 결정에 불과하였습니다. 한국 정부가 그런 문서에 근거하여 국제사회를 설득할 수는 없습니다. 오히려 웃음거리만 되겠지요. 우리의 독도 고유영토설 신봉자들은 조금만 깊이 생각하면 금방 알아차릴 수 있는 이 같은 논리적 모순에 왜 그토록 태연한 것일까요? 저는 요사이도 한국의 연구자가 일본의 어느 도서관에서 독도가 조선의 영토임을 표시한 일본의 고지도를 찾아내곤 독도 고유영토설의 근거를 발견했다고 언론을 통해 대대적으로 홍보하는 현상이 반복되고 있음을 보면서 그런 의문을 품곤 합니다.

참고문헌

유미림(2013), 『우리 사료 속의 독도와 울릉도』, 지식산업사.
유미림·최은석(2010), 『근대 일본의 지리서에 나타난 울릉도·독도의 인식』, 한국해양수산개발원.
이선민(2019), 「국사학도 기자가 이영훈 교수에게 묻다」, 『주간조선』, 2019년 8월 26일자.
이성환(2016), 「태정관과 '태정관지령'은 무엇인가 ─독도문제와 관련하여─」, 『독도연구』, 20.
이영훈(2019), 「독도, 반일종족주의의 최고 상징」, 『반일 종족주의』, 미래사.
홍성근(2019), 「이영훈의 '독도'를 반박한다」, 『주간조선』, 2019년 10월 14일자.
池内敏(2014), 『竹島問題とは何か』, 名古屋大学出版会.

── **반일 종족주의자 주장하길** ──

1960년대까지도 울릉도 주민은 독도를 '독섬'이라고 불렀다. 일제 강점기에도 조선인은 독도를 '독섬'이라고 불렀다. 1947년 방종현 교수는 '독도' 또는 '독섬'이 '석도(돌섬)'라는 뜻에서 유래한 것이 아닐까 했다. 전라도 등 지방 방언에 의하면 '돌'을 '독"이라 하기 때문이다(홍성근 2019 발췌 인용).

1906년 3월 울도군수와 강원도관찰사로부터 일본의 독도 침탈을 보고받은 대한제국 정부는 즉각 항의문서를 작성했습니다. 하지만 을사조약으로 1906년 1월부터 일제 통감부가 한국 정부의 외교권을 행사하고 있었기 때문에 외교문서로 발송되지는 못했습니다(이선민 2019).

13

석도 = 독도설은 억지

———— 이영훈

칙령 41호

주지하듯이 1900년 10월 대한제국은 칙령41호를 발하여 기존의
울릉도를 울도군鬱島郡으로 승격하였습니다. 그러면서 부속 섬으로
서 죽도竹島와 석도石島를 지정하였습니다. 이 석도를 두고 한국 정부
와 연구자들은 독도라고 주장하고 있습니다. 그에 대해서는 앞장에
서 저의 의문을 피력하였습니다. 당시 대한제국의 내부內部는 울릉도
의 승격을 청하면서 의정부議政府에 울릉도의 사정을 다음과 같이 보
고하였습니다.

울릉도는 종縱이 80리, 횡橫이 50리이다. 토지가 비옥하고 인구가 번식

하여 농지 1만 두락斗落에 연간 수확이 감자 2만 포匏, 보리 2만 포, 밀이 5천 포이다. 비록 육지의 산군山郡에 미치지 못하지만 큰 차이가 없다. 근래에 외국인이 왕래하여 교역의 이익이 있다.

종과 횡이 무엇을 뜻하는지는 확실하지 않습니다. 남북과 동서의 거리라고 해석하면 울릉도의 실제 크기와 차이가 너무 큽니다. 저는 종과 횡의 합 130리(52킬로미터)가 울릉도의 실제 둘레인 40킬로미터와 그리 동떨어지지 않아 울릉도의 둘레를 그렇게 애매하게 표현했다고 생각합니다. 죽도와 석도란 두 섬이 부속했지만, 크기가 하찮고 울릉도에 붙어 있어 굳이 별도로 둘레를 표시할 필요가 없었습니다. 울릉도의 크기와 범위가 이같이 제시되었을진대, 그 속에 동남 해상 87킬로미터의 독도가 포함되지 않음은, 아니 포함될 수가 없음은, 굳이 논변할 필요조차 없는 상식이라고 하겠습니다. 앞장에서 소개했습니다만, 그 1년 전 학부 편집국의 현채가 그린 「대한전도」에 독도가 없는 사실, 그가 편집한 『대한지지』에서 대한제국의 동단이 울릉도로 지정된 사실, 그 1년 후 『제국신문』이 보도한 일본에서의 '양고' 소동 모두는 1900년 당시의 한국인이 독도의 객관적 존재를 알지 못했음을 명확히 증명하고 있습니다. 위와 같은 내부의 보고에 나타난 울도군의 범위도 마찬가지라고 하겠습니다.

일본의 독도 편입

당시 울릉도의 인구는 1,400여 명이었습니다. 한국인이 1,000명, 일본인이 400명이었습니다. 한국인의 주요 생업은 농업이었습니다. 울도군에 대한 대한제국의 기본 관심도 농업국가의 그것이었습니다. 대한제국의 내부가 감자, 보리, 밀의 연간 생산량을 소상하게 보고한 것은 그 때문이었습니다. 일본인의 주업은 어업이었습니다. 일본 어민은 울릉도와 독도에서 전복과 미역을 채취하여 부산항으로 출하하였습니다. 조선인도 어업에 종사했는데, 독자의 어선이 없었기에 주로 일본인에 고용된 형태였습니다. 1903년부터는 독도에 풍부하게 서식하는 강치잡이가 수지맞는 어업으로 부상하였습니다. 그 강치잡이가 일본이 독도를 자국의 영토로 편입하는 계기였습니다.

사건의 발단은 일본 시마네현 오키섬의 어부 나가이 요사부로^{中井養}^{三郎}에 의해 제공되었습니다. 1903년 6월 그는 거금을 들여 독도에 강치잡이 시설을 하였습니다. 그런데 일본 어민과의 경쟁이 너무 심하여 수지를 맞출 수 없었으며, 그대로 방치하다간 강치 자원마저 고갈될 형편이었습니다. 당시 그는 독도를 대한제국의 소속이라고 믿었습니다. 그는 대한제국 정부에 독도 강치잡이의 특허를 신청코자 했습니다. 그럴 계획으로 도쿄로 올라와 농상무성의 어느 관료와 상의하였습니다. 그의 소개로 농상무성 수산국장과도 면회를 하였습니다. 나아가 그들의 소개로 해군의 수로부장과도 면회를 하였습니다.

이들 일본의 고위 관료들은 당시 일본이 '리앙코' 또는 '양코'라고 부르는 그 섬이 과연 대한제국의 영토인지가 확실하지 않다고 조언을 합니다. 이에 나가이는 대한제국에 특허를 청원할 당초의 계획을 접고 1년 뒤 1904년 9월 일본 농상무성에 강치잡이 특허를 출원하는 한편, 일본 내무성, 외무성, 농상무성에 리앙코의 영토 편입을 청원합니다. 내무성은 "(러시아와 전쟁을 하는) 이 시국에 한국의 영토일 가능성이 있는 작고 황량한 암초 하나를 영토로 삼아 국제사회로 하여금 일본이 한국을 병합할 야욕을 가지고 있다는 의혹을 불러일으키는 것은 이익이 극히 적은 반면 (앞으로 벌어질) 상황은 결코 쉽지 않다"면서 반대 의견을 냅니다만, 외무성과 농상무성은 적극 찬성하였습니다.

나가이의 행동에서 보듯이 당시까지 일본 정부나 민간은 독도를 대한제국의 소속으로 간주하였습니다. 그런데 그들은 언제부턴가 그것이 사실이 아님을 의심하기 시작하였습니다. 울릉도에 거주하는 400여 명의 일본인부터가 그러하였을 겁니다. 나가이가 재차 울릉도에 들러 울도군의 군수, 관리, 주민이 과연 그 섬을 자국의 영토로 의식하는지, 그에 상응하는 영유체제를 성립시키고 있는지를 확인하기는 별로 어렵지 않았을 겁니다. 그의 결론은 지금까지 설명해 온 그대로입니다. 울도군의 관리나 주민은, 나아가 대한제국의 중앙 정부는 독도의 객관적 존재를 인지하지 못했으며, 상응하는 영유체제를 성립시킨 적도 없습니다.

이러한 전후 사정의 결말로서 1905년 1월 일본 내각은 독도를 자국의 영토로 편입하는 결정을 내렸습니다. 그러면서 제시한 사유는 다음과 같습니다.

> 북위 37도 9분 30초, 동경 131도 55분, 오키섬隱岐島으로부터 85해리에 있는 섬은 타국에 의해 점령된 사실이 없는 무인도로서 1903년 이래 본국인 나가이 사부로가 어사漁舍를 설치하고 인부를 파견하여 강치잡이를 시작하였다. 나가이가 이 섬의 영토 편입과 대하貸下를 출원하였기에 섬의 이름을 다케시마竹島로 정하고 시마네현 소속 오키도사隱岐島司의 소관으로 한다.

한국 정부와 연구자가 이를 반박하기 위해서는 1905년 이전에 조선왕조나 조선인이 그 섬을 점령하고 이용한 자취를 제시해야 합니다. 유감스럽게도 저는 그에 관해 알지 못합니다. 열심히 기존의 자료를 뒤지고 연구를 섭렵했지만, 그러한 자취를 찾을 수 없군요. 그것이 한 사람의 연구자로서 저의 솔직한 고백입니다.

독도의 대두

'독도'라는 명칭의 섬이 문헌 기록에서 처음 확인되는 것은 1904년 9월 25일 일본 해군함 니이다카新高의 『행동일지行動日誌』에서입니다. 동 일지는 "리안코르드 바위를 실제로 본 일본인으로부터 청취한 정보"라 하면서 "한국인은 이를 獨島라고 쓴다"고 했습니다. '독도'가 다시 문헌 기록에 등장하는 것은 1906년 4월의 일입니다. 동년 4월 4일 일본 시마네현 오키섬 도사島司 일행이 울릉도를 찾아와 독도가 일본령에 편입되었음을 알린 다음, 울릉도의 인구와 산업에 관해 묻고 돌아갔습니다. 이에 울도군수 심흥택沈興澤이 강원도관찰사 이명래李明來에게 "본군에 소속한 獨島가 바깥 바다 100여 리에 있는데, 지금 일본의 영토가 되었다고 합니다"라는 보고를 올렸습니다. 이렇게 1904~1906년이면 울릉도의 한국인들은 맑은 날 아침이면 동쪽 바다 수평선 위로 떠오르는 그 섬을 '獨島'라고 부르고 쓰기 시작했던 것입니다.

이 독도와 1900년 대한제국이 울릉도를 울도군으로 승격하면서 부속 섬으로 지정한 석도와는 어떠한 관련이 있을까요? 우리 정부와 연구자는 한결같이 주장합니다. 석도가 곧 독도라고 말입니다. 19세기까지는 우산도라 했는데, 그것이 석도로 나아가 독도로 이름을 바꾸었다는 겁니다. 우산도=석도=독도 설은 우리 정부와 연구자가 내세우는 독도 고유영토설의 중추 학설입니다. 우산도가 석도나 독도가 될 수 없음은 앞장에서 충분히 논증하였습니다. 여기서는 석도=독도 설을 검토하겠습니다.

1900년경 '돌섬'으로 불렸다는 주장은 억측

우리 정부와 연구자들이 펼치는 논리는 서두에서 소개한 그대로입니다. 동북아연구재단의 홍성근 위원이 『반일 종족주의』에 실린 저의 글을 비판하면서 펼친 논리입니다. 홍성근만이 아니라 한국사 교과서에서까지 널리 소개되어 있는, 한국인이면 모를 리 없는, 통설이기도 합니다. 간략히 소개하면 다음과 같습니다. 1880년대부터 울릉도에 들어온 조선인은 독도를 '돌섬'이라는 소리명칭으로 불렀다. 그것을 한자로 된 문자명칭으로 표기하니 1900년의 '石島'였다. 당시 울릉도에 입주한 사람들의 다수는 전라도 출신이었다. 전라도 방언에서 '돌'은 '독'으로 불린다. 이에 '石島'는 '독섬'이란 소리명칭으로 불리기도 했는데, 1904년 그것을 다시 한자로 된 문자명칭으로 표기하니 '獨島'가 되었다는 겁니다.

저는 이를 두고 『반일 종족주의』에서 너무 궁색한 논리의 중첩이어서 참담하다고까지 했습니다. 우선 1900년을 전후한 시기의 울릉도 주민이 독도를 '돌섬'으로 불렀다는 주장에는 하등의 근거가 없습니다. 울릉도가 고향인 홍성근은 1960년대까지도 울릉도의 노인들은 독도를 '독섬'으로 불렀다고 합니다만, 1900년 전후의 사정을 전하는 증언이라 할 수 없습니다. 그것은 獨島라는 섬 명칭이 대두한 이후의 사정을 전할 뿐입니다. 獨島가 '독섬'이란 소리 명칭으로 불리는 것은 여반장如反掌이라고 하겠습니다. 1960년대에 『조선일보』의 어느 기자가 울릉도의 고로古老로부터 1900년 전후에 독도를 '돌섬'으로 불렀다는 증언을 청취했다고 주장한 적이 있습니다만, 세밀한 검토 끝에 그역시 한참 뒤의 사정을 전할 뿐인 것으로 판명되었습니다.

반면 1900년 전후의 울릉도 주민이 독도를 일본인과 마찬가지로 '리얀코' 내지 '양코'라고 불렀다는 기록은 둘이나 됩니다. 앞장에서 소개한 바인데, 1901년 『제국신문』이 보도한 '양고' 소동이 그 한 가지 예입니다. 기사의 원자료를 추적하면 『지학잡지地學雜誌』란 잡지에 실린 「일본해 중의 한 섬(양코)」이란 글인데, "일본과 한국 어민, 이를 가리켜 양코라 한다"고 했습니다. 1902년에 출간된 어느 잡지에 실린 「명치35년(1902)울릉도상황」에서도 동일한 정보를 확인할 수 있습니다. "울릉도 동쪽 50해리에 작은 섬이 있는데 리양코섬이라 하며, 일본인은 이를 마쓰시마라고 칭한다"고 했는데, 전후 문맥에서 리양코라고 부른 쪽이 한국인임을 알 수 있습니다. 요컨대 1900년 전후의 울릉도 주민이 독도를 '돌섬'으로 불렀다는 증거는 어디에도 없습니다. 그저 편리하게 둘러댄 것에 불과합니다. 그 '돌섬'이 석도로 표기되었다는 주장도 억측에 불과합니다.

石島 → 獨島는 증명 불가의 명제

제가 위의 통설에서 느끼는 또 하나의 심한 억지는 1900년에 성립한 石島라는 명칭이 무슨 이유로 1904년에 獨島라는 새로운 명칭으로 바뀌었나 하는 겁니다. 1906년의 일입니다. 막 성립한 통감부가 대한제국 내부內部에 울도군의 유래를 물은 적이 있습니다. 그에 대한 답변이 1906년 7월 13일의『황성신문皇城新聞』에 실렸습니다. 요약하면 "1900년 울도군으로 승격한 이 섬이 관할하는 섬은 죽도와 석도"라는 겁니다. 다시 말해 내한세국은 석도를 '독노'보 공식 개칭한 적이 없습니다. 이 점이 분명할진대 어찌 석도가 4년 만에 독도로 바뀌었다고 강변하는 겁니까? 백 보를 양보하여 그렇게 바뀌었다 칩시다. 석도의 소리명칭 '독섬'이 '獨島'라는 문자명칭을 얻을 필연성은 어디에 있습니까? '독' 음의 한자는 獨 이외에 禿 犢, 纛 등의 여러 가지가 있습니다. 왜 굳이 獨이어야 합니까?

　지금까지 독도 고유영토설을 증명하기 위한 연구자들의 노력은 실로 적지 않았습니다. 그들은 1914년경 총독부가 편찬한『조선지지자료朝鮮地誌資料』를 검색하여 전라도 지역을 중심으로 마을, 들, 산, 내, 다리 등의 문자명칭에 나오는 '石' 자가 소리명칭에서 '독' 음으로 불리는 얼마 되지 않은 사례를 찾아내고선 그것이 석도=독도 설을 입증하는 근거라고 주장해 왔습니다. 그런데 그러한 전라도의 언어생활이 동해 한가운데의 고도孤島와 무슨 현실적이며 논리적인 연관성을 갖는단 말입니까? 더구나 그들이 제시한 그리 많지 않은 사례 가운데 '石'이란 한자가 '獨'이란 한자로 전화한 사례는 단 하나도 보이지 않습니다. 다시 말해 '석도'란 문자명칭이 '독도'라는 또 하나의 문자명칭으로 전화하는 과정이나 그 언어학적 논리는 그 누구에 의해서도 증명되지 않았습니다. 원래 그러한 억측은 증명이 불가능한 것입니다.

『반일 종족주의』에 실린 저의 글을 비판하기 위해 기획된 KBS의 연속 보도에서도 꼭 같은 허점이 폭로되었습니다. 담당 기자는 오늘날 전남 고흥군 금산면 오천리 산 56번지의 바위섬이 '獨島'라는 명칭을 갖는 사례를 제시한 다음, 이렇듯 뚜렷한 증거가 있는데 제가 무슨 근거로 석도=독도설을 부정하느냐고 소리쳤습니다. 그 기자에게 묻습니다. 그 섬이 '獨島'로 불리거나 쓰이기 전에 '石島'라고 쓰이거나 불린 적이 있느냐고 말입니다. 그 점을 증명하지 않으면 저에 대한 비판이 성립했다고 할 수 없습니다. 비전문가인 방송사의 기자를 탓하고 싶진 않습니다. 명색이 대학이나 국립연구소에 소속한 연구자까지 그런 주장을 펼치고 있는 겁니다. 그래서 앞장에서 한 수사修辭이지만, 이성적 추론의 고리가 끊어진 치기의 작태라고 한탄하는 것입니다.

1916년 지형도로부터의 정보

여기서는 지금까지 연구자들의 주목을 받지 못한 새로운 정보를 소개하겠습니다. 자료는 1916년 총독부 육지측량부가 편찬한 『근세한국오만분지일지형도近世韓國五萬分之一地形圖』입니다. 당시 육지측량부는 진국에 길친 모든 종류의 지명을 한사로 표기뇐 문자명칭과 더불어 일본 가나ゕな로 표기된 소리명칭의 두 가지로 적었습니다. 섬 이름도 마찬가지입니다. 지형도에 의하면 1916년 전국 해상에 분포한 石島 칭의 섬은 모두 8개입니다. 전라도에 3개, 충청도에 1개, 경기도에 2개, 황해도에 1개, 평안도에 1개입니다. 선라노에 속한 3개 石島의 소리명칭은 '돌섬'이 2개, '석섬'이 1개입니다. 다른 도에 속한 5개 석도의 소리명칭은 '돌섬'이 3개, '석도'가 2개입니다. 이처럼 전국에 분포한 8개 석도의 소리명칭은 '돌섬', '석섬', '석도'의 세 가지인데, 그중 '돌섬'이 가장 일반적이었습니다. 전라도 추자군도楸子群島에는 아예 국자國字로 표기된 乭島란 섬이 있는데, 소리명칭이 '돌섬'이었습니다. 다시 말해 여러 연구자의 주장대로 石島의 소리명칭이 '독섬'인 곳은 전라도에서는 물론, 전국 어디에도 없었습니다.

전국 해상에 분포한 獨島 칭의 섬은 2개입니다. 전라도 고흥군 금산면에 1개, 전라도 해남군 산이면에 1개입니다. 전자의 소리명칭은 '독도'이고 후자의 소리명칭은 '독섬'입니다. 매우 흥미로운 사실은 지도13-1에서 보듯이 전라도 해남군 산이면 獨島의 북동 4킬로미터 해상에 石島가 있다는 것입니다. 전라도 영암군 곤이종면에 속한 섬입니다. 동일 시점의 동일 해상에 獨島와 石島가 나란히 있는 겁니다. 두 섬의 소리명칭은 각각 '독섬'과 '돌섬'이었습니다.

지도13-1 해남군의 독도와 영암군의 석도(1916)

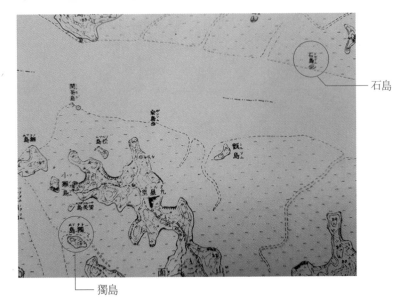

石島

獨島

이 사실은 무엇을 의미할까요? 다름 아니라 독도와 석도는 그 이름의 뜻이 같지 않은 섬이라는 겁니다. 독도는 "홀로 있는 섬"이란 뜻이고 석도는 "돌로 된 섬"이란 뜻입니다. 누가 이 엄연한 뜻을 함부로 혼동한단 말입니까? 한자를 조금이라도 배웠다면 어린 아이라도 쉽게 구별할 수 있는 뜻입니다. 저는 지금까지 여러 연구자가 이 같은 상식을 무시하고 전라도 방언이나 국어학자의 막연한 추측에 빙자하여 1900년의 石島는 그 소리명칭이 '독섬'이니 1904년에 이르러 '獨島'로 표기되었다는 식의 논리를 개발하고 교육해 온 작태에 깊은 탄식을 금치 못합니다.

과연 항의하려 했던가

또한 독도 연구자들은 주장합니다. 일본이 독도를 빼앗자 대한제국은 그에 항의했다고 말입니다. 아니 좀 더 정확히 말해서 항의하려고 했으나 이미 외교권을 상실한 처지라서 그렇게 할 수 없었다는 겁니다. 관련 사료를 세밀히 검토하면 이 역시 거짓말임을 알 수 있습니다. 앞서 소개한 대로 일본이 독도를 자국의 영토로 편입하는 것은 1905년 1월의 일입니다. 울도군수가 이 사실을 인지하는 것은 1906년 4월 4일입니다. 이후 언제인가 울도군수는 그 사실을 강원도관찰사에게 보고하였습니다. 강원도관찰사가 중앙의 의정부에 보고하는 것은 4월 29일이며, 의정부가 보고서를 접수하는 것은 5월 7일이었습니다. 이후 의정부 참정대신參政大臣 박제순朴齊純이 강원도관찰사에게 관련 지령을 내리는 것은 5월 10일이었습니다.

근대적인 통신망이 갖추어지지 않은 상태에서 구래의 역참제驛站制에 의존하여 느릿느릿 흐른 보고와 대응의 과정이었습니다. 솔직히 말해 이 같은 보고의 과정에서 자국의 영토가 침탈되었다는 국방상의 긴박성을 전혀 감지할 수 없습니다. 흔히들 울도군수와 강원도관찰사의 '다급한' 보고가 있었다고 합니다만, 저는 동의하기 힘듭니다. 사건이 발생한 지 한 달이 넘어서야 중앙정부가 이를 인지하고 대응한 것을 두고 그렇게 이야기해서는 곤란합니다.

울도군수의 보고를 접한 내부대신內部大臣 이지용李址鎔은 "전혀 이치에 맞지 않는다", "매우 의심스럽다"는 반응을 보였습니다. 다음은 의정부의 참정대신 박제순이 강원도관찰사에게 내린 지령입니다.

> 보고서는 자세히 살폈으며 (일본의) 독도 영유설은 전혀 근거가 없으나 해
> 당 섬의 형편과 일본인들이 어떻게 행동하는지 다시 조사하여 보고하라.

정부 대신들의 이 같은 반응을 두고 과연 일본에 대한 항의의 취지였다고 이야기할 수 있을까요? 오히려 저는 박제순의 지령에서 그가 그때까지 독도란 섬에 대해 알지 못한 상태였음을 읽습니다. 박제순이 어떤 사람입니까? 그는 1903년부터 시작한『증보문헌비고』의 편찬에 참여하여 1907년 12월 교정총재^{校正總裁}로서 서문을 지은 사람입니다. 앞장에서 소개한 바입니다만, 1908년에 출간된『증보문헌비고』에는 1900년에 우산도는 울릉도와 함께 울도군이 되었다는 기술이 있습니다. 다시 말해 박제순의 입장에서 우산도는 일본에 빼앗긴 섬이 아니었습니다. 그렇다면 석도는 어떠합니까? 조금 전에 소개한 대로 1906년 7월 통감부가 울도군의 내력을 물었을 때 대한제국 내부는 "1900년 울도군으로 승격한 이 섬은 죽도와 석도를 관할한다"고 답변하였습니다. 그렇게 석도도 빼앗긴 적이 없습니다. 그렇다면 무슨 섬을 빼앗겼다는 겁니까?

참정대신 박제순은 그것을 잘 알지 못했습니다. 아마도 그는 '독도'란 섬 이름을 처음 들어봤을 겁니다. 그래도 영토에 관한 중요 문

제인지라 우선 일본의 주장을 부정한 다음, 해당 섬의 형편과 일본인의 행동거지를 다시 조사, 보고하라고 지령을 내렸던 것입니다. 박제순은 울릉도 근방의 어느 섬에 일본인이 무단 상륙하여 자기네 땅이라고 행패를 부리는 상황을 연상했을 겁니다. 울릉도 동남 87킬로미터 해상의 무인도로서 일본 어민의 강치잡이가 성하게 이루어지고 있는 섬인 줄을 알지 못했습니다. 그러했기에 위와 같이 섬의 형편과 일본인의 행동거지를 다시 보고하라 했던 것입니다. 전후 사정을 자세히 살피면 그렇게밖에 읽을 수 없는 지령을 두고 우리 정부와 연구자는 일본에 대한 항의의 의도로 작성된 문서라고 주장하고 있습니다.

과연 불가능하였던가

한국 연구자들은 대한제국 정부가 일본 정부에 항의를 제기하지 않은 것은 외교권이 박탈된 보호국이라서 그러했다고 변명하고 있습니다. 이것도 성립하기 힘든 주장입니다. 1905년 11월 제2차 한일협약, 소위 을사조약에서 대한제국이 상실한 것은 "일본의 중개를 거치지 않고서는 타국 정부와 어떠한 조약과 약속도 할 수 없다"는 외교권이었습니다. 일본과의 외교권마저 부정된 것은 아니었습니다.

1906년 2월 양국 간에 다음과 같은 사건이 있었습니다. 강원도 울진현 죽변포에 일본해군이 러시아와의 전쟁을 위해 세운 망루가 있었습니다. 전쟁이 끝나자 일본해군이 망루의 시설을 어느 일본인에게 매각하였습니다. 그 일본인은 망루의 토지까지 매입했다고 주장하였습니다. 그러자 대한제국의 참정대신 박제순은 통감 이토 히로부미伊藤博文에게 외국인이 토지를 매입함은 불법이라고 항의하였습니다. 그러자 이토는 본국에 조회한 결과 망루의 시설만 매각되었지 토지가 방매된 적은 없다고 대답하였습니다. 이 사실에서 보듯이 양국 간의 분쟁이 일 때 대한제국 정부는 통감부에 항의를 제기하였습니다. 몇 조각 토지의 매매를 두고서도 그런 소동이 벌어졌을진대, 섬이 통째로 침탈당했을 경우 일층 격렬한 항의가 제기되었을 터입니다. 저는 이 죽변포 사건을 독도 고유영토설의 열렬한 주장자인 신용하의 논문을 통해 알게 되었습니다. 신용하는 대한제국이 독도를 빼앗기고도 항의를 하지 못한 것은 외교권을 상실한 보호국이기 때문이었다고 변명하고 있습니다만, 자가당착이 아닐 수 없습니다.

당시 이토 통감은 대한제국 정부의 대신들과 한 달에 한 번씩 "한국 시정施政 개선에 관한 협의회"를 개최하고 있었습니다. 자세히 소개할 여유는 없습니다만, 동 회의록을 검토하면, 정부의 대신들이 대한제국 황제의 위신과 관련하여 일본에서 불미스러운 사태가 발생하면 그에 항의하고 시정을 요구하곤 했음을 확인할 수 있습니다. 다시 말해 영토가 침탈당했음에도 외교권이 없어서 항의조차 못했다는 것은 어불성설입니다. 불완전하나마 대한제국은 자국의 영토와 인민에 대한 통치권을 행사하는 독자의 국가였습니다.

다시 1906년 5월 박제순이 내린 지령으로 돌아가겠습니다. 울도 군수 심흥택이 그 지령을 무시할 순 없었을 겁니다. 당시 울도군에는 군 소유의 배가 없었습니다. 그가 과연 일본 어민의 배를 빌려 타고 독도를 방문하여 강치잡이의 실태를 조사했는지는 알 수 없습니다. 그러했다면 그는 조선왕조의 관리로선 독도에 상륙한 최초의 인물이 되었을 겁니다. 어쨌든 심흥택의 독도 관련 보고를 접한 참정대신 박 제순은 그 섬은 우리 땅이 아니라고 판단하였을 가능성이 큽니다. 도 하 신문도, 지방 여론도, 국제사회도 조용하였기 때문입니다.

동년 5월 1일『대한매일신보大韓每日申報』와『제국신문帝國新聞』은 앞 서 소개한 내부대신 이지용의 반응을 보도하였습니다. 5월 9일에는 『황성신문皇城新聞』이 울도군수 심흥택의 보고를 보도하였습니다. 이 를 본 황현黃玹은 그의 일기『매천야록梅泉野錄』에다 "울릉도 동쪽 바다 100리에 한 섬이 있는데 독도라 한다. 예부터 울릉도에 속하였다. 왜인이 그의 영지라고 늑칭勒稱하고 심사하여 갔다"고 적었습니다. 알려진 한에서 일본의 독도 침탈에 대한 대한제국의 반응은 이 정도 였습니다. 그것도 대중의 분노를 유발하는 격한 논조가 아니었습니 다. 연구자들은 이 정도의 반응을 두고 '거국적인 항의'라고 합니다 만 과장이 심합니다.『증보문헌비고』에서 보듯이 우산도는 1908년까 지 전래의 환상으로서 건재하였습니다. 울릉도 동북에 부속한 석도 역시 대한제국의 영토로서 건재하였습니다. 빼앗겼다고 보도된 독

도에 대한 한국인의 인지와 영유의식이 생기는 것은 섬 이름이 대두
하는 1904년경부터라 하겠는데, 그것도 1906년까지는 울도군의 주
민 사회라는 아주 제한된 범위에 불과하였습니다.

참고문헌

신용하(2006), 『한국의 독도 영유권 연구』, 경인문화사.

유미림(2013), 『우리 사료 속의 독도와 울릉도』, 지식산업사.

이선민(2019), 「국사학도 기자가 이영훈 교수에게 묻다」, 『주간조선』, 2019년 8월 26일자.

이영훈(2019), 「독도, 반일종족주의의 최고 상징」, 『반일 종족주의』, 미래사.

정태상(2019), 「'반일 종족주의'의 '독도'를 반박한다」, 『주간조선』, 2019년 10월 21일자.

홍성근(2019), 「이영훈의 '독도'를 반박한다」, 『주간조선』, 2019년 10월 14일자.

池内敏(2014), 『竹島問題とは何か』, 名古屋大学出版会.

池内敏(2016), 『竹島の史実』, 中公新書.

반일 종족주의자 주장하길

이영훈은 그의 책과 동영상에서 독도 문제에 대한 주장을 하면서 결정적으로 중요하고 일본에 불리한 자료는 거의 전부 누락시키고 있다. 태정관문서, 일본영역참고도, 숙종실록, 동국문헌비고, 만기요람, 황성신문의 '울릉도 사황事況', 덜레스 전문 등이 누락되었다. 만약 의도적으로 그러했다면 연구윤리에도 위배되는 것이다. 감정적인 반일을 해서도 안 되지만 일본의 주장에 대해 맹목적으로 추종하는 것은 더더욱 안 될 일이다(정태상 2019).

14.

독도 편입과 독도 밀약

———— 이영훈

1946~1951년의 독도

　1945년 8월 아시아·태평양전쟁에서 패배한 일본은 1952년 4월 샌프란시스코조약의 발효로 주권을 회복하기까지 미국을 위시한 연합국의 통치를 받았습니다. 일본 도쿄에 설치된 연합군총사령부는 1946년 1월과 6월 두 차례 행정명령을 발하여 일본 정부의 행정력이 미치는 범위와 어민의 조업 구역을 정하였습니다. 그때 울릉도, 리앙쿠르트바위(독도), 제주도가 일본령에서 제외되었습니다. 연합군 총사령부의 담당 장교가 무슨 이유로 그렇게 했는지는 알 수 없습니다만, 당시 그려진 지도상의 해상 경계선(일명 맥아더 라인)을 보면 쉽게 추측할 수 있습니다. 장차 독립할 한국의 영토임이 확실한 울릉도에 보다 근접한 섬이라는 지리적 요건 때문이었을 겁니다. 저는 국제법의 문외한으로서 그 같은 지리적 요건이 영토의 경계를 정함에 있어서 얼마나 유효한지는 잘 알지를 못합니다. 그렇지만 저는 그러한 관점에서 우리 정부와 국민이 주장하는 독도 영유권이 한편의 정당성을 갖는다고 생각하고 있습니다.

그런데 이후 일본의 독립을 승인한 샌프란시스코조약의 결론은 달랐습니다. 동 조약 제2조 a항은 일본에서 제외될 섬을 열거하면서 독도에 대해 언급하지 않았습니다. 이를 두고 연구자들은 서로 다른 해석을 하고 있습니다. 한편에서는 연합군총사령부가 내린 두 명령은 샌프란시스코조약에도 불구하고 여전히 유효하며, 독도가 동 조약에서 빠진 것은 한국령임이 너무나 명백하기 때문이었다고 주장합니다만, 아무래도 설득력이 떨어져 보입니다. 다른 한편 국제법 전공자들의 다수 의견은 연합군총사령부가 일본 점령 기간에 발한 명령은 어디까지나 잠정적인 행정조치로서 샌프란시스코조약의 효력을 초월할 수 없으며, 그에 기대어 독도가 한국령이라고 주장함은 무리라고 지적하고 있습니다.

샌프란시스코조약에서 일본에서 분리될 섬 가운데 독도가 빠진 것은 조약 체결의 실질적 주관자인 미국이 독도를 일본의 영토로 판단하였기 때문입니다. 그와 관련해서는 『반일 종족주의』에서 소개했습니다만, 조약 체결 한 달 전에 미 국무부의 딘 러스크David D. Rusk 차관보가 한국 정부에 보낸 비공개 서한이 잘 알려져 있습니다. 미 국무부는 1947년부터 샌프란시스코조약의 초안을 준비합니다. 1949년까지 모두 8종의 초안을 마련하는데, 거기선 독도를 한국령이라고 하였습니다. 그런데 이후 1951년 9월까지 마련된 초안 14종에는 그러한 표기가 사라집니다. 일본 정부가 독도가 자국의 영토임을 여러 가지 자료를 통해 설득한 결과라고 합니다. 반면 한국 정부는 그렇게 하질 못하였습니다. 신생국으로서 그렇게 할 외교적 역량을 보유하지도 못하였지만, 막상 미국을 설득할만한 자료가 없었던 것이지요. 이 같은 샌프란시스코조약의 성립 과정을 두고 어느 연구자는 일본이 대대적인 홍보를 벌여 미국의 판단력을 흐리게 만들었다고 비난합니다만, 공정한 언사라고 할 수 없습니다. 모든 나라의 외교 활동은 다 자국의 국익을 위해서이고 그 점은 일본이라 해서 다를 바 없습니다.

　이 대목의 서술과 관련하여 서두에서 소개했듯이 어느 연구자는 제가 당시 미 국무부 장관인 존 덜레스^{John F. Dulles}의 전문電文을 무시했다고 비난하고 있습니다만, 사실이 아닙니다. 덜레스 장관은 한국 정부에 발송된 러스크 차관보의 서한에도 불구하고 미국은 양국 간의 분쟁에 개입하지 않으며 양국이 분쟁을 국제사법재판소에 회부하여 원만하게 해결하기를 희망하였습니다. 저는 이전 글에서 러스크의 서한을 소개한 다음 "미국은 한국에 통보한 자신의 입장이 있음에도 불구하고 두 나라의 분쟁에 개입하지 않았습니다"라고 명확하게 그에 관해 언급하였습니다. 덜레스 전문을 구체적으로 언급하지 않았

다고 해서 제가 미국의 입장을 일본에 유리하게 왜곡했다고 비난해서
는 곤란합니다. 논쟁의 핵심은 샌프란시스코조약에서 독도가 누락된
것을 어떻게 해석할 것인가인데, 그에 관한 한 조약의 체결을 주도한
미국의 입장은 러스크의 서한에 나타난 그대로라는 겁니다.

이승만 대통령의 독도 편입

1952년 1월 이승만李承晩 대통령은 전격적으로 해양주권선언을 발
표하고 독도를 우리 영토로 편입하였습니다. 샌프란시스코조약이
발표되기 석 달 전의 일이었습니다. 일본 정부가 그에 항의했지만,
이승만 대통령의 자세는 완강하였습니다. 그는 해양주권선언으로
그어진 평화선平和線(일명 이승만 라인)을 넘어온 일본 어선과 어부를 나포
했으며, 부산 일대에 강제 수용하였습니다. 그로 인해 일본 국민의
이승만 대통령에 대한 인식은 지금까지도 매우 부정적입니다.

이 같은 이승만 대통령의 선택을 두고 역사적 문헌에서 그 정당성
의 근거를 찾아서는 곤란하다고 생각합니다. 이승만 대통령이『세종
실록지리지』나『동국여지승람』과 같은 역사적 기록을 뒤져서 그러한
결단을 내린 것은 아닙니다. 너무 원론적인 주장일지 모르겠습니다
만, 어느 나라의 영토 변경은 정치적 의지와 군사적 행동의 결과입
니다. 오늘날 일본이 북방 영토를 두고 러시아와 벌이는 분쟁도 마

찬가지일 겁니다. 저는 독도 분쟁을 두고 역사학자가 정당성을 따지는 주체로 나서는 것을 일종의 난센스라고 생각합니다. 그들은 필요에 따라 호출되는 조연助演에 불과합니다.

이승만 대통령은 일본을 불신하였습니다. 그는 일본을 언젠가 남·북한에 남겨둔 그의 재산을 찾기 위해 다시 침략해 올 국가라고 간주하였습니다. 1946년 일본 정부와 연합군총사령부의 공동조사에 의하면, 일본이 남한에 남기고 떠난 정부 및 민간의 재산은 1946년 가격으로 22억 달러에 달하였습니다. 이는 당시 남한 국부國富의 80%에 달하는 대규모였습니다. 일본은 그 재산을 포기하지 않았습니다. 그래서 이승만 대통령은 우리가 하루빨리 해군을 양성하여 일본의 재진입을 막아야 하며, 해군의 양성이 당장에 어렵다면 상선이라도 많이 제조하여 대비해야 한다고 늘 그의 정부와 국민을 채근하였습니다. 1957년 일본 정부는 남한에 남겨둔 일본 재산에 대한 청구권을 공식 포기하였습니다. 그럼에도 이승만 대통령의 대일 경계심은 늦추어지지 않았습니다. 1956년 일본은 공산국가 소련과 수교를 하였습니다. 북한과도 교섭을 진행하여 재일 동포를 북한으로 송환하는 사업을 추진하였습니다. 그러한 일본에 대한 이승만 대통령의 불신은 1956년 일본의 『마이니치신문每日新聞』과의 회견에서 다음과 같이 표출되었습니다.

우리는 일본이 소련, 중국, 북한 괴뢰와 동조하고자 하는 데 실망하였다. 우리는 일본이 자기 상품의 시장을 얻기 위해 사악과 타협하고 있는 것으로 생각한다.

이승만 대통령의 독도 편입은 이 같은 그의 대일 불신과 종교적인 반공주의反共主義의 산물이었습니다.

국격의 고수

1951년 9월 미국은 일본과 상호방위조약을 체결하였습니다. 이 조약은 공산주의 세력으로부터 아시아·태평양지역을 방위함에 있어서 일본을 군사 거점으로 삼는다는 미국의 동아시아 정책을 전제하였습니다. 이러한 정책에서 미국은 한국이 일본과 협력할 것을 요구하였습니다. 당시는 6·25전쟁기였습니다. 미국은 한국에 상당액의 군사원조와 경제원조를 행하였습니다. 미국은 한국이 원조 물자의 상당 부분을 일본에서 구입하라고 요구하였습니다. 일본경제의 부흥을 돕기 위해서였습니다.

이승만 대통령은 일본을 중심으로 한 미국의 동아시아 정책에 반발하였습니다. 그것은 장기적으로 한국을 다시 일본에 종속시키는 결과를 초래할 것이었습니다. 이승만 대통령은 일본이 중심이 된 동아시아 안보체제에 편입되기를 거부하면서 미국과 직접적인 군사

동맹을 추구하였습니다. 미국은 결국 그의 강인한 요구를 수용하여 1953년 한미상호방위조약韓美相互防衛條約을 체결하였습니다. 또한 이승만 대통령은 일본경제로부터 자립적인 국가경제를 추구하였습니다. 그는 미국이 원조 물자를 일본에서 구입하라고 강요하면 차라리 원조를 받지 않겠다고 버텼습니다. 결국 그는 원조 물자의 구매권만큼은 확보하는 데 성공하였습니다.

미국과 일본은 이승만 대통령의 이 같은 대외정책을 납득할 수 없었습니다. 그들은 이승만을 '비이성적'인 인물로서 그 심리상태가 정신과의 진료를 요할 만큼 '병리적'이라고 평가하였습니다. 그들은 '공감과 협박'을 일삼은 이승만을 매우 불쾌하게 여겼습니다. 미국의 어느 신문은 이승만을 입에다 칼을 물고 피를 철철 흘리며 덤벼드는 어리석고 완고한 노인으로 비아냥거렸습니다.

이승만 대통령의 통치 12년을 관철한 제1의 가치는 신생 대한민국의 국격國格이었습니다. 그는 1910년 대한제국이 패망하는 과정을 피눈물로 지켜본 사람입니다. 그 가장 큰 책임이야 자유와 독립의 정신을 결여한 우리 한국인에게 있었습니다. 그 점을 지적하고 계몽한 당대 유일의 정치가가 이승만입니다. 동시에 그는 약소국의 존패存敗를 함부로 결정하고 협상하는 강대국들의 횡포에 더없이 분노하였습니다. 1905년 미국은 일본의 한국에 대한 특별한 권리를 승인하였습니다(가츠라-태프트 밀약). 이후 미국은 장기간 한국 문제에 침묵하였습니다. 1945년 미국은 일본과의 전쟁에 아무런 기여도 하지 않은 소련을 끌어들여(얄타회담) 한반도를 분단시키고 말았습니다. 1948년 대한민국이 성립하였습니다. 그러자 미국은 무책임하게도 군대를 철수시켰으며, 이는 1950년 또 하나의 전쟁을 불러왔습니다.

독도 문제도 마찬가지입니다. 이승만 대통령의 입장에서 그것은 미국이 자행하는 또 한 차례의 변덕이자 횡포였습니다. 언제는 독도를 한국령에 붙이더니 언제는 일본령으로 떼어냈습니다. 이승만 대통령은 그것을 용납할 수 없었습니다. 아무리 약소한 신생국이지만 국격은 고수되어야 했습니다. 그의 독도 편입은 미국의 높은 코를 세게 비틀어버린, 당대의 어느 정치가도 엄두를 내지 못할, 이승만만이 부릴 수 있는, 심술이었습니다.

국민 만들기의 상징

1953년 7월 6·25전쟁이 끝났습니다. 뒤이어 열린 1954년 4월 제네바회담에서 이승만 대통령은 대한민국을 해체하고 한반도의 통일 문제를 다시 협상하자는 북한과 중국의 공세를 성공적으로 방어하였습니다. 대한민국이 국제사회에서 그의 시민권을 확보하는 것은 제네바회담을 통해서였습니다. 연후에 이승만 대통령은 그의 국민을 향해 소리치기 시작하였습니다. 다름 아니라 대한민국의 정신적 독립이 그 주제였습니다. 당시 한국인들의 정신은 모래알처럼 흩어진 상태였습니다. 많은 사람이 분단과 전쟁에 따른 가난과 혼란에 염증을 느끼면서 일본으로 밀항하였습니다. 일본에서 체포(逮捕)되어 나가사키長崎의 수용소에 갇힌 자들이 한때 1만 명을 넘기도 하였습니다. 많은 사람이 일정기日政期가 좋았다면서 그 시대를 동경하였습니다. 많은 사람이 일본 노래를 즐겨 불렀습니다. 속으로 은근히 일본이 다시 들어오기를 기다리는 사람도 적지 않았습니다.

1954년 5월 이승만 대통령은 이 같은 사람들을 비판하면서 친일파의 요건 여섯 가지를 제시하였습니다. 제3대 국회의원 선거가 임박한 시점이었습니다. 이런 친일파를 국회의원으로 뽑아선 안 된다는 대국민 메시지였습니다. 기왕의 친일파라도 언사나 행동에서 애국정신을 명백히 드러내면 더 이상 친일파가 아니라고 했습니다. 기왕의 친일파가 아니면서 언사나 행동에서 일본과의 친선을 주장하는 사람들, 특히 일본이 부강하여 한국이 경쟁할 수 없다고 생각하는 패배주의자들, 일본에 가서 국권을 손상하고 정부를 비판하는 공산주의자들, 나아가 생활 범절을 일본인 모양으로 꾸미는 자들이 진정한 친일파라고 공격하였습니다.

이처럼 이승만의 친일파 비판은 신생국 국민의 정신적 독립과 통합을 지향하였습니다. 오늘날과 같은 반일 종족주의의 적대 감정은 결코 아니었습니다. 이승만 대통령이 보기에 역사와 현실에 절망한 나머지 너무나 무기력하고 너무나 흩어져 있는 식민지 출신의 군상을 신생국의 자유 시민으로 나아가 애국적 국민으로 통합하기 위해선 무언가 그에 걸맞은 상징이 필요하였습니다. 독도가 그 최상의 선택이었습니다. 이승만의 독도 편입은 일본과 미국을 상대로 한 독립의 선언만이 아니었습니다. '국민 만들기nation building'의 상징이자 지렛대이기도 했습니다. 돌이켜 보면 너무나 작위적이어서 부작용이 따를 수밖에 없는 선택이기도 했습니다. 그것의 극복은 이승만의 후대가 감당해야 할 역사적 과제였습니다. 그 점까지 시야에 넣으면서 이승만 대통령의 독도 편입이 지닌 역사적 의의를 재평가해야 합니다.

독도 밀약

1960년 이승만 대통령이 하야한 뒤 아니나 다를까 대혼란이 벌어졌습니다. 대혼란은 1961년의 군사혁명을 불렀습니다. 이후 1979년까지 박정희朴正熙 대통령의 집권기는 경제개발을 국정의 제1의 가치로 추구하는 시대였습니다. 고도성장을 위해선 일본의 자본과 기술 지원이 절실하였습니다. 일본과의 국교 정상화는 더 이상 미룰 수 없는 시대적 과제였습니다. 다수의 국민도 그 점을 이해하고 지지하였습니다. 최대의 장애는 야당 정치인과 재야 지식인이었습니다. 그들은 국교 정상화를 위한 일본과의 교섭을 굴욕적이라고 선동하였습니다.

1965년 박정희 대통령은 미국을 방문하였습니다. 당시 미 국무부

장관은 1951년 독도를 일본령으로 판정한 적이 있는 딘 러스크였습니다. 그는 박정희 대통령에게 "독도에 한일 공동관리의 등대를 세우고, 섬의 귀속권을 결정하지 말라"고 권유했습니다. 그에 대해 박 대통령은 "한일 수교협상에서 암초로 작용하는 독도를 폭파해 버리고 싶다"고 대답하였습니다. 1965년 일본과의 국교 정상화는 이 같은 박 대통령의 비장한 결심으로 성취된 것입니다.

공식 외교사에서는 확인되지 않은 사건입니다만, 1965년 1월 국교 정상화에 임박하여 양국의 최고 지도자 간에 독도 문제를 둘러싼 밀약이 있었습니다. 그에 관해서는 2007년 3월 『월간중앙』이 밀약의 체결과정과 내용을 생존하는 관련자들과의 인터뷰를 통해 보도한 적이 있습니다. 2008년에는 노 다니엘의 『죽도밀약竹島密約』이란 책이 일본에서 출간되기도 했습니다. 저는 밀약의 존재를 부정할 수 없다고 생각합니다. 독도 문제를 제쳐 두고선 국교 정상화가 아무래도 불가능하였기 때문입니다. 밀약의 내용은 다음과 같이 알려져 있습니다.

1) 독도는 앞으로 한일 양국 모두 자국의 영토라고 주장하는 것을 인정하고, 동시에 이에 반론하는 것에 이의를 제기하지 않는다.

2) 장래에 어업구역을 설정하는 경우 양국이 독도를 자국 영토로 하는 선을 획정하고, 두 선이 중복되는 부분은 공동수역으로 한다.

3) 현재 한국이 점거한 현상을 유지한다. 그러나 경비원을 증강하거나

새로운 시설의 건축이나 증축은 하지 않는다.

4) 양국은 이 합의를 계속 지켜 간다.

이 밀약은 이후 30년간 양국 정부에 의해 준수되었습니다. 그 사이 한국경제는 자본주의 역사상 유례가 없는 고도성장을 구가하였습니다. 고도성장의 제1의 요인은 일본과 미국의 자본, 기술, 시장을 마음껏 활용하였던 국제 정치와 경제의 환경이었습니다. 저는 그것을 한국경제가 누린 '지경학적 비교우위地經學的 比較優位'라고 정의하고 있습니다. 일본과의 국교 정상화가 그 비교우위를 현시화하는 계기였습니다. 바다 가운데 놓인 무용無用의 바위섬을 두고 벌이는 분쟁만큼 낭비적인 허사는 없을 터입니다. 한일 양국은 상호 존중과 배려의 정신에서 그 분쟁을 봉합하였습니다. 한 시대를 자유와 평화와 번영으로 이끄는 훌륭한 정신이었습니다.

밀약의 파기

독도 밀약이 파기되는 것은 김영삼金泳三 대통령에 의해서입니다. 그는 건국 이후 역대 대통령이 계승해 온 '나라 만들기state building'의 역사를 부정하였습니다. 그는 자신이 해방 이전 중국에서 활동한 대한민국임시정부의 법통을 잇는 최초의 대통령이라는 엉뚱한 생각에서 이승만 건국 대통령을 폄훼하였습니다. 그의 대통령 취임사는 "어느 동맹도 민족을 대신할 수 없다"는 등의 치기로 얼룩졌습니다. 그는 박정희 대통령이 구축한 고도성장의 개발체제를 해체하였습니다. 신중한 기획과 치밀한 집행을 특징으로 한 개발체제를 대신하여 즉흥적인 대중정치大衆政治가 경제를 지배하기 시작하였습니다. 그 결과 1997년 11월 외환 부족에 따른 금융위기기 발생하였습니다. 한국경제는 불쌍하게도 국제통화기금國際通貨基金의 통제하에 들어가고 말았습니다. 어느 신생국이 '나라 만들기'에서 실패하는 것은 대개 무책임한 대중정치의 탓인데, 이 나라의 역사에선 김영삼 대통령이 그 교과서적 모범을 보인 정치가였습니다.

김영삼 대통령은 1995년 일본 정부의 항의에도 불구하고 독도의 접안시설을 착공하여 1997년 11월에 준공하였습니다. 위의 밀약 3)을 노골적으로 부정하였습니다. 연후에 곧바로 앞서 언급한 금융위기가 터졌는데, 이 두 사건은 결코 우연이라고 할 수 없습니다. 어리석은 행동은 그에 마땅한 비용을 지불하기 마련입니다. 무책임한 정치가들은 대일 승리감에 도취했을지 모르나 길거리엔 실업자와 노숙자가 넘쳐났습니다. 뒤이은 김대중金大中대통령의 집권기는 금융위기의 수습과정이었습니다. 그에겐 다른 선택지가 없었습니다. 그는 위의 밀약 2)에 준하여 시효가 만료된 일본과의 어업협정을 개정하였습니다.

뒤이은 노무현盧武鉉대통령은 김영삼의 대중정치를 계승하였습니다. 독도의 접안시설을 증축한 그는 2005년부터 독도에 대한 민간인 관광을 허용하였습니다. 2006년에는 한일 관계에 관한 특별담화를 발표하여 "독도는 우리 땅입니다. 독도 문제를 주권 수호 차원에서 정면에서 다루어나가겠습니다"라고 선언하였습니다. 이후 한일 간에 어떠한 일이 벌어졌는지는 잘 알려져 있습니다. 2005년 이후 일본 정부는 매년의 방위백서防衛白書에 독도는 일본의 영토임을 명시하였습니다. 시마네현은 다케시마의 날을 제정하였습니다. 2008년에는 중학교학습지도요령에 독도에 관한 언급이 들어갔으며, 2014년에는 독도는 역사적으로나 국제적으로 일본의 영토라고 역사 교과서에 기술하였습니다. 이로써 독도 분쟁은 종전에 그에 관해 잘 알지 못한 일본 국민에게 국가적 관심사로 떠올랐습니다.

그와 보조를 같이하여 한국 정부와 국민의 대응도 강화되었습니다. 언제부턴가 독도를 방위하는 군사훈련이 매년 실시되었습니다. 작년 2019년의 군사훈련은 육·해·공군과 해병대까지 동원된 대규모였습니다. 그러자 그동안 침묵을 지켜온 미국 정부가 개입하여 비생산적인 행위라고 우리 정부를 비판하였습니다. 현재의 문재인 대통령은 여차하면 일본과의 단교도 불사하겠다는 태세입니다만, 그래서 얻게 될 국익은 무엇입니까? 문재인 대통령이 일본을 향해 거칠 것 없이 드러내는 적대감과 그 맹목성은 제가 『반일 종족주의』를 통해 비판하고자 했던 한국인의 집단적 정체성에 잠재한 원시성과 야만성, 그 종족주의적 특질을 증명하는 가장 훌륭한 예시라고 하겠습니다.

독도 인식의 추이

저는 『반일 종족주의』에서 독도를 두고 한국인을 지배하는 "반일 종족주의의 최고 상징"이라 했습니다. 처음부터 그러했던 것은 아닙니다. 이상과 같은 독도를 둘러싼 정치사가 그러한 이미지의 독도를 만들어냈습니다. 독도를 둘러싼 양국의 마찰은 1947년부터였습니다. 울릉도 어민이 독도 근해에서 어업을 하자 시마네현 어민이 자기네 섬이라고 막았습니다. 그러자 울릉도 주민이 미군정 당국에 진정을 내고, 그 사실이 신문에 보도되었습니다. 세론이 일자 미군정 하의 과도정부가 독도 수색위원회를 조직하였습니다. 동년 8월 동 위원회는 독도를 실지 조사했으며, 그에 참가한 역사학자 신석호^{申奭鎬}는 「독도의 소속에 대하여」라는 글을 발표하였습니다. 독도에 관해 한국인이 작성한 최초의 논문이라 하겠습니다.

그렇지만 당시까지 독도에 관한 한국인의 인식은 아직 미형성이었습니다. 앞의 12장에서 소개하였습니다만, 1947년 최남선은 그의 『조선상식문답』에서 조선의 극동은 동경 130도 56분 23초로서 경상북도 울릉도 죽도라고 하였습니다. 심지어 이승만 대통령이 독도를 편입한 이후조차도 그러하였습니다. 1957년 문교부가 검정한 중학교용 『우리나라 지리』는 한국의 동단을 동경 130도 41분 22초라고 했습니다. 독도가 아니라 울릉도의 경도였습니다.

그렇지만 독도의 편입 이후 한국인의 독도 인식은 달라질 수밖에 없었습니다. 이승만 대통령이 기대한 대로 독도를 상징으로 한 국민 형성의 과정이 진척되었던 것입니다. 1965년까지 양국 정부는 독도의 소속을 두고 네 차례의 공방을 주고받았습니다. 1954년 9월까지의 두 차례 공방에서 우리 정부의 입장을 주도한 것은 당대의 최고 역사학자 최남선이었습니다. 앞서 소개했듯이 1947년까지도 그는 독도에 관해 잘 알지를 못했습니다. 그렇지만 이승만 대통령의 독도 편입 이후 그는 독도는 역사적으로 우리의 영토였음을 입증하는 자료를 찾고 논리를 세우는 데 혼신의 힘을 기울였습니다. 최남선은 1953년 8월부터 25회에 걸쳐 『서울신문』에다 「울릉도와 독도」라는 글을 연재하였습니다. 가장 중요한 논거는 역시 우산도였습니다. 오늘날의 독도 고유영토설은 사실상 최남선에 의해 골격이 잡혔습니다.

그렇지만 독도라는 섬 이름의 어원에 관해서는 달랐습니다. 최남선은 섬의 형태가 옹형甕形인 데서 독도의 어원을 찾았습니다. 그에 앞서 신석호는 "바다 속에 고립한 섬"이라고 하였습니다. 독도 칭은 전라도 방언 '독섬'에서 비롯하였다는 억지설은 당시엔 없었습니다. 그런 설이 대두하는 것은 1969년 석도를 울도군의 부속 도서로 지정한 대한제국의 칙령 41호가 알려진 이후였습니다. 그렇게 독도의 역사나 이미지는 그를 둘러싼 정치 상황의 전개에 따라, 또는 관련 자료의 발굴과 더불어, 서서히 단계적으로 형성되어 왔던 것입니다.

크게 말해 우리 정부가 독도 밀약을 준수했던 1980년대까지 독도는 세론이나 학계의 그리 큰 관심사는 아니었습니다. 특별한 계기에 단발성의 소란이 일었을 뿐입니다. 독도 고유영토설의 증명이 국가적 프로젝트로 승격하고, 대량의 연구비가 살포되고, 다수의 연구자가 그에 집착하는 것은 아무래도 김영삼 대통령이 독도 밀약을 파기한 1995년경부터라고 기억됩니다. 그 결과, 『반일 종족주의』에서 지적한 바입니다만, 2005년경이면 "독도 바위를 깨면 한국인의 피가 흐른다" 식의 일종의 토테미즘이 문화계의 일각으로 자리를 잡았습니다. 학계의 연구자들은 『삼국사기』이래의 각종 기록에 등장하는 우산芋山을 죄다 독도로 간주하는 일종의 폐습을 정착시켰습니다. 1969년 대한제국의 칙령 41호가 알려진 이후는 전라도 방언에 빗대어 석도=독도라는 억지 설을 만들어 내기도 했습니다. 오늘날 우리 정부와 연구자들의 독도 고유영토설은 우산도=석도=독도설을 중추로 하고 있습니다. 저는 『반일 종족주의』에서나 앞의 세 장에서 우리의 이 중추 설이 얼마나 몰실증이며 비논리인가를 설파하였습니다.

　이 같은 저의 주장을 두고 적지 않은 연구자들이 제가 일본의 주장을 맹목적으로 추종한다고 매도하고 있습니다. 저는 일본의 어느 연구자가 우산도를 환상의 섬이라고 일관되게 증명했는지 잘 알지 못합니다. 일본의 어느 연구자가 석도=독도 설이 억지임을 1916년의 지도까지 동원하여 논증했는지 저는 알지 못합니다. 그런 식의 비판은 입장이 다른 사람을 악이나 적으로 간주하는 종족사회에 고유한 집단심성을 대변할 뿐입니다. 우리 사회가 아직도 그런 수준에 머물러 있음은 참으로 큰 유감이라 아니 할 수 없습니다.

제가 많이 참고한 일본인 연구자가 있습니다. 이케우치 사토시池內敏 교수의『독도 문제란 무엇인가』란 책입니다. 훌륭한 연구서입니다. 아직도 한국엔 그만한 연구서가 없는 것 같습니다. 그의 독도 이해는 일본 학계에서도 소수파인 듯합니다. 그는 말합니다. 19세기 말까지 조선 정부나 일본 정부나 독도에 관한 인식이나 영유의식이 불투명한 것은 마찬가지였다. 일본은 17~19세기에 걸쳐 세 차례나 독도를 자국의 영토가 아니라고 확인하였다. 객관적으로 조선에 더 근접한 섬이기 때문이었다. 그런 섬을 1905년 '무주지 선점의 원칙'에 따라 자국 영토에 편입한 것이 과연 도덕적으로 정당한가라고 그는 그의 국민에게 묻고 있습니다. 결론적으로 이케우치는 독도 문제에 관하여 양국 정부가 눈을 부릅뜨고 서로 다툴 것이 아니라 자신의 약점을 겸허히 직시하면서 한발씩 뒤로 물러설 필요가 있다고 권유합니다.

『반일 종족주의』에서 강조한 바입니다만, 저도 마찬가지입니다. 저는 지리적 요건에서 독도 영유의 정당성이 없지 않지만, 또한 이승만 대통령의 독도 편입이 갖는 역사적 의의가 결코 가볍지 않지만, 그것만으로 국제사회를 설득하기는 역부족이라고 생각합니다. 우산도는 환상의 섬이었습니다. 석도=독도설은 유효하지 않습니다. 그래서 일본과 단교할 각오가 아니라면 한발 물러선 가운데 분쟁을 봉합하는 것이 옳다고 생각합니다. 1965년의 독도 밀약에서처럼 서로 양보하고 존중하고 배려하는 자세로 돌아가야 합니다. 그리고선 양국의 정부와 국민이 협력하는 가운데 밝은 미래의 동아시아를 개척해 가야 합니다. 그런 자세에서 독도를 바다 한가운데에 놓인 무용의 바위섬이 아니라 밤하늘에 반짝이는 별로 승화시켜야 합니다. 양 국민이 공유하는 영원불변의 이성과 자유와 도덕률의 상징으로서 말입니다.

참고문헌

김병렬·노영구·이상근(2009), 『독도연구 60년 평가와 금후의 연구방향』, 한국해양수산개발원.
김상진(2007), 「한일협정 체결 5개월 전 '독도밀약' 있었다」, 『월간중앙』, 2007년 3월호.
김석현·최태현(2006), 『독도영유권과 SCAPIN문서의 효력관계』, 한국해양수산개발원.
이영훈(2016), 『한국경제사』, II, 일조각.
정병준(2006), 「한일 독도영유권 논쟁과 미국의 역할」, 『역사와 현실』, 60.
정태상(2019), 「'반일종족주의'의 '독도'를 반박한다」, 『주간조선』, 2019년 10월 21일자.
ロ―ダニエル(2008), 『竹島密約』, 草思社; 국역본 노 다니엘 지음, 김철훈 옮김(2011), 『독도밀약』, 한울.

4편

토지·임야 조사

반일 종족주의자 주장하길

그 2차 취재에서 이러한 사실들이 밝혀져 있습니다. 예를 들면 차갑
수 총살 사건은 전북 순창에서 들은 이야기입니다. 그때 당시 할아버
지가 여든다섯이 됐었는데 그 분이 10살 때 자기 아버지가 농토를 뺏
기고 총살당했다는 이야기를 했어요. 이후에 계속해서 평생을 머슴살
이를 했고 어머니와 자기는 일본에 대한 원한에 사무쳐 살았다는 증
언을 했습니다. 그리고 이 사실을 너무 황당해 믿을 수 없을 것 같아
서 다시 전주에 와서 지금 이강주를 만드는 분의 아버지를 만났는데,
그때 여든 넘으셨는데 향토사학자입니다. 그분께서도 똑같은 증언을
해주셨습니다. 그러니까 일본 사람들이 토지조사사업을 할 때 그냥
측량사만 다닌 게 아니고 7, 8명씩 짝을 지어서 다녔는데 거기에는 순
사가 반드시 따라다녔다. 그리고 순사들이 칼을 차고 다니는 사진도
나와 있습니다. 그런데 왜 이렇게 황당한 거짓말을 합니까? (「MBC라
디오 시선집중」에서 조정래 인터뷰 발언, 2019.8.29.)

15

토지조사사업 때
학살이 있었다고?

———— 주익종

칼 찬 순사가 즉결 총살의 증거라니

이영훈 교수는『반일 종족주의』에서 조정래 씨의 소설『아리랑』에 나오는, 토지조사사업 때 경찰의 즉결 총살 이야기가 황당한 거짓말이라고 비판했습니다. 총살형은 경찰의 즉결 처분 사항이 아니었고, 사형은 복심 법원의 판결을 거친 후에야 집행되는 것임을 지적했습니다. 이에 대해 조정래는 한 라디오 프로그램 진행자와의 인터뷰에서, 자신이 소설을 쓰기 위해 자료를 취재하던 중 전북 순창에서 당사자로부터 직접 들은 이야기였는데, 자신도 처음엔 황당해서 믿을 수 없었지만, 전주에 사는 다른 사람의 똑같은 증언을 통해서 사실로 확인된 것이라고 주장했습니다.

이 말만 들으면 그럴듯해 보입니다. 하지만 조정래가 전하는 두 번째 증언이 첫 번째 증언을 뒷받침하는 건 아닙니다. 두 번째 증언은 토지조사작업을 하던 이들이 7~8명씩 무리를 지어 다녔고, 거기에는 칼을 찬 순사가 반드시 따라다녔다는 것입니다. 토지조사가 간단한 작업이 아니므로 7~8명씩 다니는 게 이상할 건 없습니다. 그리고 식민지배 초기니 치안이 완전하지 않아 칼을 찬 순사가 동행한 것도 이상한 일이 아닙니다. 무단통치기라 불리는 1910년대에는 식민통치자의 위력을 과시할 목적으로 심지어 학교 교사도 제복을 입고 칼을 차고 교실에 들어갔습니다. 단지 순사가 칼을 차고 토지조사 작업단에 동행했다는 것은 이 순사가 토지조사를 방해한 주민을 즉결 총살했음을 전혀 시사하지 않습니다.

조정래는 스스로도 자신의 변명이 믿기지 않았는지, 돌연 반민특위를 다시 만들어 일본을 편드는 친일부역자, 반민족행위자 이영훈을 처벌해야 한다고 목소리를 높였습니다. 이영훈의 지적이 틀렸다면 그 근거를 대면 될 것이지, 난데없이 반민특위를 만들어 처벌하라니요? 토론하다 말문이 막히면 상대를 두들겨 패는 것과 뭐가 다릅니까.

삼척군 주민이 학살당했다는 또 다른 주장

이렇게 실상 조정래가 제대로 반박을 하지 못하자, 김종성이라는 오마이뉴스의 시민기자가 나섰습니다. 그 며칠 후 김종성은 오마이뉴스 기사에 "토지조사사업에 대한 한국인들의 저항을 믹기 위해 일제는 실제로 학살을 자행했습니다. 헌병대를 출동시켜 무차별 발포도 서슴지 않았습니다. 『아리랑』속의 학살 장면도 실제 역사와 다르지 않습니다"라고 썼습니다. 그러면서 1913년 4월 강원도 삼척군 원덕면 임원리에서 일본 헌병이 조신인 주민 3명을 쏴 죽인 사건이 있었다고 했습니다.

김종성은 그 근거로 한 논문을 들었습니다. 이는 전영길과 이성익이 2017년에 쓴 「토지조사사업을 통한 일제의 토지수탈에 관한 사례연구」입니다. 이 두 사람은 1913년 4월, 강원도 삼척군 임원리에서 일제의 토지 측량에 불만을 품은 조선 면민 500여 명이 운집해 일본인 측량 기수를 타살하고 시신을 불태운 사건이 벌어지자, 일본 헌병 20여 명이 출동해 무차별 발포한 결과 조선인 3명이 현장에서 죽었으며, 그밖에 체포된 수십 명의 조선인이 옥고를 치른 후에 고문 후유증으로 고생하다가 사망했다고 썼습니다. 이를 소개하며, 김종성은 토지조사사업 때 경찰의 즉결 총살을 부정한 이영훈 교수의 거짓말이 들통났다고 덧붙였습니다.

그러나 아래에서 볼 것처럼 전영길과 이성익이 쓴 논문 내용은 사실이 아닙니다. 설령 그것이 사실이라 해도, 이 사건에서는 주민들이 일본인 측량 기사를 타살하고 시신까지 불태운 심각한 폭력행위 때문에 일본 헌병이 출동했음을 상기해야 합니다. 측량 내용에 대해

불만이 있다고 해서, 다수 주민이 현장에서 측량 기사를 때려죽이는 게 옳은 행위이겠습니까? 이런 폭력행위는 경찰의 무력 진압을 불러 오게 마련입니다.

삼척군 사건의 진상

그런데 일본 헌병이 발포해 현장에서 조선인 주민 3명이 사망한 일은 확인되지 않습니다. 전영길, 이성익의 논문에 앞서 임호민이라는 향토사학자가 2016년에 「삼척군 원덕면 일대 임야측량사건과 산림자원의 약탈」이란 논문을 발표했습니다. 임호민은 같은 사건에 대해, "군중이 격분하여… 몰려들어 일본인 기수를 죽였다. 일인 헌병이 출동하여 발포하니 군중은 해산되고 70여 명이 끌려가 옥고를 치르게 되었다"고만 서술했습니다. 그 근거는 『삼척군지』의 「1913년 4월 임원리 임야측량사건」이란 항목입니다. 인용 소개합니다.

1910년 한일합방이란 국치를 당한 한민족은 일제에 대한 울분과 적개심이 폭발될 찰나에 삼척군 임원리에 국유림과 사유림을 구분하기 위하여 경계 측량을 하는데, 울창한 사유림을 부당하게 국유림으로 편입시키는 일이 있었다. 그리하여 임원리 김치경의 지휘로 원덕 면민이 궐기하여 재측량을 요구하며 수일간 시위를 벌였다. 그리하여 당시 면장 김

동호는 일본인 기수 화장花藏을 대동하고 민중을 설득하기 위하여 임원에 왔는데, 이때 임원 뒷산에서 사진 촬영자를 발견하고 군중은 일시에 격분하여 당시 천여 명이 기수技手를 죽이라고 외치며 몰려들어 화장 기수를 죽였다. 일인 헌병이 출동하여 발포하니 군중은 해산되고 70여 명이 끌려가 옥고를 치르게 되었다(『삼척군지』, 1988, 157쪽).

여기에는 군중이 일본인 측량 기수를 죽였다고만 되어 있지, 헌병 발포로 군중이 죽거나 다쳤다는 말은 없습니다. 헌병이 군중을 사살했다면, 그 이야기가 삼척에서는 널리 알려져서 훗날 『삼척군지』에 기록했을 텐데 말입니다. 그런데 이『삼척군지』의 서술은 실은 그보다 30여년 전 1955년 간행된 『삼척향토지』의 서술을 그대로 옮겨온 것입니다. 맨 마지막 부분을 인용하면, "천여 명 집합 군중이 타살을 대성호창大聲呼唱하면서 화장 기수 타살 등 대 혼란장화混亂場化되다. 일인 헌병 출동 발포로 진압 해산되었다. 차此 임원 소요에 피역자被役者 70여 인이라"입니다(『삼척향토지』, 81쪽).

임호민은 『매일신보』 보도 기사에 입각해 이 삼척군 임야측량사건을 상세히 설명하는데, 이건 날짜가 다릅니다. 기사에 의하면, 1914년 9월부터 일제 당국의 측량에 대해 항의하는 면민과 충돌이 일어났고, 이에 11월 11일 당국이 주민설명회를 개최해 1천여 명이 모였는데, 일본인 기수가 그 사진을 촬영하자 주민이 집단 폭행해 사망케 했다는 겁니다. 결국 주민 27명이 압송되고 그중 24명이 징역형을 받았다고 합니다.

충돌 원인은 경계 측량에서 마을의 공유 임야가 국유림으로 분류된 때문입니다. 총독부 농상공부 산림과의 일본인 기수, 조선인 고원이 출장 와서 현지의 산림 간수보 등과 함께 산림 경계를 조사했는데, 그에 불만을 품은 주민 수십 명이 9월 하순 산속에서 경계를 수정하지 않으면 죽이겠다고 협박하며 고원과 산림 간수보를 난타했습니다. 이런 압력이 터져 나오자 일본인 측량 기수는 주민 요구대로 임야 구분 승낙서를 써줄 수밖에 없었고, 이 소식이 퍼지면서 다른 지역 주민도 경계 변경을 요구했습니다. 11월 4일에는 원덕면의 택원리·영호리·노곡리 주민들이 공모하여 기수 이하 측량반원을 폭행하며 자신들의 요구대로 경계선을 책정하라고 압박했습니다. 이렇게 임야 재측량 요구가 확산되자 일제 당국은 삼척지역에서 측량 작업을 중단하고 11월 11일 주민설명회를 열었는데, 여기에 참가한 주민 1천여 명이 사진을 찍던 일본인 촉탁 직원 혼마 규스케本間九介를 구타 살해하기에 이른 것입니다. 이 소요가 어떻게 진압되었는지, 그리고 진압 과정에서 조선인 주민이 살상을 당했는지는『매일신보』에 보도되지 않았습니다.

거짓말 릴레이

임호민의 논문에는 헌병의 주민 사살에 관한 언급이 없습니다. 그런데도 불과 1년 뒤에 나온 논문에서 전영길과 이성익은 헌병의 주민 3명 사살 및 체포 주민의 옥사를 주장했습니다. 이 두 사람이 그 출처로 1955년에 출간된 『삼척향토지』를 들었지만, 앞서 본 것처럼 이 책에는 전혀 그런 서술이 없습니다. 가히 창작이요, 날조입니다. 일본 헌병이 '발포'했다 하니 조선인 주민이 '사살' 당했음이 틀림없다는 말인가요? 칼 찬 순사가 있었으니, 즉결 총살이 있었으리라는 조정래의 주장과 같습니다.

설령 1914년 삼척군에서 헌병이 주민을 사살한 게 사실이라 해도, 그것은 조정래가 소설에서 말한 것처럼 일제 경찰이 토지조사사업을 방해하는 주민을 즉결 처형했음을 시사하지 않습니다. 삼척군의 사건은 다수 주민이 폭동을 일으키자 헌병이 출동해 진압한 것입니다. 그 진압 과정에서 일부 주민이 살상당한 게 사실이라 해도, 다른 지역의 토지조사사업에서 그에 반대하는 주민이 살상당했다고 볼 수는 없습니다.

사실로 확인되지도 않은 걸 논문에 쓰는 자들이나 또 그걸 그대로 실어주는 학술지는 뭐며, 이런 날조된 글을 근거로 대중에게 거짓말을 유포시키는 오마이뉴스는 또 뭔가요? 거짓말 릴레이라고 하지 않을 수 없습니다. 누군가 한 번 거짓말을 하면 다음 사람이 그 거짓말을 퍼 나르고, 또 다른 사람이 그걸 또 받아서 사실인 것처럼 만드는 현상을 봅니다. 이들은 일본에 대한 증오심을 부추기기 위해서라면 어떤 거짓말을 해도 된다고 생각하는 듯합니다. 이런 정신세계는 반드시 타파해야 합니다. 이런 거짓말을 일삼는 자들이 버젓이 고개를 들고 다니는 나라는 더 이상 희망이 없기 때문입니다.

참고문헌

『매일신보』 1914년 11월 13일·15일, 1915년 4월 5일·8〜9일·14일.
『삼척군지』 1988.
『삼척향토지』 1958.
김종성(2020), 『반일 종족주의, 무엇이 문제인가』 위즈덤하우스.
임호민(2016), 「삼척군 원덕면 일대 임야측량사건과 산림자원의 약탈」 『지방사와 지방문화』 19(1).
전영길·이성익(2017), 「토지조사사업을 통한 일제의 토지수탈에 관한 사례연구」 『한국지적정보학회지』 19(3).

┌─ **반일 종족주의자 주장하길** ─────────────────────

왜 이영훈을 비롯한 일부 뉴라이트 경제사학도들은 필자의 사료와 증
거에 의거한 철저한 실증연구를 엉터리 연구라고 모욕하는가. 그것은
필자가 토지조사사업의 토지약탈에 대한 진실을 규명하여 일제 식민
지정책을 비판했기 때문이다. 그들은 필자가 일제의 수탈정책을 근대
화 개발정책이라고 날조하려는 그들의 획책을 실패케 하는 연구를 했
기 때문에, 필자의 연구를 고의적으로 중상하고 있을 뿐이다(신용하
2019 발췌 요약).

└─────────────────────────────────────

16.

토지 수탈설을
다시 논박한다

──── 이영훈

비판의 핵심

    조선총독부는 1910~1918년에 걸쳐 전국의 전, 답, 대 등 인간
들의 생활공간을 이루는 토지를 대상으로 그 위치, 형태, 면적, 등
급, 지가, 소유자를 조사하는 토지조사사업을 벌였습니다. 뒤이어
1917~1924년에는 전국의 산지를 대상으로 임야조사사업을 벌여 마
찬가지 내용을 조사하였습니다. 총독부는 이를 두고 "일반 시정의
근간"을 이루는 것이라고 중시하였습니다. 그 결과 만들어진 토지대
장, 지적도, 임야대장, 임야도는 지금도 이 나라 일반 행정의 기초를
이루고 있습니다. 비단 토지 행정만이 아닙니다. 인간 행정도 마찬
가지입니다. 토지조사사업을 통해 오늘날의 동리, 면, 군 등 지방 행

정구역의 경계가 획정되었습니다. 그에 따라 인간의 행정적 소속이 그의 본적과 더불어 결정되었습니다. 저는 여러 군을 다니면서 토지대장이나 지적도를 열람하고 복사한 경험이 있습니다. 그때마다 군청의 지적地籍 담당 공무원으로부터 "일제가 토지 측량 하나는 정말 잘했어"라는 말을 수도 없이 들었습니다. 일제가 토지조사사업을 통해 대량의 토지를 수탈했다는 학계의 통설에 제가 의문을 품게 된 것은 그러한 과정을 통해서였습니다.

제가 학계의 통설을 비판한 논문을 쓴 것은 27년 전인 1993년입니다. 「토지조사사업의 수탈성 재검토」라는 논문이었습니다. 이후 4년간 동료 연구자들과 더불어 토지조사사업(이하 사업으로 약칭)에 관한 공동연구를 수행했으며, 1997년 그 성과를 『조선토지조사사업의 연구』로 출간하였습니다. 제가 비판의 주요 표적으로 삼은 것은 1982년에 나온 신용하 교수(이하 경칭 생략)의 『조선토지조사사업연구』였습니다. 그 책에서 신용하는 일제가 사업을 시행한 한 가지 목적은 대량의 국유지를 수탈하기 위해서라고 주장하였습니다. 저는 1993년 논문에서 그 주장이 성립하지 않은 여러 이유를 조목조목 제시하였습니다. 비판의 핵심은 다음과 같습니다.

1910년 9월 사업의 개시기에 총독부가 소유한 국유지의 면적은 11만 8,949정보입니다. 1918년 12월 사업의 종료기에는 12만 7,304정보입니다. 그 사이 8년간 국유지를 둘러싸고 수많은 분쟁이 일었습니다. 그럼에도 국유지 면적은 늘었습니다. 이를 두고 신용하는 분쟁에 대한 총독부의 정책은 "처음부터 보나 마나 결론이 나 있는 것"이라고 단정하였습니다. 다시 말해 일체의 분쟁을 총검으로 눌러 억압해 버렸다는 겁니다. 그에 대한 저의 비판은 따지고 보면 매우 단순한 논리입니다.

1993년의 논문에서 제시한 표를 놓고 설명하기는 너무 복잡합니다. 그 대신 약식으로 만든 다음 표를 봐 주십시오.

표16-1 국유지 면적의 가상(假想) 변동

시기	경기도				황해도				합계
	전	답	대	기타	전	답	대	기타	
1911년 말	100	100	100	100	100	100	100	100	800
1912년 말	150	50	150	50	130	50	130	90	800
1913년 말	70	80	100	150	80	70	100	150	800

경기도와 황해도의 국유지 면적을 시기별·지목별로 제시한 가상의 표입니다. 1911년 말 두 도의 국유지 면적 합은 800입니다. 1913년 말에도 800입니다. 변함이 없어 보입니다. 그 기간에 국유지를 민유지라고 주장하는 수많은 분쟁이 일었다고 칩시다. 신용하의 주장대로 모든 분쟁은 억압되었을까요? 지목별·시기별 변동을 보면, 그렇게 이야기할 수 없음을 알 수 있습니다. 상당한 변동이 있었습니다. 편의상 지목을 전, 답, 대, 기타의 네 가지로 잡았습니다. 경기도의 경우 1911년 말과 1912년 말 사이에 전과 대는 증가하고 답과 기타는 감소하였습니다. 증가치 둘을 합하여 '증가합'이라 하고, 감소치 둘을 합하여 '감소합'이라 합시다. 표에서 1913년 말까지 두 도

의 증가합을 구하면 370이고, 감소합을 구하면 370입니다. 요컨대 국유지 합계에 변동이 없어 보이지만, 그 실제의 내역에선 상당한 변동이 있었던 것입니다.

저는 이 점에 착안하여 1910년 9월부터 1918년 12월까지를 8개 구간으로 구분하고 13개 도별 국유지 변동의 증가합과 감소합을 구하였습니다. 그 결과 증가합의 총계는 9만 9,483정보, 감소합의 총계는 9만 1,131정보였습니다. 다시 말해 1910년 8월의 국유지 11만 8,949정보와 1918년 12월의 국유지 12만 7,304정보는 결코 그 내역이 같지 않았습니다. 상당한 물갈이가 있었던 것입니다. 물갈이의 정도는 통계의 특성상 과소평가되어 있습니다. 도별 변동은 군별 또는 면별 변동이 상쇄된 결과이기 때문입니다. 시기별 상쇄도 있었습니다. 예컨대 어느 해 1~6월까지는 증가하다가 7~12월에 크게 감소했을 수 있습니다.

증가합은 미측량 국유지가 신규로 측량된 경우이거나 당초 민유지로 신고되었다가 국유지로 번복된 경우입니다. 감소합은 당초 국유지로 신고되었지만, 분쟁의 결과 민유지로 돌려진 경우이거나 국유지를 철도·도로·하천 부지 등의 공유지로 충당한 경우입니다. 저는 이같이 확인된 도별 시기별 증가합과 감소합의 변동을 중심으로 사업 기간 중 국유지 조사와 분쟁에서 어떠한 중요 사건이 있었는지를 추적하였습니다. 그 결과 다음과 같은 몇 가지 사실을 새롭게 알게 되었습니다.

탁지부의 혼탈입지 처분

　대한제국의 재정은 정부재정과 황실재정으로 이원화된 구조였습니다. 1907년 통감부는 황실재정을 폐지하고 정부재정으로 일원화하였습니다. 그에 따라 황실이 독자의 재원으로 소유해 오던 토지가 국유지로 접수되었습니다. 당시 황실의 토지는 궁장토宮庄土, 역토驛土, 둔토屯土의 세 범주로 이루어졌습니다. 궁장토는 황실의 사적 재정기구인 궁방宮房의 소유지를 말합니다. 황실은 궁중의 여러 주방에 각종 식재료를 공급하고 여러 왕족의 제사를 거행하는 데 필요한 물자를 조달하기 위해 서울 시내에 궁방을 설치했는데, 1907년 당시 15개가 있었습니다. 역토는 국가의 통신기구로서 역驛이 말을 기르는 비용이나 역리驛吏의 생활비를 충당하기 위해 설치한 토지입니다. 둔토란 중앙정부의 각 기관이나 군영이 재정 보충을 위해 설치한 토지입니다. 역토와 둔토는 조선왕조의 공유지입니다. 그래서 1894년 갑오개혁甲午改革에 의해 이들 토지는 농상공부農商工部나 탁지부度支部의 소관이 되어 정부재정의 재원으로 편입되었습니다. 1897년 대한제국이 성립한 이후 고종 황제는 이들 역토와 둔토를 황실의 소유지로 간주하여 황실재정을 담당하는 내장원內藏院 소관으로 편입시켰습니다. 궁장토에는 갑오개혁에도 불구하고 아무런 변동이 없었습니다.

　1907년 통감부는 황실이 소유한 이들 궁장토, 역토, 둔토를 국유지로 접수한 다음 '역둔토驛屯土'라고 이름을 붙였습니다. 1907년 통감부는 역둔토실지조사驛屯土實地調査라 하여 이들 토지의 위치, 지목, 면적, 소작농을 조사하는 작업을 벌였습니다. 그랬더니 이들 토지의 농민들로부터 강력한 반발이 일었습니다. 농민들은 역둔토가 원래 그들의 소유지라고 주장하면서 통감부의 조사를 거부하였습니다. 통감부는 관헌을 동원하여 측량을 강행하려 했지만, 농민들은 동리 어구를 막고선 측량반의 진입 자체를 거부하였습니다. 그 결과 대량의 역둔토가 미측량인 가운데 전북, 전남, 황해의 45개면 513개 동리에서는 1912년까지도 측량이 불가능한 실정이었습니다. 측량을 마친 역둔토에서도 소유권 분쟁은 끊이지 않았습니다.

이런 사태가 발생한 이유는 17세기까지 거슬러 올라갑니다. 궁장토의 경우 법 형식에서는 궁방의 소유지이지만, 내용에선 농민의 사실상의 소유인 토지가 많았습니다. 궁장토는 원래 무주지였습니다. 궁방은 개간을 빙자하여 그 토지를 자신의 소유지로 삼았습니다. 그런데 개간은 궁방이 아니라 농민의 노력과 비용으로 이루어졌습니다. 농민은 그 토지를 자신의 소유지로 간주하고 오랫동안 상속하거나 매매해 왔습니다. 궁방에는 아주 낮은 수준의 세를 지불할 뿐이었습니다. 궁장토가 설치되자 주변 토지의 소유자가 자기 토지를 궁방에 바치기도 하였습니다(투탁投託). 그러면 군현이 부과하는 높은 수준의 세나 역을 면제받을 수 있었기 때문입니다. 이러한 사정은 역토나 둔토에도 마찬가지였습니다. 이렇게 형성된 복잡한 구조의 소유관계가 17세기 이래 한 번도 정리되지 않은 채 1907년까지 죽 내려온 것입니다. 개략적 추정에 의하면, 1907년 당시 전체 역둔토의 3분의 2가 이러한 유래의 사실상 민유지였습니다. 나머지 3분의 1은 궁방이 매입하거나 직접 개간한 궁방의 명실상부한 소유지였습니다.

1910년 8월 대한제국을 병합한 직후, 총독부는 토지조사법土地調査法을 공포하여 사업의 시행을 공식화하였습니다. 그렇지만 국유지에서의 이 같은 분쟁을 방치하고선 사업의 정상적인 추진이 어려웠습니다. 이에 6개월 뒤인 1911년 4월 총독부 산하 탁지부는 사실상의 민유지인 증거가 명확한 국유지에 대해선 도장관의 재량으로 해당 토지를 소유자에게 지급하는 조치를 취하였습니다. 당시 이를 가리켜 혼탈입지처분混奪入地處分이라 하였습니다. 그와 더불어 그때까지의 미측량 국유지에 대한 측량을 강행하였습니다. 앞서 소개한 국유지의 증가합과 감소합을 통해 당시의 사정을 살필 수 있습니다. 1910년 9월 이후 1914년 3월까지 6만 3,000여 정보의 국유지가 신규 측량으로 증가한 반면, 같은 기간에 5만 8,000여 정보의 국유지가 혼탈입지처분으로 감소하였던 것입니다. 총독부가 1912년 8월 토지조사령土地調査令을 공포하여 사업을 본격적으로 개시할 수 있었던 것은 이 같은 국유 역둔토에서의 분쟁을 사전에 원만히 처리하였기 때문입니다.

신용하는 이 같은 결말의 역둔토 분쟁에 대해 알지 못하였습니다. 그는 일제가 대량의 국유지를 창출할 목적에서 사실상의 민유지인 궁장토, 역토, 둔토를 국유지로 끌어들인 다음 총검으로 눌렀다고 이야기할 뿐입니다. 1907년 황실의 소유지를 국유 역둔토로 접수할 때 통감부는 그 토지의 소유관계가 어떠한지를 알지 못하였습니다. 어떻게 이 땅에 진입한 지 고작 2년 된 외래권력이 그에 대해 알 수 있단 말입니까? 그에 대해선 당시의 대한제국도 자세히 알지 못하였습니다. 토지의 내력을 조사하고 구별한 적이 없기 때문입니다. 따라서 국유지 분쟁의 원인은 17세기 이래 조선왕조의 토지제도 자체에 내재하였으며, 구체적으론 사실상의 민유지를 자신의 소유지로 지배해 온 왕실이나 황실에 그 책임이 있었다고 하겠습니다. 신용하는 그 역사적 원인과 책임을 엉뚱하게도 외래권력에 전가해 버리고 말았습니다. 신용하의 억측과는 전혀 다르게, 이 땅에 들어온 외래권력은 대량의 국유지 창출을 의도하지 않았습니다. 예상치 못한 분쟁이 야기되자, 어느 정도 전후 사정을 파악한 총독부는 혼탈입지처분을 통해 분쟁지의 상당 부분을 민간에 지급하였습니다. 그리고선 사업을 본격적으로 추진하였던 것입니다.

임시토지조사국의 처분

사업은 토지 소유자가 소정의 양식에 따라 토지의 제반 사항을 토지가 위치한 부府와 면面에 신고하는 것으로 출발하였습니다. 연후에 사업의 주무 관서인 임시토지조사국臨時土地調査局의 조사반이 토지의 실지조사에 임하였습니다. 소유자는 자신의 토지에서 자신의 이름을 적은 팻말을 들고 동리장과 이웃의 입회하에 조사반의 실지조사를 받았습니다. 그 과정에서 하등의 이의가 제기되지 않으면 소유자의 사정査定은 거기서 사실상 완료된 셈이었습니다. 소유권을 주장하는 사람이 둘 이상이면 그 토지는 분쟁지로 처리되어 별도의 분쟁지심사위원회紛爭地審査委員會의 판결을 받아야 했습니다.

신고의 실적을 보면 전국의 총 1,910만여 필지 가운데 신고된 대로 사정된 것이 1,900만여 필지(99.5%)로서 절대다수를 차지하였습니다. 나머지 0.5%의 필지는 분쟁지였습니다. 17~19세기에 걸쳐 일지일주一地一主의 형태로 토지의 사유권이 높은 수준으로 성숙해 있었기 때문에 그러한 일이 가능하였습니다. 무신고지로서 국유지에 편입된 것은 주로 분묘나 잡종지인데 8,944필지에 불과하였습니다. 농민이 신고가 무엇인지도 몰라 신고기한을 놓쳐 토지를 상실했다는 속설은 지난 『반일 종족주의』에서도 강조했습니다만, 그야말로 무책임하게 만들어진 낭설이었습니다.

분쟁지심사위원회에 접수된 분쟁지는 도합 3만 3,997건에 9만 9,455필지였습니다. 소유권 분쟁의 대부분은 국유지에서 일었습니다. 전술한 대로 이미 상당한 양의 국유 분쟁지가 탁지부의 혼탈입지처분에 의해 민유지로 돌려졌습니다. 그럼에도 불구하고 사업 기간 내내 나머지 국유지에서의 분쟁은 끊이지 않았습니다. 그만큼 구

황실 토지의 소유구조는 복잡하였던 것입니다. 분쟁지심사위원회의 처분이 전반적으로 어떠했는지는 자료가 남아 있지 않습니다. 몇몇 지방사례를 보면 경성부의 경우 총 230필지의 분쟁에서 91필지가 민유지로 판정을 받았습니다. 경기도 파주군에서는 269필지 가운데서 245필지가 그러하였습니다. 반면 경남 김해군 7개 면의 경우엔 455필지 가운데 353필지가 국유지 판정을 받았습니다. 한마디로 분쟁의 처분 결과는 다양하였습니다. 동 위원회는 엄격히 문서주의文書主義에 입각하여 분쟁지마다 상이한 판정을 내렸습니다.

이렇게 소유권에 관한 1차 사정이 끝나면 임지토지조사국은 그 결과를 민간에 공시한 다음 불복不服 신청을 받았습니다. 그때 다시 국유지를 둘러싸고 2만 148건의 분쟁이 발생하였습니다. 그 대부분은 1차 사정 때는 조용히 있다가 뒤늦게 제기된 분쟁이었습니다. 그만큼 1차 사정의 분위기가 민간에 불리하지 않았던 것입니다. 이들 뒤늦게 제기된 분쟁의 처리도 마찬가지였습니다. 그에 관해서는 김해군의 예가 알려져 있는데, 273건의 불복 가운데 72%가 불복자의 주장대로 채택되었습니다.

전반적으로 말해 분쟁지심사위원회의 처분은 미리 설정된 정책적 의도 없이 공정한 편이었습니다. 앞서 소개한 국유지의 시기별 증가합과 감소합의 추이를 보면 1914년 3월 혼탈입지처분이 종결된 이후에도 1917년까지 매년 감소합이 증가합을 능가하여 국유지의 면적이 계속 줄어들었습니다. 그 점에서 분쟁지의 처분은 오히려 민간에 유리한 방향이었다고 이야기해도 좋습니다. 그럼에도 사업 개시기에 비해 사업 말기의 국유지 면적이 더 큰 것은 1918년에 전남 도서지역에 분포한 1만 5,000여 정보의 대규모 민유지가 국유지 판정을 받았기 때문입니다. 유감스럽게도 그 흥미로운 분쟁의 역사를 여기서 소개할 수는 없군요.

신용하는 이상과 같은 사업 기간에 벌어진 분쟁의 동태적 과정을 알지 못하였습니다. 그는 총독부가 "한 손에는 피스톨을, 다른 한 손에는 측량기"를 든 '무장조사단'을 편성하여 측량과 사정을 강행하는 가운데 농민들이 제기한 일체의 분쟁을 피스톨로 또는 일선 경찰의 즉결 처분으로 제압해 버렸다고 단정하고 말았습니다. 그러한 시각에서 분쟁의 진행 상황에 관한 임시토지조사국의 보고마저 적절히 조작하기도 했습니다.

국유지 불하

전술한 대로 사업의 결과 총독부가 확보한 국유지는 12만 7,304 정보였습니다. 당초 총독부는 국유지를 일본 이민에게 불하하여 일본인의 조선 이주를 장려할 계획이었습니다. 그렇지만 1910년대 일본경제의 호황으로 조선에 건너올 이민의 모집이 여의치 않았습니다. 1919년 3·1운동이 발발하자 국유지 분쟁이 다시 제기될 조짐

을 보였습니다. 이에 총독부는 자작농을 양성한다는 명분으로 1924
년까지 11만 3,000여 정보에 달하는 대부분의 국유지를 조선인 연
고 소작농에게 불하하였습니다. 불하는 법정지가를 10년간 분할 상
환하는 유리한 조건이었으며, 대부분의 연고 소작농은 이를 환영하
였습니다. 얼마 남지 않은 국유지는 이후에도 계속 불하되어 결국에
는 농지로서 국유의 범주는 사라지고 말았습니다. 신용하는 무슨 영
문인지 사업이 종결된 이후에 전개된 이 같은 국유지 불하에 대해선
눈을 감았습니다. 어찌해서 사업의 결과 총독부는 조선 최대의 '식민
지반봉건지주'가 되었다고 이야기한 것일까요? 몰랐을까요? 아니면
모른 체한 것일까요? 참으로 헤아리기 힘든 심중입니다.

　이제 글을 맺겠습니다. 1993년 저는 이상과 같은 내용으로 신용하
의 토지수탈설을 비판하였습니다. 이후 오랫동안 신용하는 저의 비
판에 하등의 반응을 보이지 않았습니다. 그는 지난 2006년엔 『일제
식민지정책과 식민지 근대화론 비판』이란 책을 출간하였습니다. 거
기서도 저의 비판에 관해 침묵하였습니다. 오로지 1982년의 책을 그
대로 읊조리는 방식으로 저를 일제의 통치를 미화하는 자라고 비난
하였을 뿐입니다. 드디어 26년 만에 신용하는 저희의 『반일 종족주
의』를 직접 겨냥하여 『일제 조선토지조사사업 수탈성의 진실』이란
소책자를 출간하였습니다. 역시나 여기서도 1993년의 저의 비판에
대해서는 침묵하고 있습니다. 1982년의 책을 낡은 레코드판을 틀 듯
이 충실하게 반복하고 있을 뿐입니다. 저의 논문을 몰랐을까요? 그

렇지는 않겠지요. 그저 권위주의적으로 무시하는 겁니다.

『반일 종족주의』에서 저는 신용하의 연구를 '엉터리'라고 비난하였습니다. 연구자 사회에선 좀처럼 들을 수 없는, 함부로 해서는 안될, 강한 어조의 비판이었습니다. 그렇지만 여기까지 소개한 지난 1993년 이래의 사정을 읽으신 독자들은 제가 왜 그렇게 했는지를 이해하실 겁니다. 신용하는 총독부가 토지조사사업과 임야조사사업을 통해 전국 토지의 50.4%를 약탈했다고 주장하고 있습니다. 토지조사사업 연구에서 그가 범한 오류는 임야조사사업 연구에서도 거의 같은 형태로 반복되고 있습니다. 관련해서는 임야조사사업의 전문가인 이우연 박사가 쓴 다음 장까지 읽어주시길 부탁드리겠습니다.

참고문헌

김홍식 외(1997), 『조선토지조사사업의 연구』 민음사.
신용하(1982), 『조선토지조사사업연구』 지식산업사.
신용하(2006), 『일제 식민지정책과 식민지 근대화론 비판』 문학과 지성사.
이영훈(1988), 『조선후기사회경제사』 한길사.
이영훈(1993), 「토지조사사업의 수탈성 재검토」 『역사비평』 22.
이영훈(2003), 「국사 교과서에 그려진 일제의 수탈상과 그 신화성」 『시대정신』 28.
조석곤(2003), 『한국 근대 토지제도의 형성』 해남.

조선총독부 소유지 총계 1,120만 6,523정보는 1918년 12월 기준으로 한국 국토 총면적 2,224만 6,523정보의 약 50.4%에 달하는 것이었다. 이것을 농경지 등과 임야로 구분해 보면, 일제는 전국 농경지의 약 5.8%를, 전국 임야의 약 59.1%를 빼앗았다. (중략) 일제가 한국 전국토지의 50.4%를 약탈했다는 의미는 농경지 등과 임야 등을 빼앗았다는 것이지, 한국 농민의 농경지만 빼앗았다는 것이 아니다. 즉, 일제는 1) 경지 5.8%, 2) 한국 임야 59.1%를 강탈했고, 전체 한국 국토·토지의 50.4%를 조선총독부 소유지로 수탈했다(신용하 2019 : 186-7).

17

사실과 거꾸로인
임야 수탈론

———— 이우연

역사적 배경

신용하 교수(이하 경칭 생략)는 한반도 전체 면적의 43.0%, 임야 면적의 59.1%에 해당하는 955만 7,586정보를 조선총독부가 수탈했다고 주장합니다. '조선임야조사사업' 과정에서 나오는 수치인데, 그 앞과 뒤를 살피지 않은 황당한 주장입니다. 역사학자라면 그 누구보다도 그 역사적 배경을 살피고, 사건의 전모를 파악하고자 합니다. 그의 태도는 역사학자라고 보기에는 생경하기 그지없습니다.

조선후기에 인구가 증가함에 따라 산림자원과 임야가 상대적으로 부족해지고, 그 결과 사적 소유권이 발전하였습니다. 인구에 비해 토지가 상대적으로 희소해지면 토지 소유권이 발전하는 것과 같은 이치입니다. 그러나 그 임야 소유권이 오늘날과 같은 일물일권적一物一權的 소유권은 아니었습니다. 비록 사유림이라고 해도, 인근 주민이 땔감을 채취하는 등, 생존을 위해 낙엽이나 마른가지와 같은 부산물을 채취함은 관행적으로 인정되었습니다. 또 무주공산無主空山이라고 하여 소유권이 미성립인 임야가 광범히 존재하였습니다. 그 땅의 임산물은 오늘날 무주물선점無主物先占이라고 하듯이 먼저 가져가는 사람이 주인이라는 원리 외에는 어떤 규칙도 없는 임야입니다.

어느 사회에서나 어떤 물건이든지 일물일권적 소유권이 성립하지 못할 때, 소비는 과대해지고 투자는 과소해져 그 자원은 결국 고갈됩니다. 다른 사람이 가져갈 테니 소비를 서두르게 되고, 투자를 해도 그 과실이 자신에게 돌아오지 않으니 투자하는 사람이 없어지기 때문입니다. 이것을 '공유지의 비극'이라고 합니다.

소유권 제도의 결함으로 인해, 임진왜란·병자호란 이후 인구 증가에 따라 한반도의 산림은 급속히 황폐해졌습니다. 온돌에 필요한 땔감과 목재 수요가 늘고, 식량 수요가 늘면서 개간도 확대되었습니다. 그로 인해 비가 조금만 내려도 홍수가 나고, 비가 며칠만 오지 않아도 가뭄이 들어 농사를 망쳤습니다. 다른 나라 역사에서도 빈번하였던 생태학적 위기가 조선에서도 발생한 것입니다. 치산치수治山治水가 안 되니 농업이 될 리가 없습니다. 저는 조선후기 농업생산성의 하락과 경제위기의 원인이 바로 이 산림 황폐화에 있다고 생각합니다.

삼림법

조선을 병합한 일본은 산림 복구와 임야 소유권 정리에 착수하였습니다. 일본에 의한 임야 소유권 정리는 1908년의 삼림법으로부터 시작하여 1934년의 특별연고삼림양여特別緣故森林讓與에 이르기까지 장기간에 걸쳐 진행되었습니다. 임야 소유권 정리와 총독부 임업정책의 최우선 목표는 산림녹화였습니다. 이것을 '녹화주의'라고 부릅니다. 식민통치를 위해서도 산림녹화는 매우 효율적인 통치정책이었습니다. 황폐산림을 복구하면 적은 비용으로 큰 경제적 효과를 누릴 수 있고, 동시에 통치의 정당성을 널리 선전할 수 있기 때문입니다.

삼림법은 한국 최초의 근대적인 산림·임야 관계 법령입니다. 제19조가 유명합니다. 소유자는 3년 이내에 임야의 소유 사실을 신고해야 하고, 신고하지 않으면 국유로 간주한다는 것입니다. 이에 따라 약 220만 정보의 임야가 신고되었습니다. 한반도의 총면적은 약 2,225만 정보이며, 그 73%인 1,617만 정보가 임야입니다. 이후 소유권 정리 과정에서 민유림은 전체 임야 중 65%인 1,059만 정보로 늘어납니다. 따라서 1908년의 삼림법에 의해 신고된 면적은 전체 민유림의 21%에 불과합니다.

1910년에는 임적조사林籍調査라 하여 한국 역사상 처음으로 전국의 산림 상황과 소유권에 대한 조사가 이루어집니다. 그 결과 무입목지無立木地가 전국의 26%로 411만 정보이며, 민유림은 전체 임야의 48%

인 755만 정보로 조사됩니다. 간이한 방법으로 이루어진 조사로 이후의 임야조사사업에 비교하면 아무래도 정밀성이 떨어질 수밖에 없습니다. 그래도 한국사 최초의 전국적 조사였기에 그에 기초하여 임야소유권 정리의 방향과 산림정책의 기축, 즉 녹화주의를 담은 삼림령이 1911년에 제정, 공포되었습니다. 삼림법은 폐지되었습니다.

삼림령

삼림령의 녹화주의를 가장 잘 보여 준 것이 조림대부제도造林貸付制度입니다. 조림을 목적으로 국유림을 대부한 자가 조림에 성공하면 그 임야를 무상으로 양도한다는 내용입니다. 조림대부의 대상이 된 국유림은, 막연히 "근처 사람들이 와서 나무를 한다"고 말하는 것처럼 권리 관계자나 그 대상을 특정할 수 없는 무주공산이 중심이었습니다.

총독부는 임적조사를 통해 삼림법 제19조에 의해 사적 소유권을 신고하지 않은 임야 가운데서도 정당한 소유자와 사유림이 많이 있다는 것을 알게 되었습니다. 총독부는 그들을 "국유림의 연고자"라고 부르면서 사실상의 소유자로 취급하였습니다. 그들의 권리는 보호되었습니다. 목재나 땔감 등 주·부산물을 벌목·채취하는 사용·수익의 권리는 이전과 마찬가지로 유지되었고, 해당 임야는 총독부도 제3자에게 매각, 양여, 대부 등으로 처분할 수 없었습니다. 원 소유자에게 돌려질 땅이기 때문입니다.

　총독부는 삼림령과 관련 법규를 통해 연고자를 소유사로 선환시키고자 하였습니다. 산림녹화의 실적을 거두면 사유권을 부여하는 방법으로, 앞서 말한 녹화주의를 관철하고 있었습니다. 연고자가 수목 보호나 조림 투자에 의해 일정한 수준의 산림 상태를 확보하면, 조림대부를 받은 것으로 간주하여 그들에게 법률적 소유권을 부여할 수 있게 한 것입니다.

임야조사사업과 특별연고삼림양여

　식민지기 임야 소유권 정리에서 가장 중요한 것은 1917~1924년의 임야조사사업이었습니다. 농지와 대지에서 토지조사사업이 있었듯이, 임야에서는 임야조사사업이 있었습니다. 임야의 소유권을 근대적 소유권으로 정리하고 등기업무에 필요한 임야도林野圖와 임야대장林野臺帳을 만드는 사업입니다. 임야조사사업은 토지조사사업의 종료를 앞둔 1917년부터 시작되었는데, 임야도를 작성하고 소유권을 조사하여 소유자를 기록한 임야대장을 만드는 사정查定 업무는 1924년에 종료되었습니다. 이를 통해 파악된 국유림은 '연고자가 없는 국유림'과 '연고자가 있는 국유림'으로 나뉘고, 각각 618만 정보, 338만 정보, 합계 956만 정보로서 전체 임야의 59.1%인 것으로 파악되었습니다.

'연고자가 있는 국유림'에서 연고자란 앞서 말한 삼림법 단계에서 소유권 신고를 하지 않은 사실상의 소유자를 말합니다. 총독부는 임야조사사업에서도 이들 연고자를 소유자로 전환시키고자 하였습니다. 조림 의무를 지우는 등 소유권자를 확정해 둠이 산림녹화 정책을 추진함에 있어서 유익하였기 때문입니다. 그를 위해 임야조사사업에서는 소유권을 부여하는 조림 성적의 기준을 삼림령의 관계 규정보다 한층 낮췄습니다. 그럼에도 불구하고 기준이 여전히 높았던지 그에 미달하는 임야가 많이 있었습니다. 바로 그러한 임야가 임야조사사업 이후에도 여전히 '연고자가 있는 국유림'으로 남게 된 것입니다.

뒤이어 1927~1934년에는 특별연고삼림양여 사업이 진행됩니다. 연고자에게 해당 임야의 소유권을 양도하는 사업이었습니다. 그 결과 280만 정보의 연고 임야가 국유에서 민유로 변화하였습니다. 1927년이면 총독부 정책이 무게중심을 임야 소유권 정리에서 산림녹화로 옮기는 시기입니다. 산림녹화를 추진하기 위해 조림이나 보호 의무를 부과하는 등, 소유자를 분명히 할 필요가 있었고, 그런 이유로 소유권 정리에서 녹화주의는 마침내 포기가 되었습니다.

사실과 거꾸로인 수탈론

신용하는 앞서 말한 '연고자가 있는 국유림' 338만 정보를 조선총

독부가 조선인으로부터 '약탈'한 것이라고 주장하였습니다. 그는 총
독부의 특별연고삼림양여를 몰랐거나 은폐하였습니다. 표17-1에서
보듯이, 양여사업에 의해 조선의 임야 소유구조가 크게 변화하였고,
한반도 남부에서는 오늘날과 같은 소규모 민유림 중심의 소유구조
가 확정되었습니다. 1927년과 1934년을 비교하면, 전국적으로 국유
림은 55.7%에서 35.1%로 감소하였고, 그만큼 민유림이 증가하였습
니다. 특히 남부지역에서 민유림은 무려 92%나 차지합니다.

　신용하가 이러한 중대 사실을 고의로 은폐했다고는 생각하지 않
습니다. 아마도 그는 몰랐을 겁니다. 그는 1908년부터 1934년에 이
르는 총독부 임야정책의 기초자료를 세밀히 읽지 않거나 관련 연구

표17-1 특별연고삼림양여 이전과 이후 (단위: 정보)

연도	지역	국유			민유	계
		요존	불요존	계		
1927	남부	286,000	1,223,000	1,509,000	3,999,000	5,508,000
	(%)	(5.2)	(22.2)	(27.4)	(72.6)	(100.0)
	북부	4,989,000	2,672,000	7,661,000	3,301,000	10,962,000
	(%)	(45.5)	(24.4)	(69.9)	(30.1)	(100.0)
	계	5,275,000	3,895,000	9,170,000	7,300,000	16,470,000
	(%)	(32.0)	(23.6)	(55.7)	(44.3)	(100.0)
1934	남부	191,918	248,146	440,064	5,028,814	5,468,878
	(%)	(3.5)	(4.5)	(8.0)	(92.0)	(100.0)
	북부	4,439,104	861,882	5,300,986	5,563,638	10,864,624
	(%)	(40.9)	(7.9)	(48.8)	(51.2)	(100.0)
	계	4,631,022	1,110,028	5,741,050	10,592,452	16,333,502
	(%)	(28.4)	(6.8)	(35.1)	(64.9)	(100.0)

자료: 이우연(2010: 287).

성과를 충실히 섭렵하지 않았습니다. 왜 그랬을까요? 연구자로서의 자세가 허술하고 게을렀다기보다는 그의 문제의식이 처음부터 엉뚱한 데 사로잡혀 있었습니다. 일제의 수탈 만행을 고발하겠다는 것 이상도 이하도 아니었습니다. 바로 반일 종족주의입니다. 그러한 저급한 심성에 사로잡히니 관련 자료도, 남의 연구 성과도 읽지 않은 것입니다. 그가 우리의 『반일 종족주의』에 대응하여 급하게 출간한 『일제 조선토지조사사업 수탈성의 진실』은 임야조사와 관련하여 저의 책 『한국의 산림소유제도와 정책의 역사 1600-1987』에 대해 한마디도 언급하고 있지 않습니다. 섭섭하다기보다 서글픈 것이지요. 그게 우리 학계의 부끄러운 민낯입니다.

국유림이면 모두 수탈?

신용하는 임야조사사업을 통해 총독부가 956만 정보의 임야를 수탈했다고 합니다. 이는 사업이 종료된 1924년 시점의 국유림 면적을 말합니다. 그 국유림에는 '연고자가 있는 국유림'이 있고, '연고자가 없는 국유림'도 있습니다. 전자가 338만 정보, 후자가 618만 정보입니다. 지금까지 제가 주로 설명한 것은 '연고자 있는 국유림'에 대한 것입니다. 이제 끝으로 '연고자가 없는 국유림' 618만 정보에 대해 살펴보겠습니다. 그것을 국유림으로 삼았다고 하여 수탈했다고 할 수 있을까요?

'연고자가 없는 국유림'에는 두 종류가 있었습니다. 첫 번째는 무주공산입니다. 경제학에서는 자유참입형自由參入型 소유권이라고 하며, 소유권은 물론, 누가 무엇을 어떻게 이용하는지에 대한 규칙이 없는 상태를 말합니다. 앞서 설명한 대로 총독부는 이 범주의 임야를 대상으로 조림실적에 의해 소유권을 형성한다는 조림대부 정책을 추진하였습니다. 신용하가 이 부류의 국유림이 수탈되었다고 주장하는 근거는 "조선인은 과거에는 공유림公有林에 자유로이 들어가서 개간, 방목, 땔감 채취를 하는 등 입회권入會權을 갖고 있었는데, 임야조사사업에 의해 한국인들이 이제 그 권리를 행사할 수 없게 되었다"는 겁니다.

우선 그는 공유림의 개념을 잘못 쓰고 있습니다. 공유림이란 촌락, 지방자치체, 학교, 조합 등 단체가 공유公有하는, 또는 총유總有하는 임야를 말합니다. 입회권이 박탈되었다는 주장도 사실과 다릅니다. '입회'는 조선시대에 널리 존재하거나 크게 발전한 관행이 아닙니다. 일본의 고유한 제도인 '입회'는 누가 어디를 어떻게 이용하는가에 대한 약속과 규율이 분명하다는 특징을 갖고 있습니다. 누구든지 아무 곳에나 들어가 마음대로 채취하는 것을 두고 '입회'라 하지 않습니다. '자유참입'이라 해야 합니다. 산림을 황폐시키는 무규칙의 상태를 말합니다. 다시 말해 수탈될 입회권은 애당초 존재하지도 않았습니다. 자유참입은 세계의 어떤 근대국가도 허용하지 않습니다. 그것을 금지한 것을 두고 수탈이라고 말할 수 있을까요?

두 번째는 함경도, 평안도, 강원도의 오지에 분포한 원시림입니다. 이 원시림은 조선시대 말기까지 자본과 기술의 부족으로 이용할 수가 없었습니다. 임야조사사업 이후 이들 임야는 총독부가 경영할 산림으로서 국유로 보존됩니다. 어느 나라나 국토보전이나 재정 수입을 위해 국가가 경영하는 국유림이 있습니다. 그것을 두고 수탈이라고 말할 수는 없습니다. 현재 대한민국의 임야는 총 650만 정보이며, 그 20%인 132만 정보가 국유림입니다. 1924년 시점에서 현재 대한민국에 속하는 지역의 '연고자가 없는 국유림'은 110만 정보입니다. 소유권 정리가 완료된 1934년이 되면 이 부류의 국유림은 97만 정보로 감소합니다. 다시 말해 대한민국의 국유림은 식민지기 조선 남부의 국유림보다 훨씬 넓습니다. 신용하 식의 논리라면 대한민국 정부의 산림정책은 구 총독부보다 훨씬 수탈적이었습니다. 그렇지만 누가 그렇게 이야기하고 있습니까? 국제적 비교에서 대한민국 정부가 보유한 국유림의 비중은 오히려 적은 편입니다. 아이러니하게도 조선총독부의 임야정책이 그러한 결과를 낳았습니다. 신용하의 임야 수탈론은 한 마디로 궤변입니다. 반일 종족주의에 사로잡힌 반反과학입니다. 우리 모두를 아프게 하는 병리 현상이기도 합니다.

참고문헌

이우연(2010), 『한국의 산림소유제도와 정책의 역사 1600-1987』, 일조각.
신용하(2019), 『일제 조선토지조사사업 수탈성의 진실』, 나남.

5
편

식민지 근대화

18

한국사에서 근대는
어떻게 출발하였는가

──── 이영훈

근대에 대한 무지

어느 사회나 국가가 근대화하는 가장 뚜렷한 지표는 '법 앞에서의 평등'이라고 하겠습니다. 민법의 표현을 빌리면 '사권私權의 주체'로서 '개인'의 성립이라고 할 수 있습니다. 저는 그러한 관점에서 1905년 또는 1910년 이래 일정기日政期의 경제사를 정리하고 있습니다.

몇 년 전의 일입니다. 법무연수원에서 젊은 검사 40여 명을 대상으로 강의를 한 적이 있습니다. 저는 무심코 물었습니다. "우리나라에서 민법이 성립한 것은 언제인가"라고 말입니다. 그런데 아무도 대답을 하지 않았습니다. 너무 상식적인 질문이어서 가벼운 웃음으로 받아들이는 분위기가 아니었습니다. 그들의 얼굴은 진짜 모르는 기색이었습니다. 한참 뒤 어느 검사가 "1958년이 아닌가요"라고 조심스럽게 대답했습니다. 그것은 현행 민법의 성립 연도이지요. 정답은 1912년입니다.

그해 조선총독부는 조선민사령朝鮮民事令을 발포하여 일본에서 시행 중인 민법을 조선에도 시행하기 시작하였습니다. 그 민법을 토대로 1958년 현행 민법이 제정되었습니다. 두 민법 사이엔 큰 차이가 없습니다. 민법은 개인의 인간으로서의 권리와 재산에 관한 권리를 규정한 법입니다. 법률가의 주요 책무는 그 권리를 보호하는 것입니다. 그런데 한국의 젊은 검사들은 그들의 직업을 성립시킨 그 법률이 언제 어떻게 성립했는지를 알지 못하였습니다.

그때부터 저는 이 나라 법학 교육에 심각한 문제가 있다고 생각해 왔습니다. 역사적 사실이 너무나 명백하여 법률가가 아니라도 누구나 쉽게 대답할 수 있는, 또 그래야 마땅한 질문입니다. 그렇지만 너무 오랫동안 아무도 묻지 않고 아무도 가르치지 않은 질문이었습니다. 이 나라 법과대학에서 그에 관한 강의는 없거나 매우 소홀한 모양입니다. 이 나라의 젊은 검사들이 그에 관해 알지 못함은 그렇게 밖에 설명되지 않습니다.

역사에 대한 무지는 이 나라 국민을 두 편으로 가르는 좌우 대립의 문제가 아닙니다. 오히려 두 진영이 공유하는 문제입니다. 진영 간의 대립이 점점 심각해지는 것도 다름 아니라 하늘 아래 가득한 역사에 대한 무지 때문입니다. 제가 던진 질문의 취지는 결국 다음과 같습니다. "한국인이여, 그대는 누구인가?" 그에 대한 온전한 대답은 질문을 던진 저 자신에게도 여전히 어렵습니다. 우리 모두가 얄팍한 정치적 공방을 떠나 구도자의 자세로 추구해야 할 영원의 존재론적 질문입니다.

조선후기의 공과 사

17~19세기 조선후기에 사권이나 그 주체로서 개인이란 범주는 없었습니다. 그 시대는 성리학性理學이 지배하는 세상이었습니다. 그 바탕이 된 중국 송宋의 주자학朱子學에서 공公은 천리天理를, 사私는 인욕人欲을 가리켰습니다. 주자는 인간의 마음에는 천리와 인욕이 뒤섞여 있는데, 자칫하여 천리의 공이 인욕의 사를 이기지 못하면 위태로워진다고 경계하였습니다. 조선의 성리학을 정립한 이황李滉은 이 같은 주자의 공사론을 일층 교조적으로 수용하였습니다. 이황은 공리公理는 귀하고 사욕私欲은 천하다고 하였습니다. 주자에게서 공과 사는 마음에서 그 선악을 다투는 관계라면, 이황에게서 공과 사는 귀와 천의 위계로서 전자가 후자를 지배해야 마땅한 관계였습니다. 이황은 "사私란 한 마음을 파먹는 벌레요, 만악의 근본이다"라고 말하였습니다. 이로부터 그가 얼마나 열정적으로 사를 배척했는지를 잘 알 수 있습니다.

조선 성리학에서 공리는 임금에 충성하고忠, 부모에 효도하고孝, 어른에 공경하고悌, 아이에게 자애로운慈 인륜을 말하였습니다. 충, 효, 제, 자 이 넷을 합해서는 인仁이라 하였습니다. 성리학이 규정한 인간의 본성은 인입니다. 하늘이 내린 이 본성을 실현한 인간은 귀한 군자君子로서 곧 양반입니다. 반면 제 한 몸 중한 줄만 알아 불충不忠, 불효不孝, 불제不悌, 불자不慈한 가운데 사욕을 밝히는 자들은 천한 소인小人으로서 곧 상놈입니다. 조선후기는 이 같은 성리학의 교리와 함께 양반 – 상놈의 신분제가 발달한 시대였습니다.

19세기 말까지 조선의 정치철학은 이 같은 성리학의 공사론이나 신분론을 넘지 못하였습니다. 흔히들 18~19세기의 실학자들이 인간의 평등을 추구했다고 합니다만, 과장이거나 오해입니다. 실학자로 유명한 정약용丁若鏞은 인간에게는 상하 등분等分이 있는데, 이를 밝히는 것이야말로 백성의 마음을 안정시키고 나라를 바로잡는, 변할 수 없는 법이라고 주장하였습니다. 등분이 명확하지 않아서 위계가 문란하면 백성이 흐트러지고 나라의 기강이 없어진다고 걱정하였습니다. 그런 관점에서 그는 당시 노비제가 해체되는 현실을 심하게 개탄하였습니다. 저는 그 점에서 조선의 지성사는 이기심을 인간 본성의 일환으로 승인하고, 나아가 직업의 귀천을 부정하는 사회윤리를 성숙시킨 일본과 중국의 정신문화와도 일정한 격차를 보였다고 생각합니다.

개화의 본질은 귀천의 구별

흔히들 1894년의 갑오개혁으로 신분제가 폐지된 줄로 아는데 이역시 오해입니다. 갑오개혁은 노비제의 폐지를 시도했지만 제대로 실현하지 못하였습니다. 양반 노비주의 반발이 심해지자 정부는 그 법령은 앞으로 양민을 노비로 삼는 것을 금한다는 뜻이지, 이미 존재하는 노비를 대상으로 한 것은 아니라고 후퇴하였습니다. 더구나 신분제의 더 넓은 저변을 이루는 양반과 상놈의 차별, 곧 반상제班常制에 대해선 손도 대지 못하였습니다.

갑오개혁 당시 정부가 단발령斷髮令을 내렸습니다. 그러자 조선 성리학의 정통 학맥을 잇는 유인석柳麟錫이 제천에서 의병을 일으켰습니다. 그의 휘하에는 상놈 신분의 김백선金伯先을 대장으로 하는 부대가 있었습니다. 1896년 유인석의 의병은 충주에서 일본군을 공격했다가 실패하였습니다. 김백선은 작전에 협력하지 않은 어느 양반 신분의 부대장을 추궁하였습니다. 그 장면을 지켜보던 사령관 유인석은 김백선을 끌어내 참수해버리고 말았습니다. 유인석이 의병을 일으킨 목적은 인륜의 질서로서 조선왕조의 국가체제를 수호하기 위해서였습니다. 그 체제에서 양반과 상놈의 위계는 범할 수 없는 질서였습니다. 그런데 의병 부대 내에서 그것을 허무는 일이 발생했으니 유인석의 입장에선 용납할 수 없는 패륜이었던 것입니다.

유인석은 누구보다 강력하게 갑오개혁에 반대하였습니다. 그는 구舊제도의 전면적인 복구를 주장하였습니다. 그에게서 구제도는 변치 않을 질서이자 개화 그 자체였습니다. 1898년 대한제국의 법부는 예하 재판소에 다음과 같은 취지의 훈령을 내렸습니다. "귀천貴賤의 분수分數를 밝히는 것은 천지의 도리이며 이것이 바로 개화이다. 아랫사람이 윗사람을 범하고 천한 놈이 귀한 신분을 능멸함에 대해선 죄가 무거운 자는 주살誅殺하고 가벼운 자는 징역에 치하여 결코 용서히지 말라." 이처럼 반상제는 여전히 시대의 도도한 물결이었습니다. 유인석이 의병 진영에서 반상의 분수를 범한 김백선 부대장의 목을 친 것도 그러한 시대적 흐름에서 그다지 괴이한 일만은 아니었습니다.

네 죄를 고하여라

국사학자 심재우沈載祐가 쓴 『네 죄를 고하여라』라는 책이 있습니다. "공은 귀하고, 사는 천하다." 이러한 법철학이 지배하는 세상에서 사권은 성립할 수 없습니다. 심 교수의 책은 조선후기의 재판제도나 실태가 얼마나 잔인하게 백성의 권리를 무시하고 억압했는지를 잘 묘사하고 있습니다. 재판은 객관적 증거가 아니라 자백에 근거하여 이루어졌습니다. 재판을 담당한 군현의 수령은 자백을 받아내기 위한 고문을 재판의 정상적인 절차로 간주하였습니다. 그래서 "네 죄를 고하여라" 또는 "네 죄는 네가 알렷다!"면서 피소인을 곤장

棍杖으로 내려쳤습니다. 전국 고을마다 억울하게 관청으로 끌려와 곤장을 맞는 백성의 비명이 끊이지를 않았습니다. 원래 조선왕조 법제에 의하면 죄인을 심문하거나 처벌할 때 사용하는 장杖은 길이가 1미터에 직경이 1센티미터인 막대기였습니다. 그것이 17세기 이후 점점 커져 길이 1.8미터, 넓이 16센티미터, 두께 3센티미터의 곤장으로 바뀌었습니다. 볼기를 벗기고 곤장을 치면 살이 찢어지고 피가 튀었습니다. 18세기 말 경상도 창원부사 이여절李汝節이란 자는 여러 구실을 붙여 30여 명의 백성을 곤장으로 때려죽였습니다.

잔인한 재판제도로 목숨을 잃은 백성 애사哀史에 관해선 수많은 이야기가 있습니다. 1719년 유술柳述이란 사람이 평안도 안주목사를 할 때의 이야기입니다. 가벼운 죄로 어느 아전衙前에게 곤장을 치면서 손님과 바둑을 두었습니다. 바둑알을 놓을 때마다 "매우 쳐라!"하며 멈추지 않았습니다. 바둑 한 판을 마치고 보니 아전은 거의 죽어 있었습니다. 당시 그 일을 두고 사람들은 "바둑이 사람을 죽였다"고 했습니다. 고을의 토착세력인 아전조차 그러한 형편이었으니 일반 백성에 대해선 더 말할 것이 없는 세상이었습니다.

살아도 죽은 상태

19세기에 들어와 조선의 경제는 점점 심각한 위기 상태로 빠졌습니다. 농업생산이 감퇴하고 시장이 위축되었습니다. 19세기 후반이 되면 조선의 왕실은 재정난을 타개하기 위해 관직을 팔았습니다. 군현의 수령은 투자금을 회수하기 위해 재판 권력을 남용하였습니다. 1894년 조선을 여행한 영국의 지리학자 이사벨라 비숍Isabella B. Bishop 은 이 나라는 오직 약탈자와 피약탈자의 두 계급으로 구성되어 있는데, "면허받은 흡혈귀"인 양반으로부터 끊임없이 보충되는 관료 계급과 인구의 5분지 4를 차지하는 하층 상민 계급이라고 하였습니다. 바로 반상제 그것이었습니다.

외국인의 관찰만도 아니었습니다. 1897년 6월 10일의『독립신문』에서 거의 같은 내용의 기사를 읽을 수 있습니다. 이 나라 사람이 살아가는 길은 두 가지밖에 없는데, 하나는 농사를 지어 겨우 연명하는 길이요, 다른 하나는 벼슬을 하여 농사짓는 사람을 뜯어먹고 사는 길이다. 그리하여 제 손으로 벌어먹는 사람은 언제 어떻게 재산을 빼앗길지 모르고, 벼슬하는 사람 역시 언제 어떻게 형벌을 당해 죽을지 알지 못하니, 모두가 살아 있으나 죽은 상태나 다를 바 없다는 내용의 탄식이었습니다. 거의 같은 표현의 서술이『독립정신』에서도 등장하니『독립신문』의 그 기자는 청년 이승만李承晩으로 여겨집니다. 이승만이 볼 때 당시의 조선은 거의 숨이 끊어져 가는, 다시 소생할 가능성이 의심스러운 중환자였습니다. 오랜 세월 바깥세상과 차단된 가운데 "공은 귀하고 사는 천하다"는 법철학이 잔인한 형벌제도와 더불어 백성을 억압해 온 역사의 업보였습니다. 1910년 조선왕조의 쇠망은 이 같은 문명사적 시각에서 재검토될 필요가 있습니다.

개인의 탄생

1912년 조선총독부는 조선민사령을 발포하여 일본에서 시행 중인 민법을 그의 신영토 조선에도 시행하였습니다. 다만 조선인의 능력, 친족, 결혼, 상속 등 일본의 법을 그대로 시행할 수 없는 영역에서는 공적 질서에 저촉되지 않는 한 조선의 관습을 용인하였습니다. 민법 제1조는 "사권의 향유는 출생으로부터 시작한다"고 했습니다. 제2조에서는 외국인도 법령이나 조약에서 금지하는 경우를 제외하고는 사권을 향유한다고 했습니다. 이로써 조선에 거주하는 모든 인간은 사권을 향유하는 주체로 인정되었습니다. 이를 계기로 당장에 큰 변화가 생긴 것은 아니었습니다. 변화의 속도는 느렸습니다. 그렇지만 변화의 방향만큼은 확실하였습니다. 한국인은 점차 자유인으로 변모해 갔습니다.

민법의 기초를 이루는 사권이란 개념은 16~18세기 서유럽의 계몽주의 정치철학에서 생겨난 것입니다. 존 로크John Locke 등 계몽주의자들은 사회와 국가가 성립하기 이전의 자연 상태에서 인간은 그 누구에게도 예속되지 않은 가운데 자신의 신체와 생명과 재산을 자신의 권리로 향유하는 자유로운 존재라는 자연법自然法을 신봉하였습니다. 국가는 자연 상태의 인간들이 서로의 권리를 용인하고 보호하기 위한 계약의 결과로 도출된 것입니다. 이 같은 근세 서유럽의 계몽주의 정치철학은 1776년 미국혁명과 1789년 프랑스혁명을 일으킨 원동력이었습니다.

혁명 이후 프랑스에서 최초로 제정된 민법은 이후 세계의 각 지역으로 전파되었습니다. 여타 세계에서 사권의 개념이나 그를 지지한 자연법은 있지 않았습니다. 동아시아를 비롯한 여타 세계가 서유럽에서 발생한 근대문명의 도전을 맞아 보인 대응의 양태는 다양하였습니다. 그 가운데 도전의 본질을 이해하고 살아남기 위해 그와 닮은꼴로 자신을 변혁함에 성공한 국가는 일본이 거의 유일하였습니다. 일본은 1880년 열강과의 불평등조약을 극복하기 위해 민법 제정에 착수하여 1898년에 완성하였습니다. 일본의 민법은 국가 주권의 소재와 원리를 밝힌 프랑스의 민법과 달리 주로 재산권에 관한 법률로서의 성격을 강하게 띠었습니다. 나라마다 상이한 국가체제나 문화의 배경에 따라 민법의 수용은 다양한 변용變容을 보였습니다.

그럼에도 인간을 사권의 주체로 간주하는 민법의 기본 원리에는 변함이 없었습니다. 민법은 인간은 자유로운 존재로서 다른 사람과의 관계에서 자신의 문제를 스스로 다스린다는 '사적 자치私的 自治의 원리'에 입각하였습니다. 이 원리는 '소유권 절대의 원칙'과 '계약 자유의 원칙'으로 구체화합니다. 예컨대 민법 제176조는 "물권物權의 설정 및 이전은 당사자의 의사 표시에 의해서만 그 효력을 발생한다"

고 하여 '소유권 절대의 원칙'을 천명하였습니다. 또한 제96조는 "사기 혹은 강박에 인한 의사 표시는 이를 취소할 수 있다"고 하여 '계약 자유의 원칙'을 표명하였습니다.

1912년 민법의 시행과 더불어 조선에서는 온갖 종류의 사유재산권이 포괄적으로 시행하였습니다. 그에 따라 식민지 조선의 경제는 '근대적 경제성장'의 길로 접어들었습니다. 국민소득의 증가율이 인구 증가율을 능가하여 1인당 실질소득이 지속적으로 증가하기 시작하였습니다. 이 땅의 인간들은 그들을 오랫동안 빈곤과 질병의 함정에 가두어온 이른바 '맬서스 트랩'으로부터 해방되기 시작하였습니다.

민법이 추구하는 자유롭고 평등한 인간관계는 전통 조선사회의 구조를 서서히 바꾸어갔습니다. 대한제국이 완강하게 고수한 사회와 정치의 신분 원리는 더 이상 허용되지 않았습니다. 조선총독부의 지방행정은 향리鄕吏나 상놈과 같은 구래의 2등 신분 출신자가 장악했습니다. 양반 신분에 허용된 제반 특권은 사라졌습니다. 무엇보다 노비나 백정白丁과 같은 최하층 천민이 해방되어 갔습니다. 백정의 자식도 양반의 자식과 더불어 보통학교에 취학하였습니다. 곳곳에서 양반세력이 반발했지만, 총독부는 이를 용납하지 않았습니다. 종래 상놈은 노상에서 양반을 만나면 굴신의 예로써 경의를 표해야 했습니다. 그런 관행이 사라지고 양반과 상놈이 평교平交를 하는 새로운 세상이 찾아왔습니다.

무엇보다 여성의 사회적 권리가 강화되었습니다. 민법 시행의 초기에는 혼인, 이혼, 입양, 상속, 분가 등은 관습의 영역에 위임되었습니다. 처의 법률행위나 경제활동에는 남편의 허가가 요구되었습니다. 남편의 부당한 행위에 처가 대항할 수 있는 능력에는 심각한 제약이 있었습니다. 전통적으로 처의 이혼 소송은 불가능하였습니다. 그렇지만 민법의 영향을 받아 전통은 해체되거나 바뀌어 갔으며, 여성의 법 능력도 크게 개선되었습니다. 총독부는 몇 차례 민법을 개정하여 관습의 영역을 축소하고 그것을 성문화하였습니다. 예컨대 1921년의 민법 개정은 처가 이혼 소송을 제기할 능력을 인정하였습니다.

형사재판제도의 근대화

총독부 권력의 성립과 더불어 조선인의 사회생활에 초래된 또 하나의 중대한 변화는 자의적이며 폭압적인 재판 권력으로부터 해방되었다는 점입니다. 종래의 재판은 범죄자와 피해자의 신분 관계나 친소親疏 관계에 따라 형량을 달리하였습니다. 범죄자의 신분에 따라 재판의 절차나 담당 기관도 달랐습니다. 법 앞에서 만민평등은 조선의 재판제도와 무관하였습니다. 행정과 사법은 분리되지 않았습니다. 재판은 일반적으로 재판을 담당한 관리의 축재행위로 이루어졌습니다. 전술한 대로 증거주의는 미비되었으며, 자백을 받아내기 위한 고문은 재판의 정상 절차로 간주되었습니다. 형사와 민사의 구분이 뚜렷하지 않은 가운데 고문은 민사재판에서도 행해졌습니다.

형사재판제도의 근대화에 관해서는 국사학자 도면회都冕會의 『한국 근대 형사재판제도사』가 대표적인 연구 업적입니다. 이 책에 의하면 형사재판제도가 행정과 사법의 분리를 통한 전문주의, 몰沒신분과 몰沒친소의 평등주의, 죄형법정주의罪刑法定主義, 증거주의, 일사부재리一事不再理의 원칙, 시효제도, 복심覆審제도, 변호사제도 등과 더불어 근대화하는 것은 1912년에 공포된 조선형사령朝鮮刑事令에 의하였습니다. 1894년의 갑오개혁으로 형사재판제도가 형식적으로 근대화하지만 곧이어 보수반동화하여 자의적 재판과 가혹한 형벌을 일삼음으로써 민중의 생명과 권리를 지켜주지 못하였습니다. 이에 나라가 망해감에도 불구하고 대부분의 민중은 일제에 항쟁하지 않았으며, 나아가 일제가 정비한 근대적인 형사재판제도에 기대까지 했다고 위 책은 지적하고 있습니다.

그렇게 도면회 교수는 오늘날 한국인이 누리는 형사재판제도의 식민지적 기원을, 그에 깃든 역사의 굴곡과 모순을 숨기지 않고 지적하였습니다. 서울대학교 법학전문대학원에 형법 전공의 조국曹國이란 교수가 있습니다. 그는 우리의 『반일 종족주의』가 출간되자 "구역질나는 책"이라고 하면서 우리를 "부역 매국 친일파"라고 매도하였습니다. 왜 그랬을까요? 형법 전공자이지만 한국 형사재판제도의 이 같은 역사를 잘 알지 못하였던 것입니다. 아마도 그 방면에 가장 권위 있는 도 교수의 책을 읽지 않았을 겁니다. 법학의 다른 전공 분야에서도 사정은 대동소이할 겁니다. 앞서 지적했듯이 이 나라의 젊은 법률가들은 그들의 민법이 어디서 유래했는지를 알지 못합니다. 저는 한국의 법학은 몰역사의 기능주의일 뿐이라고 판단합니다.

환상의 만연

저는 한국사에서 개인의 탄생은, 그를 통한 근대의 출발은 1912년의 조선민사령과 조선형사령에 의해서라고 생각하고 있습니다. 물론 출발 그것은 결코 완성이 아닙니다. 두 법령은 어디까지나 일본의 법으로서 식민지 조선에 이식된 것입니다. 이식 그것은 조그만 출발에 불과하였습니다. 여러 식민지에서 근대의 이식은 형식에 그치거나 불구로 귀결됨이 일반적이었습니다. 성공적인 정착을 위해선 전통사회와 문명으로부터의 적극적인 대응이 있어야 합니다. 그러한 문제의식에서 저는 지난 1세기간 법의 역사가 어떠하였는지, 그 결과 오늘날 한국의 법질서와 문화는 어떠한 특질을 지니는지 참으로 궁금합니다. 저는 한국의 법학계가 그에 관한 장기의 법제사를 하루빨리 정리해 주시길 학수고대하고 있습니다.

그 작업의 수행에 있어서 한 가지 염두에 둘 점은 언제부턴가 우리 사회에 형성된 역사인식의 커다란 공백입니다. 연구자나 교육자는 오랫동안 이 나라 근대문명의 식민지적 기원에 대해 말하기를 꺼

려왔습니다. 그것은 금기의 영역이었습니다. 그 결과 실로 적지 않은 인식의 공백이 형성된 가운데 온갖 형태의 중세적 환상과 광신이 그것을 채우고 있는 실정입니다.

우리의 『반일 종족주의』를 두고 지난 9개월간 연구자들이 보인 행태는 차마 입에 담기 민망할 정도로 저급하였습니다. 지금은 거의 끊어지고 말았습니다만, 예전엔 함께 어울려 토론하는 자리가 없지 않았습니다. 저는 식민지 근대화론을 맹렬하게 거부하는 사람들에게 물었습니다. "그럼 당신은 우리의 근대가 언제부터 출발했다고 생각하는가?" 저의 반문에 대부분의 비판자는 침묵합니다. 일부의 비판자는 지난 20세기는 진정한 의미의 근대가 아니라고 재반론합니다. 그들이 지향하는 진정한 근대가 무엇인지를 짐작하기는 어렵지 않습니다. 아마도 중국이나 북한의 인민민주주의人民民主主義 그것일 겁니다. 아무튼 현행 중·고등 역사과와 사회과 교과서를 아무리 뒤져도 이 나라의 근대화 과정에 대한 서술을 찾을 수 없는 것은 이같은 이유에서입니다.

일부의 비판자는 15~19세기의 조선왕조가 이미 근대화된 나라라고 주장하고 있습니다. 그들은 우리가 지향할 진정한 근대는 저 아름다웠던 인간성이 풍부한 조선왕조의 문명이라고 생각하고 있습니다. 우리의 『반일 종족주의』에 맞서 『일제종족주의』를 출간한 황태연을 중심으로 한 그룹이 그러한 부류입니다. 황태연의 주장에 의하면 17세기 이래의 조선은 중세에 머물러 있는 일본보다는 물론, 송·명의 중국보다 우수한 "낮은 단계의 근대"에 벌써 진입하였습니다. 20여 년 전부터 국사학계 일각에서 형성된 국수주의적 문화사관을 수용한 이들의 주장을 여기서 반박할 여유는 없습니다. 전술한 대로 사권이 미성립한 가운데 반상 신분제가 도도한 흐름을 이룬 그 사회를 두고 근대라고 치부하니 어처구니가 없습니다. 앞서 역사인식의 공백이 중세적 환상과 광신으로 차 있다고 한 것은 이런 경우를 두고 한 말입니다.

중세적 환상과 광신에 기초하여 새로운 나라를 세울 수는 없습니다. 우리를 종족사회로 긴박하고 있는 그것들을 하나씩 격파해 가야 합니다. 비록 실패한 역사라도 그것을 직시해야 합니다. 역사는 인간들의 현명하고 어리석은 선택에 따라 성공과 실패의 갈림길이 중첩되는 과정입니다. 어리석은 선택의 누적은 결국 그 사회와 국가를 망치고 맙니다. 그런 점에서 조선왕조의 성공과 실패는 우리에게 더없이 훌륭한 역사 교과서라고 생각합니다. 환상을 대신하여 사실에 충실한 자유인만이 읽을 수 있는 값진 교과서입니다.

참고문헌

도면회(2014), 『한국 근대 형사재판제도사』, 푸른역사.
심재우(2011), 『네 죄를 고하여라』, 산처럼.
이사벨라 버드 비숍 지음, 이인화 옮김(1994), 『한국과 그 이웃나라들』, 살림.
이승일(2008), 『조선총독부 법제 정책 −일제의 식민지 통치와 조선민사령−』, 역사비평사.
이영훈(2016), 『한국경제사』 II, 일조각.
황태연(2019), 『일제종족주의』, NEXEN MEDIA.

반일 종족주의자 주장하길

고종은 일제에 의해 독살당할 때까지 끝까지 맞서 싸운 항일군주였
다. 俄館播遷은 러시아공사관으로 목숨 걸고 떠난 망명이며, 고종은
불멸의 충의를 보여준 군주였다. 고종을 암군으로 매도하는 것은 식
민사관에 찌든 부왜노들의 망동이다 (김종욱 2019 발췌 요약).

19

고종의 습관성 파천과
국가의식

——— 김용삼

진부한 논쟁

고종이 암군暗君인가 개명군주開明君主인가는 이미 학계에서 한 차례 논쟁을 벌여 사실상 결론이 나 있는 주제입니다. 그 진부한 논쟁이 『일제종족주의』란 책에서 김종욱의 「고종의 항일투쟁사 그리고 수난사」란 글로 재연되었습니다. 앞에서 제시한 대로 김종욱은 고종을 일제에 의해 독살당할 때까지 맹렬히 독립을 위해 싸웠던 항일군주로 자리매김합니다. 대한제국이 멸망한 원인은 여러 가지가 있지만, 가장 주된 요인은 고종과 민왕후의 외교 실패라고 생각합니다. 난세를 자력으로 돌파할 수 없는 약소국은 동맹이라도 잘 맺어야 생존이 담보됩니다. 고종과 민왕후는 영국과 러시아의 '그레이트 게임Great

Game'이 동아시아에서 벌어질 때 러시아와 비밀협약을 맺어 러시아를 한반도로 끌어들이다가 패권국 영국의 버림을 받았습니다. 대한제국은 그래서 망한 것입니다.

파천인가 망명인가

1884년 러시아와 수호통상조약을 체결한 후 고종은 러시아와 연합군을 결성하려는 밀약을 체결하였습니다(제1차 조러밀약). 영국이 그 사실을 알고 거문도를 점령하여 러시아의 남진을 저지하였습니다. 영국이 거문도를 점령하고 있는 와중에 고종은 다시 러시아와 밀약 체결을 시도합니다(제2차 조러밀약). 그러자 종주국인 청이 고종을 폐위코자 하여 고종은 큰 위기를 맞았습니다. 1895년 청일전쟁이 끝나자 고종과 민왕후는 다시 러시아를 끌어들이려 합니다. 그에 맞서 일본은 민왕후를 시해하는 만행을 저질렀습니다. 그 같은 일본의 도전에 맞서 1896년 2월 러시아는 고종을 경복궁에서 탈출시켜 자국의 공사관으로 옮기는 아관파천俄館播遷으로 응전하였습니다.

김종욱은 러시아공사관으로 파천한 고종의 행위를 "망명을 통해 임시정부를 수립하려는 계획"이라고 주장했습니다. 파천의 사전적 의미는 "임금이 도성을 떠나 난리를 피하는 일"입니다. 반면 망명은 "정치나 사상, 종교 등의 이유로 자기 나라에서 탄압이나 위협을 받는 사람이 이를 피해 다른 나라로 나가는 일"입니다. 김종욱은 고종이 도성을 띠난 적이 없으니 파천이 아니며, 러시아공사관, 곧 사실상 러시아 영내로 옮겨갔으므로 망명이라 해야 옳다고 합니다. 『일제종족주의』의 편저자 황태연도 그의 『갑오왜란과 아관망명』이란 책에서 같은 주장을 펼친 적이 있습니다.

일관·미관·영관 파천의 시도

고종의 행위를 파천이 아니라 망명이라고 주장하기에 앞서 김종욱은 다음과 같은 사실을 먼저 체크할 필요가 있었습니다. 고종은 그의 재위 기간에 모두 7차례나 외국공사관으로 파천을 시도하였습니다. 그 첫 번째는 1882년 임오군란이 벌어졌을 때입니다. 무장한 난병들이 창덕궁昌德宮에 난입하여 고종이 보는 앞에서 탐관오리로 지목된 민겸호와 김보현을 살해하였습니다. 그러자 고종은 하나부사 요시모토花房義質 주조선 일본공사에게 "조선의 군병들이 또다시 난동을 부릴 경우 일본공사관으로 피신하겠다"고 일관파천日館播遷을 요청합니다. 일본공사는 흔쾌히 이 제안을 받아들였습니다만, 이후 군란이 진압되어 실제의 파천은 일어나지 않았습니다. 이 같은 고종의 시도는 파천입니까, 망명입니까? 물론 일본의 보호를 구하고자 했으니 항일군주의 망명이라곤 할 수 없겠지요. 어쨌든 아관파천이든 일관파천이든 위기에 직면하여 국왕 고종이 보인 행태는 동일한 원리에 기초해 있습니다. 그에 대해선 나중에 이야기하겠습니다.

1894년 청일전쟁이 발발했습니다. 고종은 청일전쟁의 원인을 제공한 사람입니다. 그는 동학농민군의 토벌을 위해 청에 원병을 요청하였습니다. 그러자 일본군도 조선에 출동하였습니다. 자기가 불러들인 두 외국군이 전쟁을 벌이려 하자 고종은 외국 공관으로 피신할 계획부터 세웁니다. 고종은 존 실John M. B. Sill 주조선 미국공사에게 "만약의 사태가 발생할 경우 미국공사관으로 피신할 것이니 준비해 달라"고 미관파천美館播遷을 요청합니다. 실 공사는 "조선 정국에 개입하지 말라"는 본국 정부의 훈령을 받고 고종의 요청을 거절합니다. 미국과 교섭을 벌이고 있는 사이 고종은 가드너C. T. Gardner 주조선 영국 총영사에 밀사를 보내 영국영사관으로의 파천을 타진합니다. 영국 정부는 고종의 영관파천英館播遷 요청을 단호히 거절하였습니다.

아관파천의 성공

고종이 여러 차례 시도한 파천은 1896년 2월의 아관파천에서 드디어 성공하였습니다. 일국의 국왕이 궁녀 복장으로 변장한 다음 궁녀 가마를 타고 러시아 병사의 호위를 받으며 러시아공사관으로 거처를 옮긴 것입니다. 사전에 주조선 러시아공사로부터 고종의 계획을 보고받은 러시아의 황제 니콜라이 2세는 이를 환영하였습니다. 한반도에서 영국과 일본의 세력을 몰아낼 둘도 없는 호기이기 때문이었습니다.

고종의 아관파천을 독립국가를 세우기 위한 망명으로 포장하기 위해서는 그에 상응하는 고종의 노력이 확인되어야 합니다. 그런데 러시아공시관에서 머문 1년간 고종은 무슨 일을 했던가요? 그간의 업적이라곤 근대국가 수립을 위한 갑오개혁의 제반 조치를 취소하고 원상으로 되돌리는 일이 고작이었습니다. 한 가지 더 있다면 자신을 후원하는 미국과 러시아에 온갖 이권을 팔아넘기는 것이었습니다. 미국에는 경인철도 부설권과 운산 금광 채굴권, 러시아에는 함경도 경원·종성의 광산 개발권과 압록강·울릉도 벌목권 등등, 엄청난 국가자산이 두 나라로 넘어갔습니다.

1년 뒤 고종은 러시아공사관에서 경운궁慶運宮으로 거처를 옮겼습니다. 당시 국왕이 거처할 정궁으로는 경복궁과 창덕궁이 있었습니다. 고종은 무엇 때문에 두 궁궐을 마다하고 엄청난 예산을 들여 경운궁을 개보수한 다음 그곳으로 거처를 옮겼을까요? 세월이 한참 지난 뒤에야 그 이유가 밝혀졌습니다. 1981년 문화재를 조사하는 과정에서 서울 정동에 소재한 러시아공사관의 종탑 아래에서 밀실과 비밀통로가 발견되었는데, 비밀통로는 경운궁까지 연결되어 있었습니다. 고종은 여차하면 다시 러시아공사관으로 피신할 대책을 세운 다음 그와 인접한 경운궁을 거처로 삼았던 것입니다.

1897년 고종은 그의 나라가 제국임을 선포하고 황제로 등극하였습니다. 사전에 고종은 러시아 황제 니콜라이 2세의 의향을 타진했으며, 그의 내락을 받고서야 황제 보위에 올랐습니다. 고종은 자신의 결의와 포부로 황제에 등극할 만큼의 담대한 사람이 아니었습니다.

최후의 파천 시도

고종 황제가 가장 신뢰하고 의지한 사람은 러시아의 니콜라이 2세였습니다. 고종이 그와 주고받은 친서는 30여 차례나 됩니다. 친서는 암호문으로 작성되었습니다. 1904년 5월 16일 주한 파블로프 공사가 본국 외무부에 보낸 보고서에는 "고종 황제가 소장하고 있는 러시아 외무부와의 연락용 암호 통신문이 덕수궁 화재로 소실되었다. 혹시라도 일본이 훔쳐 보관하고 있을 수도 있으니 미리 방비하라"는 내용이 있습니다. 1903년부터 러일전쟁의 전운이 감돌기 시작했습니다. 대한제국을 먹이로 둔 러시아와 일본 간의 전쟁이었습니다. 그 긴박한 시기에 고종은 막대한 예산을 투입하여 자신의 즉위 40주년을 성대하게 기념하기 위해 경운궁 내에 석조전을 건축하였습니다.

전쟁의 위기가 임박하자 고종은 이 나라 저 나라 가리지 않고 닥치는 대로 파천 교섭을 벌였습니다. 1904년 1월 21일 파블로프 공사는 본국 외무부에 "대한제국 황제가 일신상 위험이 있을 경우 불가피하게 러시아공사관에 피신처를 구하거나 러시아로 탈출하는 문제에 대해 협조 가능성을 은밀히 타진해 왔다"고 보고하였습니다. 1904년 1월 헌종憲宗의 계비 효정왕후가 사망하였습니다. 파블로프의 보고에 의하면 고종은 효정왕후의 시신을 운구할 때 러시아공사관 담장 샛문을 통해 대궐을 탈출하겠다는 계획이었습니다. 러시아는 일본과의 전쟁이 벌어질지 모르는 상황에서 일본을 자극할 필요가 없다는 이유에서 고종의 '제2차 아관파천' 요구를 거부하였습니다.

일본군이 한국에 상륙하자 고종은 전시 국외 중립을 선언하였습니다. 대한제국의 중립 선언을 지지한 나라는 하나도 없었습니다. 영국 정부는 외교 관례에 따라 대한제국의 공문을 접수하였습니다. 그러자 고종은 "영국이 대한제국의 중립을 보장한 것"으로 착각하고 자신의 신변에 위험이 생길 경우 영국공사관으로 피신할 수 있는지를 조던J. N. Jordan 주한 영국공사에게 타진합니다. 물론 영국 정부는 단호하게 거절하였습니다. 중립 선언이 국제적 승인을 얻지 못하자 고종은 서울지역만이라도 중립을 유지하자는 제안을 주한 프랑스공사에게 합니다. 이 무렵 서울 외교가에는 주한 프랑스공사관 내에 고종과 그의 측근들이 묵을 온돌방을 만들었다는 소문이 파다했습니다. 때를 맞춰 무장한 프랑스 해군 39명과 장교 2명이 입국합니다. 고종이 프랑스공사관에 정식으로 파천을 요청했는지는 명확하게 밝혀지지 않았습니다.

일본군이 뤼순旅順 요새를 함락한 지 보름 후인 1905년 1월 19일 알렌 공사는 또다시 고종으로부터 파천 요청을 받았습니다. 알렌은 "황제가 우리의 반대를 무릅쓰고 공사관 담을 넘어오더라도 쫓아내겠다"고 본국 정부에 보고하였습니다. 고종의 습관성 파천 시도를 두고 알렌 공사는 "일찍이 구만리를 돌아다녀 보고 4000년 역사를 보았지만 한국 황제와 같은 사람은 처음 본다"는 기록을 남겼습니다. 고종은 1882년 이후 적어도 7차례 이상 5개국 공관으로의 파천을 시도하였습니다. 그중 1회는 성공하였고, 6회는 실패하였습니다. 이상이 김종욱과 황태연이 개명 항일군주라고 칭송하는 고종의 행태였습니다.

러시아에 속은 고종

러시아와의 전쟁에서 승리한 일본은 대한제국을 보호국으로 삼았습니다. 전쟁 이후에도 한반도와 만주를 둘러싼 일본과 러시아의 갈등은 쉽게 해소되지 않았습니다. 1907년 일본과 러시아는 외교적 교섭을 시작했습니다. 러시아는 상당한 대가를 취하지 않고는 일본의 한국병합을 승인할 수 없으며, 기존의 보호권마저 인정하지 않겠다는 태세를 보입니다. 대립이 격화하자 러시아는 대한제국을 이용하여 일본에 타격을 가할 작전을 준비합니다. 김종욱은 1907년 고종이 헤이그 만국평화회의에 밀사를 파견한 이유는 "자신의 죽음을 불사하고 항일투쟁을 전개하기 위해서"였다고 주장합니다만, 역사의 진실은 그와 판이합니다.

　국제정세의 흐름에 무지한 고종은 일본과 러시아가 대한제국의 운명을 놓고 협상을 벌이고 있음을 알지도 못한 채 러시아에 지속적으로 "대한제국의 독립을 유지하려는 우리의 노력을 지원해 달라"고 호소하였습니다. 때마침 니콜라이 2세가 주창한 만국평화회의가 헤이그에서 열리게 되고 러시아가 의장국을 맡았습니다. 러시아는 고종에게 특사 파견을 유도하였습니다. 그에게 헤이그 평화회의 소식과 함께 이 기회에 일본의 내정간섭을 열강에 알릴 수도 있을 것이라는 첩보를 흘립니다. 귀가 번쩍 뜨인 고종은 서울의 프랑스어학교 교사 마르텔Emil Martel을 통해 헤이그 평화회의에 대한제국의 대표가 참석할 수 있도록 초청을 요구하는 친서를 러시아에 보냅니다. 러시아 정부는 "헤이그 만국평화회의에 대한제국의 대표를 초청한다"며 답신을 보내는 한편, 동 회의의 러시아 대표위원 넬리도프A. Nelidov에게 "한국의 헤이그 특사 파견에 관해 모든 협조를 하라"는 훈령을 보냅니다.

　니콜라이 2세와의 우의를 믿어 의심치 않은 고종은 1907년 4월 밀사를 파견하였습니다. 반면 일본은 대한제국 황실 곳곳에 침투한 밀정들을 통해 러시아의 초청장 발송, 고종의 밀사 파견 등을 상세히 파악하고 있었습니다. 고종이 파견한 밀사는 블라디보스토크와

상트페테르부르크를 거쳐 6월 25일 네덜란드 헤이그에 도착하였습니다. 평화회의는 6월 15일에 개회되어 한창 진행 중이었습니다. 밀사 일행이 헤이그에 도착하기 하루 전인 6월 24일, 교착상태를 벗어나지 못하던 일본과 러시아의 교섭은 극적인 타결을 보았습니다. 그러자 러시아 정부는 즉각 평화회의 의장 넬리도프에게 "한국 특사들의 회의장 입장을 거부하라"는 수정 훈령을 발하였습니다. 동시에 러시아 외무부는 고종이 헤이그에 밀사를 파견한 사실을 일본에 통보하였습니다.

고종의 밀사 파견이 언론에 보도되자 일본 정부는 대한제국 내정을 장악하기로 정하고 그 실행을 이토 히로부미伊藤博文 통감에게 일임했습니다. 이토 통감은 일본의 보호권을 무시했다는 이유를 들어 고종을 퇴위시키고 제3차 한일협약을 체결하였습니다. 협약에 따라 대한제국의 군대는 해산되었습니다. 일본인이 대한제국의 고위관리로 임명되는 등, 대한제국의 행정권과 사법권은 사실상 통감에 의해 장악되었습니다. 제3차 한일협약이 조인된 지 6일 후인 1907년 7월 30일, 러시아 외상 이즈볼스키Aleksandr P. G. Izvolsky와 주러시아 일본 대사 모토노 이치로本野一郎는 제2차 러일협약에 조인하였습니다. 이 협약에서 두 나라는 대한제국과 외몽골을 각자의 특수이익지역으로 상호 인정하였습니다. 이때 일본은 사실상 대한제국 병합에 대한 러시아의 동의를 얻어냈습니다. 이처럼 고종의 헤이그 밀사 파견은 망국의 걸음을 재촉하였을 뿐입니다. '불멸의 항일 충의'라니요? 너무

심한 역사 기만이라 할 말을 잃을 정도입니다.

고종의 국가의식

헤이그 밀사 파견이 성과 없이 끝나자 고종은 니콜라이 2세에게 러시아로 정치적 망명을 타진합니다. 러시아는 포츠머스강화조약의 준수와 극동의 질서를 강조하면서 고종의 요구를 거절합니다. 1910년 6월 3일 일본 정부는 한국을 병합할 방침을 결정합니다. 8월 22일 병합조약이 체결되고, 8월 29일 순종 황제는 일본 황제에게 대한제국의 통치권을 영구히 양도하기로 했음을 그의 백성에게 선포하였습니다.

그럼에도 대한제국의 신민은 어떠한 저항도 하지 않았습니다. 아니 저항할 기력을 상실한 상태였습니다. 그러한 절망적 상태를 두고 당시 나이 35세의 이승만은 숨이 끊어져 가는 환자에 비유하였습니다. 1909년 10월 30일자 영국의 잡지 이코노미스트지는 "한국은 차라리 외국으로부터 현대적 행정 시스템의 도움을 받는 것이 국민의 이익에 도움이 될 것"이라고 보도하였습니다. "일본이 한국을 완전히 지배하면 대한제국의 황제는 권력을 남용하여 국민을 착취하지 못하며, 양반도 더 이상 백성을 착취하지 못하게 될 것이다. 합병이 되면 한국이라는 국가는 없어지지만, 그의 국민은 일본의 지배 하에서 보다 잘 살게 될 것"이기 때문이었습니다.

김종욱은 "1894년 7월 일제의 경복궁 침탈로부터 1919년 일제에
의해 독살당할 때까지 고종은 백성과 함께 일제에 맞서 25년을 싸웠
다"고 주장합니다. 고종이 그렇게 싸웠다 칩시다. 무엇을 위해 싸웠
나요? 백성의 생명과 재산을 지키기 위해 싸운 것은 아닙니다. 고종
에게 있어 국가란 중화제국의 국제질서에서 제후로 봉함을 받은 왕
가였을 뿐입니다. 그에게서 국가란 조상으로부터 물려받은 가산으
로서 왕업이었을 뿐입니다. 백성의 생명과 재산을 지배함과 동시에
보호하는 통합적이고 쌍무적인 질서로서 국가의식은 그에게 존재하
지 않았습니다. 그래서 위기가 닥칠 때마다 새로운 종주국을 찾아
끊임없이 남의 나라 공관으로 피신할 궁리만 했던 것입니다.

신하와 백성과 더불어 갑옷을 입고, 그의 왕국을 죽음으로 지킨다
는 의지는 발상조차 있지 않았습니다. 그는 충직한 신하들을 끊임없
이 의심하고 뒤통수치며 죽음으로 내몰았습니다. 그렇다고 가산으
로서 왕업을 지킨다는 고종의 필사적인 노력이 완전히 실패한 것은
아닙니다. 그의 일족은 왕공족의 신분으로 일본 황실에 편입되어 우
대를 받았습니다.

그뿐만 아니라 나라가 망해 가는데도 조정의 대신도, 지방의 양반
도 거국적 항쟁으로 일어서지 않았습니다. 제후국의 대부大夫와 사士
로서 그들에게는 스스로 지켜야 할 가산이 있었기 때문입니다. 불쌍
한 것은 아무런 가산도 보유하지 못한 무지렁이 백성이었습니다. 그

들이 새로운 지배자 일본을 맞아 더 나은 삶을 살게 될 것이라는 영국 이코노미스트지의 예측은 이후 전개된 35년의 역사를 볼 때 그리 틀린 말은 아니었습니다.

참고문헌

김종욱(2019), 「고종의 항일투쟁사 그리고 수난사」, 『일제종족주의』, NEXEN MEDIA.

노주석(2009), 『제정러시아 외교문서로 읽는 대한제국 비사』, 이담북스.

다보하시 기요시(田保橋潔) 지음·김종학 옮김(2013, 2016), 『근대 일선관계의 연구』(상·하), 일조각.

박종효(2015), 『격변기의 한·러 관계사』, 도서출판 선인.

박종효(2015), 『한반도 분단론의 기원과 러·일전쟁(1904~1905)』, 도서출판 선인.

오가와라 히로유키(小川原宏幸) 지음, 최덕수·박한민 옮김(2012), 『이토 히로부미의 한국병합 구상과 조선 사회』, 열린책들.

장경호(2018), 「청일전쟁 직전 고종의 대미의존 심화와 미관파천 시도」, 『한국근현대사연구』 86.

정성화 외(2006), 『러일전쟁과 동북아의 변화』, 선인.

최성락(2019), 『100년 전 영국 언론은 조선을 어떻게 봤을까?』, 페이퍼로드.

한승훈(2015), 「19세기 후반 조선의 대영정책 연구(1874~1895): 조선의 均勢政策과 영국의 干涉政策의 관계 정립과 균열」, 고려대학교 박사학위 논문.

반일 종족주의자 주장하길

『반일 종족주의』는 '식민지 근대화론'을 기저에 깔고 있다. 식민지 근대화론은 일제시기에 이루어진 경제성장과 근대적인 법제의 확립을 강조하고 있다. 이에 대해서는 두 가지 문제제기가 가능하다. 하나는 '근대화'는 경제성장만을 가리키는 개념이 아니다. 신분제 폐지, 국민주권 실현, 의무교육 도입 등 근대사회가 갖추어야 할 다른 제도들은 일제가 이식하지 않았다. 또 하나는 식민지 근대화론은 "식민지였음에도 불구하고 근대화가 이루어졌다"가 아니라 "식민지가 됐기 때문에 근대화가 이루어졌다"는 주장으로 연결될 우려가 크다. 이로부터 벗어나려면 한국의 자주적 근대화를 위한 노력을 부각시킬 필요가 있다. 『반일 종족주의』는 그 같은 한국인의 노력을 충분히 평가하지 못함으로써 일제의 한국 강점을 합리화할 뿐 아니라 자주적 근대화의 가능성을 부인하는 논리로 빠졌다(이선민 2019a, 2019b 발췌).

20

식민지 근대화
: 서구 근대문명의 확산이라는
큰 틀에서 보아야

—— 김낙년

식민지 근대화: 경제, 사회, 정치

저는 『반일 종족주의』에서 식민지기에 일어난 경제적 변화로서, 조선경제가 일본 중심의 지역통합 체제에 편입되어 무역이 활성화되었고 산업구조도 크게 변했으며, 조선인 공장과 회사도 빠르게 성장하고 있었다고 썼습니다. 이선민 조선일보 기자(이하 경칭 생략)는 이것을 "우리의 통념이나 상식과 다르더라도 역사적 사실로" 받아들인다고 했습니다. 하지만 그는 "신분제 폐지, 국민주권 실현(보통선거 실시), 의무교육 도입 등 근대사회가 반드시 갖추어야 할 다른 제도들은 일제가 이식하지 않았다. 일제는 한국을 제대로 된 근대사회로 발전시키는 데 관심이 없었다. 이런 근대적 제도들은 조선왕조(갑오개혁)나 대한민국 정부에 의해 실현됐다"고 주장합니다. 먼저 이러한 주장을 간단히 검토하고자 합니다.

먼저 신분제 폐지는 법적으로는 1894년 갑오개혁에 의해 이루어졌다고 할 수 있습니다. 그렇지만 신분 차별을 뒷받침해 왔던 물질적인 기반이나 관습 또는 의식은 하루아침에 바뀌는 것이 아니며, 이에 신분제의 실질적인 폐지는 점진적으로 이루어질 수밖에 없습니다. 이 과정에서 1912년에 시행된 조선민사령이 끼친 영향에 주목할 필요가 있습니다(이 책의 제18장 참조). 조선민사령이 의용한 일본 민법의 제1조는 한반도에 거주하는 모든 인간을 '사권私權'의 주체로 법인法認하였습니다. 일본인만이 아니라 조선인, 기타 외국인도 마찬가지였습니다. 민법은 개인 또는 법인 간의 매매, 임대차, 고용과 같은 계약이나 재산권 행사의 기본 규칙을 정한 것입니다. 따라서 조선인의 일상생활이 점차 민법에 의해 규율됨에 따라 전통적인 신분차별의 관습은 더 이상 지속되기 어렵게 되었습니다. 신분제 폐지와 관련하여 1912년에 시행된 민법의 의의를 간과해서는 곤란합니다.

둘째, 식민지기의 학교 교육에는 민족 간 차별이 있었습니다. 학제가 달라 초등교육은 일본인은 6년제의 소학교를, 조선인은 4년제의 보통학교를 다녔습니다. 중등교육도 일본인의 5년제 중학교와 조선인의 4년제 고등보통학교로 달랐습니다. 1922년에 교육기간의 차이를 없앴고, 1938년에는 민족 간 학제 구분이 폐지되었습니다. 초등학교의 조선인 취학률을 보면, 3·1운동 이후 빠르게 높아진 후

(1919년의 3.5%에서 1925년의 15.1%) 상승세가 잠시 주춤했다가 1930년대 중엽 이후 다시 가속화하여 해방 직전에는 50%에 달했습니다. 초등학교 의무교육은 시행되지 않았고, 중등교육의 본격적인 보급은 해방 후의 일이라 할 수 있습니다. 그렇지만 식민지기에 걸쳐 조선인도 점증하는 근대교육의 기회를 누렸던 것은 사실입니다.

셋째, 조선인의 참정권 문제입니다. 조선 총독에게는 행정권뿐만 아니라 법률로 규정해야 할 사항을 '제령'이라는 총독의 명령으로 정하는 입법권, 그리고 재판관을 임명하는 등 막강한 권한이 부여되었습니다. 그렇지만 조선 내에서 이를 견제할 제도적 장치는 없었습니다. 조선인이 정치적 권리를 결여했음은 일제가 표방한 동화주의와 모순됩니다. 사이토 마코토齋藤實 총독은 3·1운동의 대응책으로서 조선인에게 참정권을 부여하는 방안을 마련한 적이 있습니다. 일본 의회로 조선에서 선출된 의원을 보내고, 전국 수준의 조선지방의회를 설치한다는 안인데, 본국의 반대로 실현되지 못했습니다. 그 대신 1920년에는 지방수준(도, 부, 읍, 면)의 자문기관인 협의회가 구성되고, 1930년에는 이를 의결기관(도회, 부회, 읍회)으로 바꾸게 됩니다. 이들 기관의 의원은 선거로 뽑았는데, 일정 수준 이상의 납세자에게만 선거권이 부여되는 제한선거였습니다.

전시 말에 총력전을 펼치고 있는 상황에서 징병제의 실시와 함께 조선인의 참정권 문제가 다시 제기되었습니다. '내선일체'라는 동화주의 논리와 조선 민족의 전쟁 협력을 이끌어 낼 필요에서였습니다. 그 결과 1945년 조선에 일본의 '중의원선거법'을 시행하기로 결정하지만 패전으로 인해 결국 실시되지 못했습니다. 제한선거로 23명 의원을 선출하여 일본 국회로 보낸다는 것인데, 전술한 사이토의 구상과 비교해 조선지방의회가 빠졌습니다. 일본에서는 1925년부터 성인 남자의 보통선거가 실시되었으나, 조선에서는 이를 적용하지 않고 제한선거를 유지하였습니다. 조선인이 압도적으로 많은 상황에서 보통선거를 실시하거나 자치를 부여하면, 독립으로 연결될 것을 우려했기 때문입니다.

요컨대 식민지기 조선사회의 변화는 분야에 따라 양상이 달랐습니다. 경제는 일본과 거의 동일한 제도적 환경에서 1인당 소득이 지속적으로 늘어나는 근대적 경제성장이 시동되었습니다. 그에 비해 정치는 장기적으로는 일본의 한 지방처럼 조선을 완전히 통합하려고 했지만, 당장에는 동화주의의 진전이 가장 더딘 분야였습니다. 사회 분야에서 변화의 정도는 경제와 정치 중간쯤에 위치하였습니다.

이선민은 신분제 폐지는 갑오개혁에 의했다고 강조하고 있습니다만, 지나친 말입니다. 신분제의 폐지는 느린 속도로 진행되었으며, 1912년의 민법 시행도 못지않게 중요한 계기였습니다. 이선민은 의무교육의 시행을 근대사회의 지표로 강조하고 있는데, 역시 지나친 말입니다. 선진국에서조차 의무교육제의 시행은 19세기 후반이나 20세기의 일이었습니다. 식민지기에 초·중등 교육이 꾸준히 확대된 것은 해방 직후 의무교육이 도입되는 발판이 되었다고 할 수 있습니다. 대한제국 시대까지 조선인은 정치적으로 무권리였습니다. 하루

아침에 근대국가의 주권자로 설 수는 없었습니다. 그런 시각에서 식민지기에 걸쳐 조선인의 정치적 권리와 기회가 느린 속도나마 향상되고 있었음에도 유의할 필요가 있습니다.

해방 전과 후의 성장률 차이: "세계경제가 달랐다"

저는 『반일 종족주의』에서 해방 전과 후를 포괄하는 장기통계를 제시하여 두 시기 경제의 특징을 비교한 바 있습니다. 해방 후에 비해 해방 전은 경제적 불평등이 매우 높았는데, 민족 간 격차뿐만 아니라 조선인 내부에서도 지주 - 소작 간의 격차가 컸습니다. 1인당 소득이 지속적으로 증가하기 시작했지만, 해방 후에 비해 절반에도 미치지 못했다는 점도 지적했습니다. 이선민은 이 중에서 특히 해방 전과 후의 경제성장률의 격차에 주목하고 "결국 일제시기에는 한국이 독립했을 때 달성할 수 있었던 비약적인 경제성장을 일제가 가로막고" 있었으며, "왜 우리 민족이 독립운동을 했는지가 경제적 측면에서도 설명"이 된다고 하였습니다.

이 주장에는 큰 무리가 있습니다. 두 시기의 경제성장률의 차이는 독립국 여부로 인한 것이라기보다는 세계경제로부터의 영향이 더욱 컸기 때문입니다. 제1, 2차 세계대전 사이의 기간은 세계경제 전체가 침체를 면치 못한 반면, 제2차 세계대전 이후는 세계사상 가장 성장률이 높았던 시기였습니다. 세계경제와 각국의 1인당 GDP 증가율 (22장의 표22-1)을 비교하면, 조선은 1912~1939년에 연평균 2.3% 증가하여 세계경제의 평균 수준(0.9%)을 크게 넘어선 것을 알 수 있습니다. 해방 후 고도성장기와 비교하면 증가율은 낮았어도, 다른 나라와 비교하면 두 시기 모두 소득 증가가 매우 빨랐다고 해야겠지요. 이 점에서 일제의 식민지 지배가 조선의 비약적인 경제성장을 막았다는 이선민의 주장은 성립하기 어렵다고 생각합니다. 그렇지만 독립을 해야 하는 이유는 경제뿐만 아니라 정치나 사회의 모든 방면에서 차고 넘친다고 할 수 있으며, 그 점에서는 저도 이견이 없습니다.

식민지 '지배'가 아니라 '제도'가 근대화 가져와

또 하나는 보다 중요한 논점인데, 『반일 종족주의』의 논리가 '식민지 근대화론'으로 비판되고 있듯이 자칫하면 일제의 식민지 지배를 정당화하는 것으로 흐르지 않을까 하는 우려에 관한 것입니다. 이와 관련해서 이선민은 이 책이 개항기의 애국계몽운동과 그 계보를 잇는 보수 우익의 성장을 그다지 주목하지 않은 점을 비판하고 있습니다. 그러면서 이를 강조해야 그러한 우려에서 벗어날 수 있다고 봅니다. 다시 말하면 애국계몽운동세력의 노력과 성장이 있었기 때문에 (1) "일제의 식민지 지배에도 불구하고 근대화되었다"는 해석이 가능하다는 것입니다. 그런데 이 점을 빼 버리면 결국 (2) "일제의 식민지 지배를 받았기 때문에 근대화가 이루어졌다"는 논리로 귀결될 우려가 있고, 그 경우 일제의 식민지 지배를 비판하기 어려워진다고 주장하였습니다.

저는 (1)과 (2)의 어느 쪽도 근대화의 설명으로서 한계가 있다고 생각합니다. (1)의 경우는 근대적 제도를 전제로 했을 때의 얘기라고 할 수 있습니다. 근대적 제도의 도입은 당시 고종을 비롯한 위정자들도 이루지 못했지만, 자주적 근대화를 꿈꿨던 애국계몽운동 세력도 그 점에서는 마찬가지였습니다. 결국 나라가 망하는 것을 막지 못했고, 근대적 제도의 이식과 시행은 일제에 의해 이루어졌다는 냉엄한 역사적 사실을 직시할 필요가 있습니다. 조선인은 이렇게 근대적 제도가 시행된 후 그것을 학습하며 자기 것으로 만들어 갔고, 해방 후를 준비할 수 있었습니다. 이선민의 주장은 전자(근대적 제도의 이식)를 놓친 채, 후자(조선인의 활동)에만 초점을 맞추었다는 점에서 일면적이라고 하겠습니다.

반면, (2)의 경우는 일제의 '지배' 덕분이 아니라 일제가 이식한 근대적 '제도'의 덕분이라고 해야 한다고 봅니다. 그런데 일본이 조선에 이식한 제도는 곧 식민지 지배를 위한 수단이기도 했기 때문에 양자를 구분해서 인식하기는 쉽지 않습니다. 그렇지만 이를 구분하게 되는 계기가 해방 후에 옵니다. 여기서는 민법을 사례로 들어 설명해 보고자 합니다.

해방 전에 '조선민사령'이라는 형태로 일본의 민법이 거의 그대로 조선에도 시행되었음은 전술했는데, 이것이 해방 후에도 그대로 존속했다는 점에 주목할 필요가 있습니다. 1958년에 대한민국의 민법이 제정되고 1960년에 시행되기에 이르는데, 그 내용을 살펴보면 해방 전의 '조선민사령', 즉 일본의 민법과 큰 차이가 없습니다. 다만 법률에 규정이 없을 경우 관습법이나 조리에 의거하도록 하고, 신의성실과 권리남용의 금지를 천명한 제1장(통칙)이 새롭게 추가되었는데, 그것은 개인의 권리에 대한 사회적 규제를 강화한 현대법의 흐름을 반영한 것이라고 할 수 있습니다. 새 민법이 일본의 민법과 거의 다르지 않다는 점은 국회에서 논란이 되기도 했습니다. 민법안을 기초했고 초대 대법원장을 지낸 김병로金炳魯선생은 그때 일본의 민법전과 민법학 자체가 프랑스법이나 독일법 등을 이식한 것이며, 일본 고유의 것이 아니라는 인식을 보였습니다.

즉, 민법에는 재산권의 보호나 계약 또는 영업의 자유와 같은 근대 사회의 원리와 제도가 담겨 있는데, 이는 서구에서 유래한 보편적 가치에 입각해 있습니다. 해방 후 독립국가가 되어 그때까지 의거해 왔던 일본의 민법을 얼마든지 폐기할 수 있었음에도 대한민국은 그렇게 하지 않았습니다. 거기에 보편적 가치가 담겨 있음을 인식하였기 때문이지요. 제헌헌법은 부칙에 민법을 포함한 현행 법령이 헌법에 저촉되지 않는 한 효력을 갖는 것으로 규정한 바 있습니다. 이를 통해 식민지기의 법과 제도가 거의 그대로 대한민국으로 이어졌습니다.

그에 반해 북한은 식민지 지배를 청산한답시고 기존의 법령을 폐기해 버렸습니다. 그 대신에 '민주적 법의식'이나 '조선 인민의 이익'을 앞세우게 되는데, 이는 법을 정치에 종속시켜 법적 안정성이나 예측 가능성을 보장하기 어렵게 만들었습니다. 이것이 그 후 남한과 북한의 발전 경로가 갈라지는 데 중대한 영향을 미쳤다고 생각합니다. 비유하자면, 때 묻은 아기를 목욕시키고 구정물만 버려야 하는데 북한은 아기도 함께 버린 셈이라 할 수 있습니다. 반면 남한은 비록 때가 묻었다는 비판을 받았지만, 결국 아기를 버리지는 않았습니다. 여기서 아기는 보편적 가치를 담고 있는 근대적 제도를 말하며, 때 묻은 것은 식민지 지배의 일환이기도 했다는 사실을 말합니다.

식민지 지배를 통한 근대의 확산

세계 문명의 발전사를 보면, 어느 지역에서 새로운 사상과 제도가 출현하고 그것이 보편성을 가질 경우 다른 지역으로 퍼져 나갑니다. 다른 지역은 이를 받아들이면서 기존의 문명이 더 풍부해집니다. 한국에서 근대적 제도의 이식과 정착은 불행하게도 일제의 식민지 지배라는 형태로 이루어졌으며, 비서구국인 일본을 매개로 하였다는 점에 특징이 있습니다. 개항 이후 한국의 근·현대사는 일제시기도 포함하여 이러한 서구 근대문명의 이식과 수용이라는 큰 틀에서 이해할 필요가 있습니다.

서두에서 소개한 대로 이선민은 한국의 근대를 외부의 힘에 의한 '이식'이 아니라 한국인의 '주체적 수용'의 과정으로 파악해야 한다고 주장합니다. 이선민은 근대를 긍정한다는 점에서 스스로 우파 민족주의자임을 자부합니다. 그는 "일제시기는 서구 근대문명의 수용이라는 역사적 과제를 실현하는 과정에서 타의에 의해 한동안 탈선했던 기간"으로 인식하고 있습니다. 다시 말해 개항 이후 150년에 걸친 근대화 과정은 우파 민족주의의 고난으로 가득찬 '주체적 수용'의 과정이었다는 겁니다. 이에 대해서는 그가 놓치고 있는 두 가지 점을 지적하고자 합니다.

첫째, 근대의 새로운 사상과 제도를 발신할 수 있는 나라는 영국, 미국, 프랑스 정도에 그쳤고, 그 주변의 일부 국가들은 나름으로는 주체적으로 이를 수용했다고 할 수 있으나, 나머지 대부분의 나라는 식민지 지배를 통해 근대를 경험했다는 점입니다. 식민지 지배를 통한 근대화 또는 외부의 힘에 의한 근대의 이식이 오히려 역사발전의 유력한 유형의 하나가 되었다고 할 수 있습니다. 다만, 제국주의 국가의 식민지 지배 방식이나 식민지 주민의 대응 여하에 따라 그 후의 발전에는 다양한 스펙트럼이 나타났다고 생각합니다.

둘째, 역사의 전개에는 과거에 이루어진 결정들이 현재를 규정한다는 의미에서 경로 의존성path dependence이 있다는 점입니다. 이런 관점에서 그가 강조하는 한국민의 '주체적인 수용'을 음미해 보고자 합니다. 이를 위한 실마리를 그의 주장에서 찾을 수 있습니다. 즉 "우파 민족주의자들을 주축으로 하는 대한민국 수립 주역들이 조선민사령 체제를 유지한 것은 일제가 이식한 제도라도 근대국가에 필요하다면 선택적으로 활용하는 안목을 갖고 있었기 때문이다. 이는 그들이 서구적 근대의 보편성을 이해했다는 사실을 말해준다. 그래서 '구정물을 버리면서 아기를 버리지 않는' 지혜를 발휘할 수 있었다"는 겁니다. 이 인용문에 대해 이견은 없습니다.

다만, 그가 말하는 우파 민족주의자들의 '안목'이나 '서구적 근대의 보편성'을 이해하는 '지혜'는 어디에서 온 것인지에 관해서는 자문해 볼 필요가 있습니다. 비록 주체적으로 만든 것은 아니지만 '이식'된 근대의 민법 체제를 실제로 경험하고 학습하면서 형성된 것으로 보아야 하지 않을까요? 즉, 이식된 근대제도를 전제로 하지 않고 그러한 안목과 지혜가 '주체적으로' 생겼다고 보기는 어렵기 때문입니다. 이 책의 18장에서 지적하고 있듯이 한국에서는 19세기 말까지 근대적인 사권의 개념이 존재하지 않았습니다. 이 점을 상기하면 더욱 그러합니다. 그가 근대의 '이식'과 '주체적 수용'의 차이를 강조하고 있지만, 식민지 지배를 경험한 나라에서 그러한 구분은 실제로는 불가능하다고 생각합니다. 민족주의적인 그의 시각이 그러한 차이를 애써 만들어 과장하고 있을 뿐입니다.

참고문헌

김낙년(2003), 『일제하 한국경제』, 해남.
김낙년(2010), "식민지 조선경제의 제도적 유산", 『정신문화연구』 33(4),
이선민(2019a), 「'국사학도' 기자가 이영훈 교수에게 묻다」, 주간조선 2019년 8월 26일자.
이선민(2019b), 「'국사학도' 기자가 '반일 종족주의' 재반론」, 주간조선 2019년 9월 30일자.

일제 강점기에 『반일 종족주의』에서 말하는 대로 대가 없이 총칼로 빼앗는 '토지 수탈'과 '쌀 수탈'은 없었다. 그렇다면 일제의 경제 수탈이 없었다는 말인가? 아니, 그렇지 않다. '제도와 정책을 통한 수탈'이 광범하게 이루어졌다. 일제의 농업정책으로 인해 식민지 지주제가 발달했고 그 과정에서 조선 농민이 몰락하고 일본인 대지주가 토지를 집중하였다. 특히 일제가 쌀 증산을 위해 수리시설을 확충하고자 한 수리조합 사업에서 그러한 수탈이 두드러졌다. 일본인은 강 주변 저습지나 상습 침수지를 대량 매입하여 수리조합에 편입하는 등 이익을 꾀하였고, 조선인 농민은 과중한 수리조합비 부담으로 농지를 상실하고 소작농으로 전락한 경우가 적지 않았다. 대지주를 매개로 한 쌀의 대량 이출도 이루어졌다. 이를 두고 '토지 수탈', '쌀 수탈'이라는 말 외에 뭐라 표현해야 할까? 그럼에도 불구하고 김낙년 교수는 조선 농민의 빈곤을 이러한 일본 제국주의의 식민지 경제정책으로 설명하지 않고, 당시의 조선이 전통사회의 함정에서 벗어나지 못한 탓으로 해석하는 잘못을 범하고 있다(전강수 2019a, 2019b).

21.
"제도와 정책을 통한 수탈?"
변형된 수탈론에 불과

———— 김낙년

'약탈'은 없었는데 '수탈'은 있었다고?

『반일 종족주의』는 국사 교과서 또는 그 배후에 있는 국사학계의 식민지기 인식이 크게 잘못되어 있음을 비판하고 있지만, 정작 국사학계로부터는 반론을 받지 못했습니다. 경제사학자인 전강수田剛秀대구가톨릭대 교수(이하 경칭 생략)가 그를 대변하는 역할을 자임한 것으로 볼 수 있습니다. 전강수는 "일제가 총칼로 조선 농민들의 토지와 쌀을 '약탈'하지 않았다는 것은 역사적 사실"이라고 인정은 하고 있습니다. 당시의 1차 자료를 살펴본 연구자라면 누구나 이를 부정하지는 못할 것으로 생각합니다. 그렇지만 그는 "그렇다면 일제 강점기에 '수탈'이 없었다는 말인가?"라고 자문한 다음 "아니, 그렇지 않다"고 단언합니다. 그리고 그 근거로서 "제도와 정책을 통한 수탈"이 자행되었다고 합니다. 이게 무슨 말일까요? 사실 무슨 뜻인지 의미가 잘 전달되지 않습니다. 거기에는 몇 가지 이유가 있는데, 이 점을 검토하기로 하겠습니다.

전강수는 식민지기에 나타난 "제도와 정책을 통한 수탈"의 가장 전형적인 사례로서 수리조합水利組合 사업을 들고 있습니다. 일제가 조선의 쌀 증산을 위해 1920년부터 산미증식계획産米增殖計劃을 추진해 왔으며, 그 핵심적인 사업이 수리시설을 확충하는 것이었습니다. 그리고 이를 추진하는 사업 주체로서 전국 각지에 수리조합이 만들어졌습니다. 이때 수리조합에 편입된 조선인 농민은 과중한 조합비 부담으로 농지를 상실하고 소작농으로 전락한 경우가 적지 않은 반면, 일본인들은 토지를 집중하여 짧은 기간에 대지주로 변신했다고 합니다. 그리고 그들의 주도로 쌀의 증산과 일본으로의 대량 이출이 이루어졌으며, 이를 두고 전 교수는 '토지 수탈', '쌀 수탈'이라고 주장하고 있는 것입니다.

전강수는 앞에서는 토지와 쌀의 '약탈'이 없었다고 인정해 놓고, 뒤에서는 다시 토지와 쌀의 '수탈'이 자행되었음을 주장하고 있는 셈입니다. 그도 이러한 형식 논리의 모순을 느꼈는지 총칼에 의한 것은 '약탈'이라고 하고, 제도와 정책을 통한 것은 '수탈'이라고 애써 구분하고 있습니다. 그렇지만 국어사전에 따르면 어느 것이든 "강제로 또는 억지로 빼앗는 것"이라는 점에서 차이가 없습니다. 결국 그는 앞뒤가 맞지 않는 얘기를 하고 있는 셈입니다. 그의 주장이 무슨 의미인지 잘 전달되지 않은 이유의 하나는 여기에 있습니다.

수리조합 사업의 경제성

그런데 산미증식계획을 비롯한 농업정책의 결과에 관한 그의 평가가 과연 사실에 입각한 것일까요? 이를 살펴보기 위해서는 몇 가지 부연 설명과 팩트 체크가 필요합니다. 일제가 1920년대에 추진한 산미증식계획은 쌀 증산을 위해서는 가뭄이나 홍수의 피해를 줄이는 것이 관건이라고 보았고, 이를 위해 수리시설을 확충하고자 하였습니다. 그런데 거기에는 큰 자금이 소요되므로 총독부는 식산은행 등을 통해 필요한 자금을 융자해 수리시설을 건설하고, 그 혜택을 보는 농민들이 수리조합을 결성하여 조합비를 거둬 원리금을 상환하게 하는 정책을 취했습니다. 수리조합에 편입된 농가는 그 혜택을 보지만 조합비를 부담했습니다. 그런데 농지의 위치에 따라 수혜의 정도가 다르고 그에 따라 조합비 부담도 차등해야 하는데, 이를 둘러싸고 농민들 간에 이해관계가 충돌하곤 했지요. 이를 조정하지 못해 조합 자체가 설립에 이르지 못하는 경우도 많았습니다. 총독부는 수리조합 설립과 운영을 원활하게 하기 위해 자금의 지원만이 아니라 제도적 지원도 하였습니다.

설립된 수리조합 수는 1935년에 190개에 이르는데, 이들을 대상으로 사업이 시행되기 전과 후의 쌀 생산을 비교해 볼 수 있습니다. 『조선토지개량사업요람』에서 1927~1937년간의 실적을 보면, 사업 시행 전에는 단보당 벼 1석 남짓하던 수확량이 사업 시행 후에는 3석 전후로 크게 늘어납니다. 사업의 성과가 단보당 평균 벼 2석 가까운 수확량 증가로 나온 것입니다. 당시 경지 소유자가 소작농에게 경지를 빌려주면 수확량의 절반을 소작료로 수취했으므로 늘어난 수확량의 절반을 경지 소유자의 몫으로 볼 수 있습니다. 그리고 경지 소유자가 조합비를 부담했기 때문에 양자를 비교하면 늘어난 수입 중에서 40~60%를 조합비로 부담한 것으로 추정됩니다. 이 과정에서 경지 소유자가 부담하는 비료 대금이나 영농관리비가 추가로 늘어날 수 있다는 점을 감안하더라도 전체적으로는 수리사업의 경제성이 인정됩니다. 다만, 조합에 따라서는 성과에 차이가 커서 쌀의 증수 효과가 예상에 미치지 못해 그 수익으로 조합비를 충당하기 어려운 경우도 있었습니다. 또 수지를 맞추지 못한 농가 중에는 토지를 팔고 소작농으로 전락한 경우도 없지 않았겠지요.

이상의 사실을 놓고 보면, 전강수가 말하는 제도와 정책을 통한 수탈이란 것이 도대체 무엇을 뜻하는지 더욱 알기 어렵습니다. 수리조합 사업이라는 정책을 통해 조선 농민이 몰락했다고 주장하고 싶은 것일까요? 그러한 주장이 성립하려면, 수리조합 사업으로 쌀 수확량이 크게 늘어났고 조합비 부담을 감안해도 대체로 수지를 맞출 수 있었다는, 전술한 평가를 부정할 수 있어야 하겠지요. 그렇지만 그는 이러한 평가를 부정할만한 증거를 내놓지 못했습니다. 그 대신에 1910년 당시 일본인들의 논 소유면적이 조선 전체 논의 2.8%에 불과했던 것이 1935년에는 18.3%로 급증했다는 허수열許粹烈 교수(이하 경칭 생략)의 추계 결과를 인용하고 나서, 이를 토지 수탈이 자행된 결과라고 단정하고 있습니다.

변형된 수탈론

그런데 일본인의 토지 소유 비중이 늘어났다고 토지 수탈이라는 주장이 성립할 수 있을까요? 일본인의 논 소유는 두 가지 경로를 통해서 이루어졌습니다. 하나는 강이나 해안 주변 저습지나 상습 침수지를 개간하는 것인데, 이를 통해 경지가 새로 추가되었다고 할 수 있겠지요. 또 하나는 조선인 토지를 매입한 것입니다. 토지 매입에는 당연히 대가가 지불되었기 때문에 일본인 소유 비중이 높아졌다는 사실만을 가지고 토지를 수탈한 것이라 할 수는 없습니다. 일본인의 논 소유 비중은 식민지 초기와 세계 대공황기에 특히 높아졌고, 1935년 이후에는 감소로 돌아섰습니다. 일본의 식민지 투자가 당초 농업 중심에서 비농업 쪽으로 옮겨갔기 때문입니다. 이러한 양상에 비추어 볼 때, 일본인의 논 소유 비중이 높아진 것에는 토지 매입을 포함하여 농업투자를 늘려온 것과, 세계 대공황이 농촌에 미친 충격의 영향이 컸다고 생각됩니다.

현재에도 그렇지만, 어떤 정책을 평가할 때 그 정책이 의도한 성과를 얼마나 내었는지 또는 그 정책 효과가 어느 계층에 어떠한 영향을 미쳤는지, 또는 부작용이 없었는지를 살펴보는 것은 중요한 일입니다. 토지를 잃고 소작농으로 전락한 조선 농민이 늘어났다면, 그것이 그 정책의 결과인지, 아니면 다른 요인에 의한 것인지를 밝히는 일도 중요하겠지요. 그렇지 않고 시장거래의 결과로 나타난 현상을 수탈이라는 경제외적 강제로 설명하는 것은 경제적 분석을 포기한 것이나 다름이 없습니다. 그는 허수열의 추계결과를 인용하였는데, 허수열은 인용된 바로 그 책에서 수탈이라는 용어를 사용하지 않겠다고 말한 바 있습니다. 허수열은, 자신의 결론이 수탈론과 다르지 않지만, 수탈이라는 개념에 의존해서는 식민지기 경제를 제대로 분석할 수 없다는 것을 알았습니다. 전강수는 허수열의 이러한 고민을 전혀 이해하지 못한 것으로 보입니다. 그 결과 '약탈'은 없었는데 '수탈'이 자행되었다는 앞뒤가 맞지 않는 얘기로 개념의 혼란에 빠져 버렸습니다. "제도와 정책을 통한 수탈"이라는 주장도 수리조합의 사례를 가지고 구체적으로 검토해 보면 무엇이 수탈인지를 알 수 없게 되는 것도 그 때문입니다.

전강수는 토지와 쌀의 약탈이 없었다는 것을 역사적 사실로 인정했다는 점에서 한국사 교과서의 인식에서 벗어난 듯이 보이지만, 시장거래를 통해 나타난 현상을 결국은 수탈로 설명해 버렸다는 점에서 별반 달라진 것이 없습니다. 제가 그의 주장을 변형된 수탈론에 불과하다고 말한 것은 그 때문입니다.

농촌 빈곤의 원인

저는 『반일 종족주의』에서 당시 조선의 농민, 특히 소작농이 가난으로부터 벗어나지 못한 원인을 "낮은 농업 생산성과 토지에 비한 인구의 과잉과 그로 인한 강고한 지주제의 존속이라는 전통사회 이래의 함정에서 벗어나지 못했기 때문"이라고 설명한 바 있습니다. 이에 대해 전강수는 '일본 제국주의의 식민지 경제정책'에서 문제를 찾지 않고, 조선 내부에서 찾다 보니 일제를 면책해 주는 논리라고 비판합니다. 그리고 『반일 종족주의』에서 근거로 제시한 통계자료에 대해서도 의구심을 드러내고 있습니다. 과연 그럴까요?

이 문제를 음미하기 위해서 지난 100년간 비농업 취업자와 농가인구의 연평균 증감률의 추이를 보여 주는 그림21-1을 제시했습니다. 그에 따르면 해방 전이나 후에도 비농업 취업자가 농가인구보다 증가율이 높았습니다. 이것은 농가인구가 도시의 비농업 부문으로 이동해 갔음을 뜻합니다. 그럼에도 불구하고 해방 전은 물론이고 1960년대까지도 농가인구는 증가율이 0보다 커서 절대 수가 계속

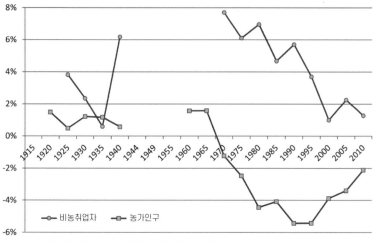

그림21-1 농가인구와 비농업 취업자 수의 연평균 증감률

자료: 해방 전은 『한국의 장기통계』 ; 해방 후는 통계청, KOSIS.

늘어나고 있었습니다. 농촌에 경지는 한정되어 있는데, 인구가 계속 늘어나면 어떻게 될까요? 경지는 상대적으로 더 귀해지고 사람의 값은 더 떨어지게 됩니다. 조선시대부터 식민지기까지 지주제가 강고히 유지된 것은 그 때문이지요. 사람의 값이 싸지다 보니 노동력의 투입을 줄이는 기술(예컨대 기계화)이 개발될 유인이 없으며, 전통사회 이래의 저급한 농업기술에서 벗어나지 못하게 됩니다.

그런데 1970년대 이후 고도성장기에는 상황이 크게 바뀝니다. 농가인구가 급격히 줄어들기 시작하자 농촌에는 일손이 부족해집니다. 임금이 올라가니 기계화가 진행되고 노동생산성이 높아지니 농가소득도 높아지게 된 것이지요. 그 추동력은 비농업 부문에서 나타난 고용의 빠른 증가에서 왔습니다. 이것은 경제성장의 혜택이 농촌의 저변에까지 파급되어 간 것을 뜻합니다.

이처럼 장기통계는 해당 시기가 다른 시기와 어떻게 다른지를 비교할 수 있게 함으로써 그 시기에 대한 이해를 높여줍니다. 해방 전에 소작농 빈곤의 원인을 전통사회 이래의 함정에서 벗어나지 못했기 때문이라고 한 것은 이러한 사실에 의거한 것입니다. 이것은 조선에만 특유한 현상은 아니고, 빈곤으로부터 벗어나지 못한 다른 개도국이 아직까지 빠져 있는 함정이기도 합니다. 전강수는 당시 빈곤의 원인을 일제의 식민지 경제정책에서 찾아야 한다고 했지만, 그가 사례로 든 농업정책은 수리시설의 확충을 위한 투자를 늘렸고, 생산물인 쌀의 이출을 촉진한 것입니다. 현재의 경제학 개념으로 보면, 이들 정책이 소득을 늘리는 데 기여할지언정 왜 빈곤의 원인이 되는지 알기 어렵습니다.

수탈론 부정과 식민지 지배의 긍정은 달라

전강수는 또한 『반일 종족주의』가 식민지 지배의 부당성을 분명히 강조했어야 했다고 주장합니다. 이에 관해서는 이미 "일본은 구한국 정부의 주권을 강제로 빼앗아 식민지로 지배했습니다. 한 나라의 주권을 문자 그대로 '강탈'했다고 할 수 있지요. 일제는 바로 이 점에서 비판과 책임을 면할 수 없습니다"라고 명확히 밝힌 바 있습니다. 그렇지만 그 사실이 곧 토지나 식량을 마구잡이로 '수탈'했다는 것을 뜻하지는 않습니다. 일상생활에서는 민족 간 차별이 무수히 이루어졌겠지만, 차별을 제도로 공식화하지는 않았습니다. 일제는 조선을 일본의 한 지방으로 완전히 편입해서 일본화하는 동화주의 지배 방식을 추구했기 때문입니다. 이를 두고 그는 "일본 제국주의자들의 수탈과 악행에는 한없이 관대"한 논리라고 비난하고 있지만, 이를 직시하지 않으면 일제가 조선을 어떻게 지배하려고 했는지를 놓치게 됩니다.

참고문헌

김낙년·박기주·박이택·차명수(2018), 『한국의 장기통계』, 해남.
전강수(2019a), 「'친일파' 비판이 억울? 자업자득이다」, 오마이뉴스 2019년 8월 14일.
전강수(2019b), 「총칼로 빼앗는 게 아니면 '수탈'이 아닌가?」, 오마이뉴스 2019년 10월 8일.
조선총독부, 『조선토지개량사업요람』 각 연도.
허수열(2011), 『개발 없는 개발』, 은행나무.

한국의 1인당 국민소득은 1870년의 604달러에서 1915년의 1,048달러로 높아졌으며, 아시아 2위의 경제대국이 되었다. 특히 1911~1915년 간의 고속성장으로 인해 한국과 일본 간의 소득격차가 급속히 좁혀졌다. 이는 대한제국기에 추진된 광무개혁이 일제 초기에까지 걸쳐서 성과를 낸 덕분이었다. 만약 이러한 성장 속도를 이어갔다면 한국의 1인당 소득은 1927년경에 일본을 추월했을 것이다. 그렇지만 1915년 이후 한국의 소득증가율은 일본에 미치지 못했고, 격차가 벌어졌다. 따라서 한국의 경제적 근대화는 일제 식민지시대가 아니라 대한제국기에 개시된 것이다. 일제 통치하에서 이루어진 소득증가도 조선총독부의 덕택이 아니라 그들의 폭정에 맞서 이룬 성과로 보아야 한다. 식민지시대에 경제적 근대화가 이루어졌다는 주장은 마치 박정희 시기에 경제의 고도성장이 이루어졌다고 착각하는 것과 마찬가지다. 박정희 시대에 1인당 국민소득은 연평균 149달러 증가에 그친 반면, 독재와 폭정을 종식시킨 민주 시대에는 연평균 635달러로 4배 이상으로 빠르게 증가했기 때문이다. 그럼에도 불구하고 일제나 박정희 시대의 폭정에 맞서 이룩한 성과를 폭정의 덕택으로 해석하는 것은 저능아들의 역사인식에 불과하다(황태연 2019 발췌).

22

『일제종족주의』의
황당한 통계 해석

———— 김낙년

『반일 종족주의』를 논박하기 위해 펴냈다는 『일제종족주의』의 편집자 황태연 동국대 교수(이하 경칭 생략)는 엄청난 다작으로 알려져 있습니다. 도서관에서 2016년 이후 발행된 그 저서 목록을 뽑아보았더니 무려 10권이 넘습니다. 그 책에서 같은 대학의 동료 교수인 저를 "부왜노附倭奴"(일제의 앞잡이)라고 부르며 국가보안법으로 처벌해야 한다는 주장을 하기 전까지는 그의 책을 읽을 기회가 없었습니다. 이번에 그의 책들을 훑어보면서 두 번 놀랐습니다. 한번은 자신의 주장을 매디슨Maddison의 통계로 뒷받침하고 있다는 점입니다. 매디슨은 역사통계의 국제비교 분야의 개척자이며, 각국의 1인당 GDP를 20세기뿐만 아니라 그 이전 세기까지 거슬러 올라가 비교할 수 있는 통계를 제시하고 있습니다. 이를 이용하면 세계경제 속에서 한국의 위치를 가늠해 볼 수 있는 장점이 있습니다. 한국사 전공자들이 이 통계를 제대로 이용하지 않는 것을 아쉽게 생각했는데, 이 점에서 황태연의 시도는 반가운 일이라 생각합니다. 그런데 더 크게 놀란 것은 그가 이 통계를 황당한 방식으로 왜곡하고 자의적으로 해석하고 있다는 것입니다. 근래에 발간된 그의 여러 저서에서도 동일한 잘못이 되풀이되고 있습니다. 이하에서는 그의 주장들이 이러한 통계의 자의적 해석과 오독에서 비롯된 것임을 밝혀 보겠습니다.

매디슨 통계로 보는 지난 300년의 세계경제

먼저 그가 의거하고 있는 매디슨 통계를 이용하여 18세기 이후 세계경제가 어떻게 변해 왔는지를 살펴보겠습니다. 표22-1은 1700년

표22-1 주요 국가 및 세계의 1인당 GDP의 연평균 증가율(단위: %)

연도	세계	인도	중국	대만	한국	일본	서유럽	미국
1700-1820	0.1	-0.0		-		0.1	0.2	0.7
1820-1870	0.5	0.0	-0.2	0.0	0.0	0.2	1.0	1.3
1870-1912	1.3	0.6	0.1	0.6	0.8	1.5	1.3	1.8
1912-1939	0.9	-0.0	0.1	2.1	2.3	2.5	1.2	0.9
1939-1951	1.0	-0.7	-1.1	-2.0	-5.1	-2.0	0.4	3.6
1951-1962	2.6	1.9	1.3	3.9	4.0	7.6	4.1	1.6
1962-1987	2.1	1.6	4.6	7.2	7.0	5.1	2.7	2.5
1987-2007	2.1	4.6	6.8	4.6	5.2	1.7	1.7	1.8

자료: Maddison(2010).
주: 1) 1912년 이후는 그 해를 중심으로 한 3개년 평균값을 가지고 증가율을 구하였음.
    2) 색칠 부분은 세계의 평균보다 높은 증가율을 보인 경우임.

이후를 8개 시기로 나누어 한국을 포함한 주요 국가와 세계경제의 1인당 GDP 증가율을 보여 줍니다. 1인당 GDP 증가율은 경제성장률에서 인구증가율을 빼서 구합니다. 시기 구분은 자료의 제약과 한국의 체제 변화 등을 감안해 설정한 것입니다.

먼저 세계경제 전체의 큰 흐름을 보면, 1820년까지는 1인당 GDP의 증가가 거의 이루어지지 못했던 것이 19세기 중엽에는 연평균 0.5%로 늘었고, 20세기 초에는 다시 1.3%로 가속화해 왔음을 알 수 있습니다. 그것이 제1, 2차 세계대전과 세계 대공황을 포함하는 20세기 전반에는 1% 이하로 정체된 후, 1950년대부터 2%대의 증가를 지속해 오고 있습니다.

이를 주요 국가별로 보면, 미국이나 서유럽과 같이 표 오른쪽으로 갈수록 일찍부터 1인당 GDP가 증가하였고, 왼쪽의 인도나 중국에서는 20세기 전반까지도 경제가 정체되었음을 알 수 있습니다. 그 사이에 있는 일본은 구미에 비해 한발 늦게 출발했지만 19세기 말에는 서유럽 수준의 증가율을 보였고, 제2차 세계대전 이후 성장이 가속화되었다가 최근에는 구미와 비슷한 수준으로 떨어졌습니다.

반면, 한국은 19세기 중엽까지는 증가율이 0으로 정체되어 있다가 개항기(1876~1910년)의 어느 시점부터 경제가 미미하지만 성장하기 시작했고, 식민지기인 1912~1939년에는 2.3%로 뛰어 당시 세계경제의 평균 수준(0.9%)을 훌쩍 넘어섰습니다. 해방 전후와 6·25전쟁기에 크게 하락한 후(-5.1%) 1962~1987년간은 연평균 7%의 고도성장이 이루어졌고, 그 후 증가율이 하락하기 시작했음을 알 수 있습니다. 대만도 한국과 유사한 양상을 보였습니다.

표22-1에는 각국의 증가율이 세계의 평균보다 높은 경우를 진한 색으로 표시하였습니다. 이를 보면 서유럽과 미국에서 시작된 성장의 파도가 일본으로, 그리고 한국과 대만으로, 1960년대 이후에는 다시 중국과 인도로 일정한 시차를 두고 파급되어 갔음을 알 수 있습니다. 매디슨 통계는 후술하듯이 문제가 없는 것이 아니지만, 이같이 세계경제의 전체적인 흐름에 관한 뛰어난 통찰을 줍니다. 그런데 황태연은 매디슨의 통계를 생각하지도 못했던 방식으로 오독하였습니다. 몇 가지 사례를 들겠습니다.

박정희보다 민주화 정부 시기에 경제성장의 혜택이 더 컸다?

박정희 정부 시기에 정치적으로 독재가 이루어졌지만 경제의 고도성장이 이루어졌다는 점은 상식이라 하겠습니다. 그런데 황태연은 이 상식마저 뒤집으려고 합니다. 앞에서 인용했듯이 박정희 시대에 1인당 국민소득은 연평균 149달러 증가에 그친 반면, 독재와 폭정을 종식시킨 민주 시대에는 연평균 635달러로 4배 이상 빠르게 증가했다는 주장이 그것입니다.

이 수치가 어떻게 나왔는지를 가상의 예를 통해 설명하겠습니다. 소득이 100에서 출발해 4배가 늘어난 A의 경우와 1000에서 출발해 2배 늘어난 B의 경우를 생각해 봅시다. A는 소득이 100에서 400으로 되었으니 300만큼 늘어난 반면, B의 경우는 1000에서 2000으로 1000만큼 늘어나게 됩니다. 이를 두고 그는 A보다 B가 소득을 3.3배(=1000/300)나 더 빨리 늘렸다고 주장하고 있는 것입니다. 여기서 A는 박정희 정부 시기이고, B는 민주화 정부 시기라고 보면 됩니다. 이를 보고 저는 제 눈을 의심하지 않을 수 없었습니다. A가 B보다 증가율이 두 배(=4/2) 빠르다고 해야 할 것을 뒤집어 B의 소득 증가가 A보다 3.3배 빠른 것으로 둔갑시켰기 때문입니다. 그야말로 견강부회라 하지 않을 수 없습니다. 소득이 10배 차이가 나는 두 시기를 증가율로 비교하지 않고 소득의 절대액으로 비교하는 초보적인 잘못을 범한 것입니다.

이러한 통계의 오독을 근거로 해서 그는 더 나아가 만약 민주 정부였다면 박정희 정부 시기에 소득의 증가율이 몇 배 더 빨랐을 것이라고 강변합니다. 앞의 표에서 보았듯이 박정희 정부 시기를 포함한 1962~1987년의 한국은 대만과 함께 세계의 평균보다 3배 이상 빠른, 세계사상 유례가 없는 성장을 이루었습니다. 그런데 거기에다 다시 몇 배 더 빠른 성장이 가능했다고요? 그야말로 황당무계한 주장이라 하지 않을 수 없습니다. 박정희 정부가 올린 경제적 성과를 못마땅해 하고 이를 깎아내리고자 하는 그의 정치적 의도는 알겠지만, 그것을 위해 통계 해석을 이렇게까지 왜곡할 수 있는지 놀랄 따름입니다. 이러한 통계의 오독과 자의적 해석은 해방 전에 대해서도 그대로 반복되고 있습니다.

고종의 개혁으로 조선이 경제대국이 되었다?

그는 한국의 경제적 근대화가 식민지기가 아니라 대한제국기에 시작되었다고 주장하면서 그 근거로 매디슨 통계를 이용하고 있습니다. 표22-1에 따르면, 개항기에 해당하는 1870~1912년에 1인당 GDP 증가율이 연평균 0.8%로, 식민지기(전시 제외)에 해당하는 1912~1939년에는 2.3%로 높아진 것을 알 수 있습니다. 한국의 GDP는 1911년부터 추계되었기 때문에 그 이전 시기의 수치는 통계적 근거가 뚜렷한 것은 아닙니다. 다만 개항 이후 쌀이나 콩과 같은 농산물을 수출하고 면직물 등을 수입하는 무역이 빠르게 늘고 있었고, 쌀의 수출가격이 면직물의 수입가격에 비해 유리(즉 교역조건이 개선)하였기 때문에 어느 시점에서 경제가 성장하기 시작하였을 것으로 생각됩니다. 만약 이 시기 연평균 0.8%라는 증가율을 받아들이더라도 당시 세계 경제의 평균(1.3%)에도 미치지 못했고, 식민지기(2.3%)에 비하면 3분의 1 수준에 불과합니다. 매디슨 통계를 있는 그대로 읽으면, 그의 주장과는 거꾸로 경제적 근대화가 식민지기에 본격화되었음을 보여 줍니다.

여기서도 황태연은 통계를 아전인수 격으로 해석합니다. 그는

1870~1912년의 평균 증가율은 0.8%이지만, 앞 시기의 낮은 증가율 (예컨대 0.5%)이 대한제국기에 1.3% 수준으로 높아졌을 것으로 가정합니다. 나아가 합병 이후인 1911~1915년에는 연평균 6.5%로 급등한 것으로 나오는데, 그는 이것까지도 대한제국기 경제정책의 성과라고 주장합니다. 그렇지만 러일전쟁 이후 일제는 한국을 사실상 지배하였으며, 화폐와 재정제도가 개편되었고, 합병 직후에는 일본의 경제 관련 법령을 그대로 시행하는 등 한국은 일제의 지역통합 체제에 완전히 편입되었습니다. 그 사이에 일어난 이러한 체제의 전환과 경제적 변화를 무시한 채 1911~1915년의 고속성장을 이미 실패로 끝난 대한제국의 성과라고 강변하고, 그 결과 1915년에 한국은 아시아 제2의 경제대국이 되었다는 주장까지 하고 있습니다. 그가 이렇게 납득하기 어려운 주장에 집착하는 것은, 그렇지 않으면 매디슨 통계가 오히려 자신이 비판하려는 식민지 근대화론의 주장을 뒷받침하게 된다는 점을 잘 알고 있기 때문이라고 생각합니다.

동아시아 각국의 1인당 GDP 수준 비교

그러면 한국의 1인당 소득은 다른 나라와 비교해서 어느 수준이었을까요? 각국의 소득수준을 비교할 때에는 곧잘 환율로 환산하는 방법을 씁니다. 그렇지만 이 방법으로는 각국의 물가수준의 차이를 충분히 반영하기 어렵습니다. 매디슨 통계는 이러한 물가수준의 차이를 반영한 국제비교를 시도한 것입니다. 그림22-1은 이를 이용해서 한국, 대만, 일본의 1인당 GDP가 미국과 비교해서 어떤 수준이고 지난 100년간 어떻게 변해 왔는지를 보여 줍니다. 점선은 황태연이 인용한 매디슨 통계이고, 실선은 그의 후학들에 의해 수정되고 업데이트된 것(Maddison Project Database)입니다. 먼저 제2차 세계대전 직후를 보면, 동아시아 3국의 소득은 미국의 4~11%에 불과한 수준으로 떨어졌다가 일본, 대만, 한국의 순으로 급속한 따라잡기가 이루어져

그림22-1 한국, 대만, 일본의 1인당 GDP의 미국 대비 비율

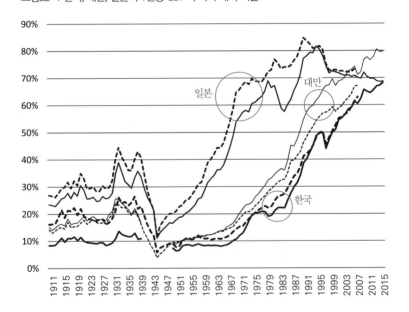

주: 점선은 A. Maddison(2010)의 데이터베이스이고, 실선은 그의 후학들에 의해 수정되고 업데이트된 Maddison Project Database(2018)에 의거한 것임.

현재는 미국의 70% 전후의 수준에 달했음을 알 수 있습니다.

해방 전의 경우 먼저 최근에 수정된 계열(실선)을 보면, 일본은 미국의 30%, 대만은 20%, 한국은 10% 전후의 수준이었고, 시기에 따라 기복이 있지만 대체로 이 수준이 유지되었음을 알 수 있습니다. 일본경제권에 편입되어 각 지역의 경제가 연동하고 있었고, 그가 주장하듯이 한국과 일본 간의 경제직 격차가 벌어지지는 않있습니다.

그런데 수정되기 이전 계열(점선)을 보면, 해방 전에 한국이 대만보다 높은 것으로 나옵니다. 한국이 1915년에 아시아 제2의 경제대국이라는 황태연의 주장은 이에 의거한 것입니다. 매디슨 통계는 각국의 소득증가율(표22-1)과 함께 각국 간의 소득수준의 차이(그림22-1의 점선)를 비교하고자 한 것입니다. 그렇지만 이 두 가지를 양립시키는 것은 여기서 상세히 언급하기 어려운 방법상의 난점이 있습니다. 매디슨은 1990년에 조사된 국가 간 소득수준의 차이를 기준점benchmark으로 해서 그 이전 시기는 소득증가율로 연장하는 방법(이를 back projection이라 함)을 이용했는데, 1990년으로부터 멀어질수록 국가 간 소득수준 비교의 오차가 커지게 됩니다. 이를 보완하기 위해 1935년을 대상으로 한국, 일본, 대만의 물가수준을 비교한 연구 성과가 나왔고, 이를 반영한 결과 당시 한국의 소득수준은 대만보다 낮았던 것으로 수정(그림22-1의 실선)된 것입니다.

많은 나라들의 1인당 GDP를 장기에 걸쳐 비교하는 일은 자료와 방법상으로 난관이 많으며, 매디슨 통계 중에서 19세기 이전의 수치는 단순한 가정에 의존한 경우도 많습니다. 각국에서 이를 개선한 연구가 나오면, 그 성과를 반영해 왔습니다. 그런 의미에서 이 통계는 진화하고 있으며, 세계 각국의 학자들이 참여하는 공동의 연구 성과라고 할 수 있겠지요. 물론 이 통계에는 앞으로 개선해야 할 문제들이 많이 남아 있습니다. 한국에 한정하더라도 매디슨의 해방 전 통계는 현재 일본의 히토츠바시 대학의 추계결과를 이용하고 있습니다. 이에 대해 낙성대경제연구소는 그것을 개선한 추계성과를 내놓은 바 있는데, 만약 후자가 더 나은 추계라는 공감대가 학자들 사이에 형성된다면, 기존 추계를 대체할 수 있겠지요.

그런데 황태연의 비판은 황당합니다. 그림22-1에서 점선이 실선으로 수정된 것을 보면 한국의 1인당 GDP의 감소가 가장 큰데, 황태연은 그것은 말이 되지 않으며 한국인이 빠진 채 일본인과 중국인 연구자들이 짜고 '변조'한 것으로 주장하고 있습니다. 수정 결과가 한국이 대한제국의 정책으로 아시아 제2의 경제대국이 되었다는 자신의 주장과 배치되기 때문입니다. 식민지로 전락한 1910년대 중엽의 한국이 '경제대국'이었다는 주장도 어이없지만, 다른 연구를 마음에 들지 않는다고 이런 식으로 폄하하는 것은 학자적인 태도가 아닙니다. 다른 사람의 연구를 비판하는 것은 자유이지만, 그에 합당한 논리적 또는 실증적 근거를 제시해야 하겠지요. 이를 보면 그는 학문의 세계가 비판을 통해 어떻게 발전하고 성과를 축적해 왔는지를 전혀 이해하지 못한 것으로 보입니다.

학문과 정치는 분리해야

이제 얘기를 마무리하겠습니다. 황태연은 매디슨 통계를 인용하면서 자신의 주장이 마치 통계적 근거를 갖는 듯이 가식하고 있지만, 실제로는 통계를 황당한 방식으로 왜곡하고 자의적으로 해석한 결과임이 드러났습니다. 상식을 벗어난 통계 해석을 해 놓고도 스스로 자각하지 못할 뿐만 아니라 오히려 상대 학자를 '저능아'라고 비난하기까지 합니다. 이러한 행태가 나타난 것은 일제시대나 박정희 정부 시기를 객관적인 연구 대상이 아니라 혐오와 폄하의 대상으로 보는 그의 정치적 성향의 탓이라고 생각합니다. 다작을 통해 쏟아낸 그의 많은 주장이 학문으로서는 사상누각이 될 수밖에 없는 것은 그 때문이라고 생각합니다.

참고문헌

김낙년·박기주·박이택·차명수(2018), 『한국의 장기통계』 Ⅰ·Ⅱ, 해남.

황태연(2019), 「총론」, 『일제종족주의』, NEXEN MEDIA.

Fukao K., D. Ma, and T. Yuan(2006), "International Comparison in Historical Perspective: Reconstructing the 1934-1936 Benchmark Purchasing Power Parity for Japan, Korea, and Taiwan," *Explorations in Economic History* 43(2).

Fukao K., D. Ma, and T. Yuan(2007), "Real GDP in Pre-War East Asia: A 1934-36 Benchmark Purchasing Power Parity Comparison with the U.S.," *Review of Income and Wealth* 53(3).

Kim, Nak Nyeon and Ki-Joo Park (2017), "The Origins of the East Asian Incongruities in the Maddison Project Database", *Histotsubashi Journal of Economics* 58(2).

Maddison(2010), "Statistics on World Population, GDP and Per Capita GDP, 1-2008 AD" (https://www.rug.nl/ggdc/historicaldevelopment/maddison/original-maddison)

Maddison Project Database(2018), (https://www.rug.nl/ggdc/historicaldevelopment/maddison/releases/maddison-project-database-2018).

── **반일 종족주의자 주장하길** ──

일본인들은 맹렬한 속도로 조선의 토지를 장악해 갔고, 광공업 자산
은 90% 이상이 일본인들 소유였다. 소수의 일본인들이 토지나 자본
과 같은 생산수단을 집중적으로 소유했기 때문에, 소득분배가 민족별
로 불평등할 수밖에 없었다. 이러한 불평등한 소득분배 구조는 일본
인들한테 더 많은 생산수단을 소유할 수 있게 하고, 그것이 소득불평
등을 확대시켰다. 이러한 민족별 불평등의 확대재생산 과정이 식민지
시대 조선에서 벌어지고 있던 개발의 본모습이었다... 조선인들은 그
러한 개발의 국외자에 불과했다(허수열 2019).

23.
조선인의 개발 없는
식민지 개발?

—— 주익종

허수열의 "개발 없는 개발" 주장

2000년대 초부터 김낙년 교수 등 낙성대경제연구소 소속의 경제
사학자들은 한국의 장기 경제통계를 작성하는 데 주력해 상당한 성
과를 거두었습니다. 그들은 경제학의 추계기법을 활용해 일제하의
국민소득 통계를 작성하고 그를 분석해 식민지 근대화를 통계로 입
증했습니다. 과거 수적 우위만 믿고 식민지 근대화 계열의 연구를
그냥 무시했던 한국사 연구자들은 이렇게 통계로 뒷받침한 식민지
근대화론을 제대로 반박하지 못하고 난처한 지경에 처합니다. 이런
한국사학계에 원군 역할을 한 이가 경제사학자인 허수열 교수(이하 경
칭 생략)입니다. 오랫동안 일제하의 경제통계를 작성, 분석해 온 그는

홀로 식민지 근대화론 입장의 연구진에 맞섰습니다.

허수열은 일제하의 경제성장을 어느 정도 인정하지만, 낙성대 팀에 비해서는 그 경제성장률도 낮게 보고, 또 일제말에 생산이 대폭 감퇴해 결국 일제에 의한 경제성장은 '도로아미타불'이 되었다고 봅니다. 무엇보다도 그는 조선인이 그런 경제성장에 참여하지 못했다고 봅니다. 일제하 경제성장이 있었지만, 민족 간 소득분배가 극단적으로 불평등하여, 성장의 과실은 일본인이 독차지했고 조선인은 나아진 게 없었다는 겁니다. 그 이유는 토지나 광공업 자산과 같은 생산수단이 일본인에게 극단적으로 집중되었기 때문이라고 합니다.

일제하에서 생산수단이 일본인에게 집중되었던 것은 사실입니다. 그렇다면 과연 그 때문에 성장의 과실을 일본인이 독차지하고 조선인은 들러리만 서는 '개발의 국외자'였을까요? 이 문제를 정확히 구명하려면 먼저, 일제하 경제성장의 규모를 측정(추계)하고, 또 민족 간 소득분배를 측정(추계)해서 조선인 소득이 어떻게 변했는지를 파악해야 합니다. 특히 조선인 1인당 소득의 변화를 파악하려면, 인구수도 파악해야 합니다. 경제성장의 규모 추계, 민족 간 소득분배 추계, 인구수 변화 추계, 이 세 가지 중 어느 하나도 간단하지 않습니다. 수많은, 때로는 무리한 가정을 해야 합니다. 연구자마다 각기 다른 가정을 하고 추계작업을 하므로 결과도 다르게 나옵니다. 낙성대 팀의 추계결과와 허수열의 그것이 상당히 다른 것은 그 예입니다. 여기서 어느 추계법이 올바르냐를 따질 여유는 없습니다. 허수열의 추계결과가 과연 그의 주장을 뒷받침하는지, 그것은 실제로 무엇을 뜻하는지를 살펴보겠습니다.

농업 부문의 개발이익은 누구에게?

일본은 식민지 조선을 그들의 식량공급기지로 개발했습니다. 수리시설을 갖추고 품종을 개량하며 화학비료를 증투하여 쌀 생산을 늘린다는 산미증식계획이 그 대표적 정책이었습니다. 쌀이 대폭 증산되고, 또 일본으로 쌀 수출이 증가했음은 잘 알려진 사실입니다.

그런데 일제하에서 쌀이 얼마나 증산되었는지에 관해서는 의견이 갈립니다. 총독부의 부정확한 쌀 생산량 통계를 보정하는 방식이 연구자마다 다르기 때문입니다. 일례로 김낙년 팀은 1911~1939년간 쌀 생산량이 123% 커졌다고 추계했지만, 허수열은 1910~1942년에 쌀 생산이 52% 늘었다고 계산했습니다. 김낙년이 1911년과 1939년의 각기 3개년 평균치를 비교한 것과 달리, 허수열은 1911~1915년의 5년 평균치와 1935~1944년의 10년 평균치를 비교했습니다. 앞서 언급한 것처럼 허수열은 경제성장 효과를 작게 보았습니다.

여기서는 그냥 허수열의 계산 결과를 받아들이고, 그것이 무엇을 의미하는지를 살펴보겠습니다. 허수열에 의하면, 1910~1942년에 논 면적이 15% 증가했기 때문에, 논 면적당 생산성은 32% 증가한 것이 됩니다. 이 기간 중 일본인 논 비중이 2.8%에서 16.9%로 크게 증가했는데, 그는 일본인 논이 조선인 논보다 훨씬 생산성이 높은 '옥토'라고 보고, 일본인 논에서 생산된 쌀의 비중은 4.2%에서 23.4%로 커진 것으로 보았습니다. 일본인 논이 과연 그가 가정한 것처럼 '옥토'였는지는 의심스럽지만, 그것도 그대로 받아들이겠습니다. 그는 조선인 지주의 논에서 생산된 쌀은 모두 조선인(지주와 자작농, 소작농)에게 귀속되었다 하고, 일본인 지주의 논에서 생산된 쌀은 소작료율 55%만큼 일본인 지주에게 귀속되고, 나머지 45%의 쌀 중 10분의 9가 조선인 소작농에게 귀속된다고 했습니다.

이렇게 하면 쌀이 조선인과 일본인 사이에 어떻게 분배되는지 계산할 수 있습니다. 그 결과는 아래 표와 같아서, 1910~1942년 사이에 쌀 증산분의 3분의 2가량이 조선인에게, 그 3분의 1가량이 일본인에게 귀속된 것이 됩니다. 즉 '식민지 개발' 이익의 3분의 2가량이 조선인에게 돌아간 겁니다.

표23-1 생산된 쌀의 민족 간 배분 변화

		1910년	1942년	증산량 (비율)		증가율
쌀 생산량지수		100.0	152.3	52.3		
민족별 분배	조선인	97.5	131.1	33.6	64.2%	34.4%
	일본인	2.5	21.2	18.7	35.8%	752.6%
	계	100.0	152.3	52.3	100.0%	52.3%

자료: 허수열(2011 : 118).

이 결과는 허수열의 주장과 부합할까요? 그렇지 않습니다. 농업(쌀) 증산분의 3분의 2가 조선인에게 갔으니까요. 이는 '개발이익의 일본인 독점'이라는 그의 주장과 어긋납니다. 그런데도 자신의 주장과 맞지 않는 이 결과를 버젓이 책에 싣는 심사는 무엇일까요? 조선인 몫은 고작 34% 증가했는데, 일본인 몫은 무려 753%나 증가했음을 강조하려는 것일까요?

실상 그는 이 책『개발 없는 개발』을 2005년에 처음 냈는데, 그때는 개발이익(쌀 증산분)의 85%를 일본인이 차지하고 15%만 조선인이 가졌다고 했습니다. 조선인은 식민지 개발의 들러리라는 그의 주장에 딱 들어맞는 결과였습니다. 그는 원하던 결과가 나오니 의기양양했던 듯합니다. 제목도 자신 있게 '개발 없는 개발'이라 붙였지요. '조선인의 개발 없는 식민지 개발'이란 뜻입니다. 그런데 그가 일본인 몫을 터무니없이 부풀려 잘못 계산한 것을 낙성대 팀의 김낙년이 밝혀냈습니다. 그 후 허수열이 그를 고쳐서 내놓은 게 위의 표23-1입니다.

그런데 명백한 오류를 수정하고 나니, 개발이익의 3분의 2 가까이를 조선인이 가져갔다는 결과가 나왔습니다. 이는 개발이익의 일본인 독점이라는 자신의 주장과 충돌합니다. 하지만 그는 이것을 애써무시하고 '개발 없는 개발' 주장을 계속한 것입니다.

공업 개발이익의 민족 간 배분

혹자는 농업이야 원래 조선인의 몫이 크지 않느냐, 조선인 논의
비중이 크기 때문에 농업 개발이익을 조선인이 주로 가져간 거 아니
냐고 할지 모르겠습니다. 압도적으로 일본인 비중이 큰 공업에선 개
발이익을 일본인이 독점했다고 말이죠. 과연 그랬을까요?

허수열은 마찬가지로 공업생산에 대해서도 민족별 비중을 계산
했습니다. 그는 가내공업, 관영공장, 조선 내 일본인 자본과 조선인
자본의 공장생산액, 일본계 대자본의 공장생산액 등으로 나누어 공
산액을 추계했습니다. 그 결과는 표23-2와 같이 1926~1939년 사
이에 조선인 공산액의 비중이 49.1%에서 37.2%로 감소했다는 것
입니다. 조선인 공산액 비중이 줄었으니 개발이익을 일본인이 독차
지한 것이 될까요? 그렇지 않습니다. 명목액이긴 하지만 공산액이

표23-2 민족별 공산액의 변화 (단위: 백만 엔)

		1926년(A)		1939년(B)		개발이익(B-A)	
민간공장	조선인	83.2		380.3			
	일본인	229.3		1,055.4			
관영공장		48.5		77.9			
가내공업	조선인	190.1		323.8			
	일본인	5.4		57.7			
합계	조선인	273.3	49.1%	704.1	37.2%	430.8	32.2%
	일본인	282.2	50.9%	1191.0	62.8%	907.8	67.8%
	계	556.5	100.0%	1,895.1	100.0%	1,338.6	100.0%

자료: 허수열(2011 : 171).

1926~1939년 사이에 3.4배 증가했고, 조선인 공산액도 2.6배 커졌습니다. 조선인도 개발이익을 나눠가졌습니다. 개발이익 중 32.2%가 조선인 몫이었습니다.

부가가치 기준 실질액으로 보면 어떨까요? 김낙년 팀은 연도별 제조업 부가가치 생산액을 추계했습니다. 여기에 허수열이 계산한 민족별 비중 수치를 적용하면, 표23-3과 같이 조선인 몫과 일본인 몫 수치를 얻을 수 있습니다. 김낙년 팀에 의하면, 1926~1939년에 제조업 부가가치는 3.1배로 커졌습니다. 이 제조업 부가가치 증가분이 바로 공업부문의 개발이익이라 할 수 있습니다. 개발이익 2억 1600만 엔 중에서 6800만 엔이 조선인의 몫, 1억 4800만 엔이 일본인 몫입니다. 조선인의 비중은 31.5%여서 개발이익의 3분의 2 이상을 일본인이 차지했습니다. 이를 독차지라 해야 할까요? 앞서 본 쌀 증산량 중 3분의 2 가까이가 조선인에게 귀속되었는데, 그걸 독차지라 하지는 않았습니다. 그렇다면 공업부문에서도 개발이익을 일본

표23-3 민족별 제조업 부가가치 (단위: 백만 엔, 1935년 가격 기준)

	1926년(A)	1939년(B)	1926~1939 개발이익(B-A)	
제조업 부가가치	103.8	319.8	216.0	100%
조선인 몫	51.0	119.0	68.0	31.5%
일본인 몫	52.8	200.8	148.0	68.5%

자료: 김낙년·박기주·박이택·차명수(2018 : 757).

인이 독차지했다고 할 수는 없고, 조선인도 나눠 가졌다고 하겠습니다. 공업부문 개발이익의 30%가 작다고 할지 모르겠습니다만, 공업에서는 개발이익이 시작년도 부가가치의 2.1배로 워낙 크기 때문에 공업부문의 조선인 1인당 소득은 증가했음에 틀림없습니다.

여기서 한 가지 더 고려해야 합니다. 위 수치는 단순히 업주가 조선인이냐, 일본인이냐에 따라서 그 부가가치 생산액을 분류한 것입니다. 일본인 공장의 부가가치 중에는 조선인 노동자에 대한 임금 지급분이 있습니다. 이 부분을 고려하면 공업부문 부가가치 중 조선인의 몫은 더 커집니다. 조선인 노동자 임금 지급분이 얼마냐가 문제겠는데, 우리나라 최초인 1960년 산업연관표에 의거해서 그를 추정해 보겠습니다. 1960년 산업연관표에 의하면, 제조업 부가가치 총액은 331억 6200만 원이고, 그중 피용자 보수는 125억 600만 원으로서 37.7%를 차지했습니다. 이 비율을 일제하 제조업에 적용해서 그 피용자 보수액을 구할 수 있습니다. 그런데 일제하의 근로자 중에는 일본인 기술자와 노동자도 있어서 이 피용자 보수는 조선인과 일본인이 나누어야 했습니다. 여기서는 편의상, 조선인 노동자의 몫을 제조업 부가가치의 20%라 해보겠습니다. 일본인 기술자와 노동자의 몫이 제조업 부가가치의 17.7%라고 가정하는 겁니다. 이렇게 하면 개발이익 중 조선인 몫은 45% 가량이 됩니다.

허수열이 일본인의 개발이익 독점을 주장하려고 열심히 추계작업을 했지만, 결과는 조선인과 일본인 간 개발이익의 분점입니다. 일본인 인구수가 적은 것을 고려하면, 일본인에게 매우 유리한, 민족 간 불평등이 심화된 분배입니다. 그래도 개발이익이 조선인과 일본 인 사이에 분점되었음은 틀림없습니다.

조선인이 참여한 식민지 개발

이렇게 보면, 허수열의 "개발 없는 개발" 주장은 성립하지 않습니다. 그는 민족 간 불평등이 심화되어서 조선인은 "개발의 국외자"였다고 주장했지만, 자신이 계산한 수치로 자신의 주장이 간단히 부정됩니다. 그가 이 간단한 것을 몰랐을까요? 그렇지 않았을 겁니다. 그는 책에서 이 결과에 대해 더 이상 설명하지 않고 얼버무립니다. 그리곤 공업부 문에서 조선인과 일본인 각각의 자본이나 자산에 얼마나 격차가 컸는 지를 장황하게 서술합니다. 공업회사 자본의 95%가 일본인 소유였음 을 강조합니다. 아마도 공업자본 소유의 민족 간 극단적 불평등을 강 조함으로써, 독자들이 소득분배의 그 극단적 불평등을, 따라서 개발이 익의 일본인 독점을 연상케 하려는 것 같습니다.

일제하에서 실제 일어난 일은 조선인이 참여하고 그 결과도 향유 하는 식민지 개발이었습니다. 일본은 조선을 병합한 후 사유재산권 제도를 확립하고 교통·통신 등 사회간접자본을 확충하며 조선 내 산업개발을 꾀했습니다. 일본은 토지 소유권과 경계의 조사 및 등

기, 법률에 따른 공평한 지세 부과, 통화 가치의 안정을 통해 사유재
산권을 보호했습니다. 철도와 항만, 도로를 개설하고 전신·전화 등
통신망을 확충했으며, 도량형 제도를 통일했습니다. 저축과 투자를
활성화하도록 금융기관도 신설했으며, 회사 제도도 도입했습니다.
일본은 이러한 기반 위에 조선에서 초기엔 농업, 그 다음엔 광공업
의 개발을 꾀했습니다. 국가 정책으로서 산미증식계획이나 생산력
확충계획이 추진되었습니다. 이에 GDP가 지속적으로 증가하며 2차
산업과 3차 산업의 비중이 커지도록 산업구조가 개편되는 근대 경제
성장이 일어났습니다.

조선인은 허수열이 주장한 것처럼 이 개발의 국외자였던 게 아니
라, 그가 실증한 것처럼 이 개발의 참여자였습니다. 경제성장의 주
역은 일본인이었지만, 조선인도 그 일익을 맡았습니다. 조선인도 경
제성장의 과실을 나눠 가졌고, 이 점에서 식민지 경제성장은 조선인
에게도 유용했습니다. 결국 식민지 경제성장은 "조선인의 개발도 있
는 식민지 개발"이었습니다.

참고문헌

김낙년·박기주·박이택·차명수(2018), 『한국의 장기통계』 II. 해남.
차명수(2014), 『기아와 기적의 기원』 해남.
허수열(2011), 『개발 없는 개발』 은행나무.
허수열(2019), 「식민지 근대화론은 '불편한 진실' 아닌 '불편한 허구'다」 『한겨레신문』 2019년 8월 28일.

반일 종족주의자 주장하길

근대화론자들은 일제강점기 일부 조선인의 성공 사례를 강조하지만 그 시대 통계는 대다수 조선인의 삶이 궁핍했다는 것을 보여준다... 예를 들어 일제강점기 토지세 납세의무자 중 200정보 이상 소유한 대지주는 1921년 일본인이 169명, 조선인이 66명이었는데 36년 일본인은 181명으로 증가한 반면 조선인은 49명으로 줄었다. 그런데 5단보 이하 소유한 빈농층은 1921년 47.38%에서 36년 51.49%로 증가했다... (송규진 2019 발췌).

24

일제시대의
생활수준 변동

—— 차명수

1인당 생산의 증가

일본은 조선을 경제적으로 착취하기 위해 합방을 했으며, 그 결과 일제시대에 조선인들이 점점 못살게 되어 갔다는 것은 한국 민족이라면 당연시하는 상식입니다. 그런데 이 상식에는 어떤 근거가 있는 것일까요?

한 나라의 총생산은 총소득, 즉 그 나라 사람들이 벌어들이는 소득을 모두 합한 것과 같습니다. 그런데 총소득을 인구로 나눈 값, 즉 1인당 생산은 생활수준의 지표로 흔히 사용됩니다. 2000년대에 낙성대경제연구소 멤버들은 일제시대의 국내총생산GDP 및 인구 추계 작업을 했습니다. 그 결과는 1910~1940년간 인구가 연 1.3%, 총생산이 연 3.6%, 따라서 1인당 생산이 연 2.3%(=3.6%-1.3%)씩 증가했음을 보여 주는데, 이는 2018년 대한민국의 1인당 생산 증가율과 거의 같습니다(Cha and Kim 2012). 20세기 초반에는 두 차례의 세계대전이 일어났을 뿐 아니라 대공황이 터졌습니다. 매디슨 통계Maddison Project Database에 의하면, 이 시기 세계경제 전체의 1인당 생산 증가율은 1%에도 미치지 못했습니다. 그런 어려운 상황에서 일어난 연 2.3%의 1인당 생산 증가는 고도성장이라고 평가할 만합니다.

그러나 일제시대에 1인당 생산 즉, 1인당 소득이 증가했다고 해서 반드시 조선인 노동자와 농민의 물질적 삶이 향상되었다는 보장은 없습니다. 100명의 사람이 있는데 99명의 소득은 불변이지만, 혹은 하락하지만, 나머지 한 사람의 소득만 증가하더라도 1인당 소득의 평균은 증가할 수 있습니다. 일제시대에 1인당 생산이 2.3%씩 증가했다고 하지만, 조선에 들어와 살고 있던 일본인의 소득만 증가하고 조선인의 소득은 정체하거나 하락했을 수도 있습니다. 그러므로 일제시대에 최하위 조선인 소득계층의 생활수준이 향상되었는지 악화되었는지는 중요한 문제입니다.

신장의 증가

조선총독부는 병들어서, 굶주려서, 추워서, 혹은 범죄에 연루되어

길에 쓰러져 죽은 사람들, 즉 행려行旅사망자들의 연고자를 찾기 위해 이들의 키를 포함한 신체 특징을 조선총독부관보에 게시했습니다. 명지대학교 경제학과의 김두얼과 경북대학교 경제학과의 박희진은 6,346명의 행려사망자 신장 측정 자료를 회귀 분석해서 나이, 출신 지역, 사망 원인이 신장에 미치는 영향을 통제한 뒤 일제시대에 행려사망자의 평균 신장이 2.1센티미터 증가했음을 알아냈는데, 이는 그림24-1에 동그란 점으로 표시되어 있습니다(Kim and Park 2011). 행려사망자는 대부분 가난한 사람이었을 가능성이 높으므로 일제시대의 1인당 소득 증가가 못사는 사람들의 희생 위에서 일어난 것이 아님을 알 수 있습니다. 그림24-1에 제시된 다른 신장 추계에 대해서는 아래에서 설명하겠습니다.

김두얼과 박희진이 발표한 신장 증가의 증거는 2.3%라는 1인당 소득 성장률 추계가 얼마나 정확히 현실을 반영하는 것인지를 체크해볼 수 있게 합니다. 국제적·역사적 신장 데이터를 분석한 오하이오주립대학의 리처드 스테클Richard Steckel 교수에 따르면, 1인당 생산이 1% 증가하면 평균 신장이 0.0397센티미터 증가하는 경향이 있다고 합니다. 1911~1940년간 1인당 생산이 연 2.3%씩 증가했다면, 신장은 2.4센티미터(=0.0397×2.3×29) 정도 증가했어야 합니다. 그런데이 예측치는 김두얼과 박희진이 행려사망자의 신장 측정기록을 가지고 계산한 실제의 신장 증가치 2.1센티미터와 비슷합니다.

그림24-1 20대 남녀 평균 신장 추이 (단위: 센티미터)

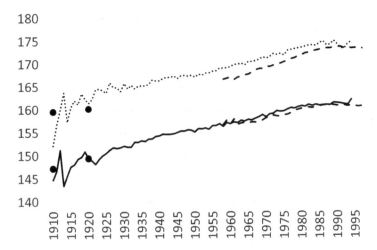

자료: Kim and Park(2011); 국민건강영양조사 마이크로 데이터.
주: 가로축-출생연도; 세로축-신장; 동그라미-행려사망자 20대 남자(위)와 여자(아래)의 신장;
    선-국민건강영양조사 마이크로 데이터를 이용한 20대 남자(점선)과 여자(실선)의 신장; 굵
    은 점선-교육부 발표 17세 남자(위)와 여자(아래) 신장.

체중의 증가

일제시대에는 신장뿐 아니라 체중도 증가하고 있었습니다. 조선총
독부관보에 실린 행려사망자 신체 특징 정보에는 체중이 들어 있지
않습니다. 그렇지만 일제시대의 서로 다른 시점에 태어난 사람들이
현재까지 생존하고 있으므로 이들의 체중을 통해 일제시대에 조선인
들의 살이 빠지고 있었는지 찌고 있었는지를 알아볼 수 있습니다.

보건복지부는 국민건강영양조사 과정에서 수집한 개인들의 건강 관련 정보를 발표하는데, 거기에 체중이 포함되어 있습니다. 이 국민건강영양조사 샘플에는 일제시대가 시작되기 전에 태어난 노인들부터 1990년대에 태어난 젊은이들이 들어가 있습니다. 저는 이들의 신체 측정기록을 근거로 지난 한 세기 동안 한국인들이 겪은 생리학적 변화, 특히 체중, 신장, 혈압, 맥박, 혈당, 백혈구 및 적혈구 수치의 장기적 변화를 추적하는 연구를 하고 있습니다(차명수 2020).

그림24-2는 1998년 국민건강영양조사 샘플에 포함된 3,597명의 20세 이상 남성, 4,365명의 20세 이상 여성의 기록을 사용해 추정한

그림24-2 국민건강영양조사 자료에서 추정한 20대 체중 추세 (단위: 킬로그램)

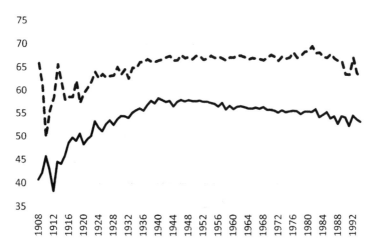

주: 가로축-출생연도; 세로축-1998년 국민건강영양조사 마이크로 데이터를 이용한 남자 (점선) 여자 (실선) 20대 체중 추계.

체중 추세입니다. 체중은 나이에 따라 변하는데 회귀분석을 통해 나이가 체중에 미치는 영향을 제거한 뒤, 다른 시점에 태어난 사람들의 20대 체중을 추정한 것입니다. 그림24-2에서 20세기 초 태어난 사람들의 체중 추계치가 들쭉날쭉한 것은 국민건강영양조사 샘플에 들어가 있는 고령자 수가 많지 않고, 표준오차가 크기 때문입니다. 그래서 20세기 초에는 연도별 추계치의 변화는 별 의미가 없으며, 장기추세가 증가인지 감소인지가 중요합니다. 그림24-2에 의하면 일제시대에 조선인들의 체중은 지속적으로 늘어나고 있었습니다.

국민건강영양조사 샘플에 들어 있는 나이든 사람들은, 예를 들어 1910년대 출생자들은, 그 세대 중에서 비교적 건강한 사람들이기 때문에 1998년까지 살아남았을 것이고, 그래서 그림24-2에 제시된 1910년대 출생자 체중 추계치는 1910년대생 전체의 평균 체중보다 클 가능성이 높습니다. 이는 일제시대에 실제로 일어난 체중 증가 추세가 그림24-2에 나타난 기울기보다 가파를 것임을 의미합니다.

국민건강영양조사 자료에는 신장 정보도 들어가 있는데 체중과 같은 방식으로 20세기 동안의 신장변화 추세를 추정할 수 있습니다. 그 결과는 그림24-1에 제시되어 있습니다. 이렇게 알아낸 20세기 초의 20대 조선인 남성 신장은 앞서 소개한 김두얼과 박희진이 계산한, 그림24-1에 동그라미로 표시된, 행려사망자 평균 신장과 크게 다르지 않습니다. 뿐만 아니라, 그림24-1에는 제시하지 않았지만, 서울대학교 경제학부의 이철희가 병무청 신체검사 기록을 근거로 추정한 1950년대 남성 신장과 거의 같습니다. 마지막으로 그림24-1에 굵은 점선으로 그려진 1980~1990년대의 17세 남녀 학생의 평균 신장과도 모순되지 않습니다. 17세 여고생의 신장은 20대 여성 신장과 비슷하지만, 17세 남고생의 신장은 20대 남성 신장보다 현저히 작습니다. 이유는 여성과 달리 남성의 신장 증가는 20대에도 계속되는 것이 보통이기 때문입니다. 그림24-1의 신장 추세를 보면 그림24-2의 체중과 마찬가지로 노무자나 위안부의 강제연행이 이루어졌다는 제2차 세계대전기에도 증가 추세가 중단되지 않았음을 알 수 있습니다.

신장과 체중 추정치를 가지고 신체질량지수body mass index, BMI, 즉 킬로그램kg으로 표시한 체중을 미터m로 표시한 신장의 제곱으로 나눈 비율을 계산할 수 있습니다. 그 결과를 보면 1910년 21 정도였던 BMI가 1940년에 24까지 증가한 뒤, 이후 하락해서 21 수준으로 되돌아왔습니다. BMI는 사망 확률과 밀접한 관계가 있는데 BMI가 21보다 작아지거나 24보다 커질수록 사망 확률이 올라갑니다(Fogel 2004).

실질 임금, 사망률, 평생 소득

일제시대에 최하 소득계층인 비숙련 노동자의 실질임금(=명목임금을 소비자 물가지수로 나눈 비율)에 관한 추계가 몇 개 나와 있습니다. 허수열(1981)의 추계에 따르면, 날품팔이들의 생활수준은 1910~1938년간 정체하였습니다. 차명수(2011)에 따르면 8대 도시의 비숙련 노동자 실질소득은 1910~1942년간 연 0.45%씩 증가하는 추세였지만, 통계적으로 유의미하지는 않았습니다. 마지막으로 Cha(2015)는 1910~1938년간 비숙련 노동자들의 명목임금을 최저생계비로 나눈 비율(=후생비율welfare ratio)이 증가하지도 감소하지도 않았음을 보여 주었습니다. 한마디로 이들 연구는 인부, 지게꾼 등 도시 빈민층의 실질소득은 증가하지 않았음을 말하고 있습니다.

빈곤층의 소득이 정체했다면 음식물 섭취량도 정체했을 터인데, 일제시대에 어떻게 키가 크고 살이 찔 수 있었던 것일까요? 그 이유는 일제시대에 위생시설이 개선되고 근대의학이 도입되면서 사망률이 떨어지고 평균 수명이 늘어나고 있었기 때문입니다. 질병과 싸우는 데에는 에너지가 소모됩니다. 같은 양의 칼로리를 섭취하더라도 질병에 덜 시달리면 키가 커지고 체중이 늘어나게 됩니다. 권태환(1977)의 추계에 따르면, 최초의 인구센서스가 실시된 1925~1930년간 조선인의 평균 수명은 37세였는데, 1940~1945년에는 41세로 증가하였습니다. 족보에 기록된 출생과 사망 기록을 바탕으로 한 차명수(2009)의 계산 결과에 따르면, 조선후기의 평균 수명은 23세 정도였습니다.

그러므로 비숙련 노동자의 실질임금이 정체했거나 매우 느리게밖에 증가하지 않았다는 사실만을 들어 일제시대의 하층민이 경제성장의 혜택을 입지 못했다고 말할 수 없습니다. 게다가 실질임금이 불변인데 평균 수명이 늘어났으므로 평생소득은 증가했다고 할 수 있습니다. 이런 의미에서도 최하층 노동자들의 생활수준은 향상되었다고 말할 수 있습니다.

마지막으로, 일제시대 조선인들의 생활수준이 향상되지 않았다고 주장하는 허수열(1981)은 목수, 식자공 같은 숙련 노동자의 실질임금이 비숙련 노동자의 실질임금과 달리 분명한 증가 추세를 따랐음을 보여 주었습니다. 일제시대의 노동자들은 대부분 비숙련 노동자였지만, 전체 노동자에서 숙련 노동자가 차지하는 비중은 증가하고 있었을 가능성이 높습니다. 무엇보다도 일제시대에 초등교육이 확산되면서 글자를 읽고 쓸 수 있는 사람의 비율이 증가했기 때문입니다. 1910년 5~14세 인구 중에서 초등학교에 다니고 있던 사람은 3%에도 못 미치지만, 이 비율은 1943년에 33%로 증가했습니다. 1910년 15세 이상 인구 중에서 한글을 읽고 쓸 수 있는 사람은 19%에 불과했지만, 이 비율은 1944년 45%로 증가하였습니다(차명수 2014). 그러므로 비숙련과 숙련 노동자를 포함한 전체 노동자 계층의 생활수준은 나아지고 있었다고 평가할 수 있겠습니다.

일제시대에 일어난 이 같은 변화는 조선시대 마지막 두 세기 동안 일어난 변화와 대조적입니다. 18~19세기에는 실질임금이 하락하고, 신장이 수축되고 있었을 뿐 아니라 사망률이 높아지고 있었습니다(조영준·차명수 2012). 조선후기에는 인구가 연 0.4~0.6%씩 증가했습니다(차명수 2009 & 2014). 맬서스가 『인구론』에서 설명했듯이 생산기술이 발전하지 않는 가운데 제한된 자원을 이용하는 사람 수가 늘어나면 한 사람에게 돌아가는 생활 물자의 양은 줄어듭니다. 즉, 생활 수준은 악화됩니다. 그런데 일제시대에는 인구가 조선후기에 비해 2~3배 빠른 속도로 증가했지만 노동자들의 생활수준은 향상되고 있었습니다. 생산기술이 발전하고 있었기 때문입니다. 일제시대는 한국인들이 오랫동안 헤어나지 못하고 있던 맬서스의 덫Malthusian trap 에서 벗어나 근대경제성장modern economic growth의 단계로 나아간 시기였습니다.

요약

일제시대에 1인당 생산이 증가했지만, 빈곤층이 1년 혹은 한 달 동안 벌어들이는 실질소득은 증가하지 않았습니다. 지주나 자본가 같은 잘 사는 사람들의 소득은 빠르게 증가했고, 소득 분배가 점점 불평등하게 되어 갔습니다. 그러나 조선후기처럼 노동자들의 실질소득이 하락하지는 않았습니다. 일제시대에는 조선후기보다 인구가 2~3배 빠른 속도로 증가했는데도 말입니다. 일제시대의 인구 증가는 사망률 하락 때문에 일어난 것으로, 사망률 하락은 실질임금이 정체하는 가운데에서 신장과 체중이 어떻게 증가할 수 있었는지를 설명합니다. 또 평균 수명의 증가는 비숙련 노동자들이 평생 버는 소득의 증가를 의미하는 것이었습니다. 일제시대에는 조선인들의 몸뚱어리만 커지고 있었던 것이 아니라 근대 교육의 보급으로 정신적 성숙도 일어나고 있었습니다. 학교 교육을 받은 사람들이 늘어나면서 숙련 노동자가 전체 노동자 계급에서 차지하는 비중이 증가했는데, 숙련 노동자의 실질소득이 증가했다는 사실에는 의심의 여지가 없습니다. 이런 모든 변화는 18세기 말과 19세기 초의 영국에서도 일어났는데, 이를 가리켜 '산업혁명'이라고 합니다. 그리고 이런 변화들이 일어난 배경에는 영국에서나 일제하 조선에서나 기술 발전이 있었습니다.

참고문헌

송규진(2019), 「국민일보」 2019년 8월 13일 인터뷰.
조영준·차명수(2012), 「조선 중후기의 신장추세, 1547–1882」 「경제사학」 53.
차명수(2009), 「조선 후기의 출산력, 사망력 및 인구 증가」 「한국인구학」 32.
차명수(2011), 「식민지 시대의 도시간 직종간 비숙련 임금격차」 「경제학연구」 59(1).
차명수(2014), 「기아와 기적의 기원」 서울: 해남.
차명수(2020), 「한국인의 생리학적 진화, 1910–2010」 미간행 원고.
허수열(1981), 「일제하 실질임금 (변동) 추계」 「경제사학」 5.
Cha, Myung Soo(2015), "Unskilled Wage Gap within the Japanese Empire", *Economic History Review* 68(1).
Cha, Myung Soo and Nak Nyeon Kim(2012), "Korea's First Industrial Revolution", *Explorations in Economic History* 49.
Fogel, Robert W.(2004), *The Escape from Hunger and Premature Death, 1700–2100*, Cambridge: Cambridge University Press.
Kwon, Tai Hwan(1977), *Demography of Korea*, Seoul: Seoul National University Press.
Lee, Chulhee(2019), "Economic Development and Changing Socioeconomic Differences in Health: Evidence from South Korea, 1946–1977", 2019년 경제사학회 춘계학술대회 발표 논문.
Maddison Project Database (2018), (https://www.rug.nl/ggdc/historicaldevelopment/maddison/)
Steckel, Richard(1995) "Stature and the Standard of Living", *Journal of Economic Literature* 33.

반일 종족주의자 주장하길

3·1운동의 생령들이 대한민국 임시정부를 일으켰으며, 대한민국임시정부가 1943년 12월 1일 대한민국의 독립을 만천하에 천명한 최초의 국제문서 '카이로선언'을 쟁취함으로써 마침내 갑진년(1904) 2월 6일 왜적의 재침으로 시작된 갑진왜란甲辰倭亂으로부터 하루도 그칠 날 없이 계속된 '40년 장기 항일전쟁'에서 승리를 거두었다(황태연 2019 : 21~22).

25

우리가 '항일전쟁'으로
해방되었나요?

———— 김용삼

우리의 『반일 종족주의』의 대항마라는 『일제종족주의』는 시종일관 입에 담기조차 민망한 비난과 매도로 가득 차 있습니다. 편저자 황태연은 한국의 근대사와 일본의 통치기를 항일투쟁사관으로 재해석합니다. 그에 따르면 고종은 그의 나라를 근대적으로 개혁한 현군으로서 개명군주입니다. 나아가 고종은 목숨을 걸고 항일투쟁을 이끈 영웅입니다. 황태연은 다음과 같이 말합니다. "고종은 스스로 살해될 것을 예견하여 죽어서까지 3·1운동을 일으켰고, 3·1운동의 생령이 대한민국임시정부를 일으켰고, 임시정부의 광복전쟁에서 독립투사들이 '카이로선언'을 쟁취함으로써 정식 대한민국을 일으켰다." 이것을 두고 과연 대학에서 녹을 먹는 교수의 학술적 발언이라 할 수 있을까요? 아니면 소설가의 공상과도 같은 무책임한 넋두리에 불과할까요? 고종이 과연 현군이었는지는 제19장에서 논의하였습니다. 이 장에서는 카이로선언이 고종의 유명遺命을 계승한 독립투사들에 의해 쟁취되었다는 황태연의 주장을 검토해 보겠습니다.

새로운 연구

카이로선언은 1943년 11월 이집트 카이로에 모인 미국, 영국, 중국의 수뇌들이 "위의 3대 연합국은 한국 인민의 노예 상태에 유의하여 적당한 과정을 거쳐 한국이 자유롭고 독립적인 나라가 될 것임을 결의하였다"고 선언한 역사적인 문건입니다. 지금까지 한국의 독립운동사 연구자들은 카이로선언을 장제스蔣介石 중화민국 총통의 공로로 이해해 왔습니다. 신용하의 『한국 항일독립운동사 연구』를 비롯하여 한시준韓詩俊의 「백범 김구, 장제스, 그리고 카이로선언」 등에 의하면 장제스는 1943년 7월 26일 충칭重慶에서 김구, 조소앙趙素昻, 김규식金奎植, 이청천李靑天, 김원봉金元鳳 등 대한민국임시정부의 대표자들과 만났습니다. 이 회담에서 장제스는 자신이 카이로 회담에 참석하며 거기서 한국의 독립을 주장하겠다고 약속하였습니다. 그래서 지금까지 카이로선언은 장제스 총통이 약속을 지킨 결과라고 알려져 왔습니다.

하지만 미국의 외교 문서를 중심으로 카이로선언문의 작성 과정을 분석한 새로운 연구가 나오면서 위와 같은 기존의 통설은 수정이 불가피한 처지에 놓였습니다. 정일화의『대한민국 독립의 문 카이로 선언』에 의하면 카이로회담에서 한국의 독립을 적극적으로 거론한 인물은 장제스가 아니라 미국 대통령 루스벨트였습니다. 또 선언문 의 초안을 작성한 인물은 루스벨트의 특별보좌관 해리 홉킨스Harry L. Hopkins였습니다. 그가 루스벨트의 명에 따라 작성한 카이로선언의 최 초 초안에서 한국 관련 서술은 다음과 같습니다.

> 우리는 일본에 의한 반역적인 한국인의 노예화를 잊지 않으면서 일본
> 패망 이후 한국이 가능한 가장 빠른 시기에 자유롭고 독립적인 나라가
> 될 것임을 결의하였다(We are mindful of the treacherous enslavement of the people
> of Korea by Japan, and are determined that country, at the earliest possible moment after
> the downfall of Japan, shall become a free and independent country).

홉킨스는 충실한 감리교도였습니다. 그의 선언에는 한국인의 노 예적 상태에 대한 종교적인 분노가 강렬하게 표출되어 있습니다. 그 래서 일본의 패망 후 가능한 한 가장 빠른 시기에 독립을 시키겠다 고 했습니다. 홉킨스의 초안은 루스벨트와 처칠의 수정을 받습니다. 그 과정에서 '반역적인'이란 종교적 수사가 소거되고 독립 시기도 "적절한 시기에(at the proper moment)"로, 나아가 "적당한 과정을 거쳐서 (in due course)"로 낙착을 보았습니다.

정일화의 연구가 밝힌 카이로선언의 작성 과정과 각국의 역할은
다음과 같습니다.

첫째, 장제스는 카이로회담에서 한국 문제가 의제에 포함되어 있지 않
음을 알고 한국 문제를 주도적으로 제기하지 않았다. 예정에 없던 한국
문제는 루스벨트에 의해 제기되었다. 둘째, 장제스는 1943년 11월 23
일 저녁 루스벨트의 숙소를 방문했을 때 루스벨트가 한국 문제를 제기
하자 "한국의 독립을 허용할 필요성이 있다"는 소극적이고 우회적인 지
지 의사를 표명하였다. 셋째, 장제스의 대변인 황충후이王寵惠 비서장은
11월 25일 해리 홉킨스가 작성하고 루스벨트가 수정한 선언문의 초안
을 검토하고, 수정하는 실무자 회의에서 어떠한 이의도 제기하지 않았
다. 넷째, 반면 미국의 초안을 접수한 영국의 외무차관은 이를 수정하여
영국 안을 따로 만들어 미국에 전달했는데, 미국과 중국 대표가 그에 동
의하지 않아 11월 26일 오후에 다시 회동하였다. 이때 영국의 처칠 수
상이 자기 나름의 새로운 초안을 보내와 회의가 타결되었다. 처칠의 수
정안은 한국의 독립 시기를 '적당한 과정을 거쳐서'로 바꾼 것 외에는 루
스벨트와 홉킨스가 작성한 미국 안과 동일하였다. 다섯째, 이렇게 채택
된 카이로선언은 11월 27일 세 거두의 서명을 얻은 다음, 루스벨트와
처칠이 11월 28일부터 12월 1일까지 이란 테헤란에서 열린 소련 스탈
린과의 3자회담에서 그의 동의를 얻어 12월 1일에 공표되었다.

'한국 독립' 아이디어는 이승만

이상과 같이 한국의 독립을 약속한 카이로선언은 장제스 총통이 아니라 루스벨트 대통령과 그의 특별보좌관 홉킨스가 초안을 작성하고 처칠 수상이 수정하여 채택된 것입니다. 여기서 중대한 문제가 제기됩니다. 루스벨트는 당초 의제에 없던 한국 문제를 무엇 때문에 꺼내었던가요? 대체 무슨 이유로 루스벨트와 홉킨스는 일본의 패망 후 한국의 독립을 보장한다는 내용을 선언에다 담으려고 했을까요? 카이로선언에서 특정한 나라의 독립을 약속한 것은 한국밖에 없습니다. 누가 두 사람이 그런 특별한 생각을 하게 만들었을까요? 이런 의문에 답을 제시한 분이 이승만 연구를 주도해 온 유영익 교수입니다.

이승만은 1943년 5월 15일 루스벨트 대통령에게 한국 독립에 관련된 조치를 시급히 취해달라고 요청하는 편지를 보냈습니다. 이 서한이 루스벨트와 홉킨스로 하여금 카이로선언에 한국 독립을 보장하는 문구를 넣게 만든 최대 요인이라고 유영익은 주장합니다. 그 뿐만 아니라 이승만의 독립운동을 지원하기 위해 조직된 한미협회The Korean-American Council 이사진과 기독교인친한회The Christian Friends of Korea 소속 목사 등이 5월 15일을 전후하여 루스벨트 대통령에게 청원서와 서한 등을 보내 그의 마음을 움직이는 데 일조했다고 유영익은 말합니다.

한미협회는 1942년 1월 이승만이 미국 내에 친한 분위기의 조성과 한국 독립을 위한 홍보 활동을 위해 조직한 단체입니다. 1941년

12월 일본이 진주만을 기습 공격하여 태평양전쟁이 발발한 한 달 뒤였습니다. 회장은 주캐나다 미국 대사를 역임한 제임스 크롬웰, 이사장은 연방 상원의 원목 해리스 목사, 이사로는 존 스태거스 변호사 등 8명, 전국위원회 멤버로는 배재학당에서 이승만의 스승이었던 서재필과 헐버트, 그리고 상하원 의원, 주지사, 외교관, 대학 총장 및 교수, 목사, 출판사 회장, 작가, 언론인, 사회사업가 등 미국 주류 사회에 영향력을 행사할 수 있는 명망 높은 인사들이었습니다.

이승만은 미국의 승인을 받은 임시정부가 있어야 전쟁이 끝난 뒤 소련이 한반도를 점령하여 공산화하는 것을 막을 수 있다고 생각하였습니다. 한미협회 회원들은 이 같은 생각으로 미국 정부 요로에 로비 활동을 벌여 대한민국임시정부를 승인하고, 임시정부의 대일전 참전을 위해 활발한 활동을 전개했습니다. 기독교인친한회는 1942년 9월 한국에 선교사로 파송되었던 애비슨과 헐버트 등이 주동이 되어 조직한 단체입니다. 회장은 아메리칸대학교 총장 폴 더글러스, 서기는 조지 피치 부인, 재무는 윌리엄스, 법률고문은 스태거스, 이사진에는 연방대법원 판사 프랭크 머피 등 저명인사들이 참여했습니다.

이승만은 한미협회와 기독교인친한회를 종용하여 루스벨트 대통령을 비롯하여 미국 정부의 요인들에게 한국 독립을 청원하는 편지를 쓰게 하는 한편, 상하원 의원들을 접촉하여 임시정부의 승인을 축구하는 운동을 활발하게 전개하였습니다. 1943년 12월 1일의 카이로선언이 탄생한 것은 이 같은 이승만의 활동에 루스벨트를 비롯한 미국 정부의 요인들이 영향을 받았기 때문입니다. 카이로선언문의 초안을 잡은 홉킨스는 한미협회와 기독교인친한회가 최우선으로 접촉한 인물 중의 한 사람이었습니다.

이승만의 편지, 루스벨트 대통령의 마음을 두드리다

이승만이 1943년 5월 15일 루스벨트에게 보낸 편지는 비서 임병직을 통해 홉킨스에게 전달되었습니다. 홉킨스는 이 편지를 루스벨트 대통령에게 전했습니다. 주요 내용을 간추리면 다음과 같습니다.

> 각하께서 잘 알고 계시는 바와 같이 미국은 1882년에 체결된 조선과 미국의 우호통상조약을 위반하여 1905년 일본이 한국을 점령하고 1910년 한국을 병탄하는 것을 묵인하였습니다. (중략) 1941년 12월 7일 이후 섬나라 민족 일본의 폭력으로부터 문명과 민주주의를 수호하기 위하여 얼마나 많은 미국인이 피를 흘렸고, 얼마나 많은 금전이 허비되었습니까? 이 모든 것은 서양의 정치가들이 독립된 한국이 동양 평화의 보루로서 얼마나 중요한지를 인식하지 못한 데 기인한 것입니다. (중략) 대통령 각하, 저는 지금이 바야흐로 미국이 일본의 악선전으

로 인하여 갖게 된 한국에 대한 그릇된 인식을 바로잡을 때임을 다시
한번 강조하고 싶습니다. 만약 오늘날의 미국 정치가들이 이 사실을
깨닫지 못한다면 전후戰後 문제 처리는 현금의 세계적 전화戰禍보다 더
큰 새로운 재앙을 초래할 것입니다. (중략) 현재의 대일전쟁에 박차를
가하고 나아가 태평양지역에서의 평화를 정착시키기 위해 저는 각하에
게 간청하오니, 대한민국임시정부를 당장 승인하고 우리의 공동의 적
인 일본과의 싸움에 한국인이 자기의 몫을 감당함으로써 미국에 실질
적인 기여를 할 수 있게끔 원조와 격려를 아낌없이 베풀어 주시기를 간
청하는 바입니다.

관련 내용을 검토한 루스벨트는 이례적으로 5월 26일, 대통령 비
서실장 에드윈 왓슨 소장 명의로 이승만에게 "친애하는 이 박사! 대
통령의 지시에 따라 나는 귀하의 1943년 5월 15일자 서한을 잘 접
수했음을 알려드립니다. 귀하의 서한이 섬세한 주의를 받았다는 사
실은 표명할 필요도 없다고 생각합니다"라는 메시지를 보냈습니다.
바로 이 서한이 6개월 뒤 루스벨트와 홉킨스로 하여금 이집트 카이
로에서 전쟁이 끝난 후 한국의 독립을 보장한다는 선언을 하게 만든
결정적인 요인이었습니다. 이승만은 카이로선언이 공표된 직후 루
스벨트 대통령에게 감사의 전보를 쳤습니다. 12월 9일에는 감사의
서한을 보냈습니다. 그 편지에서 이승만은 루스벨트 대통령이 자신
의 은사인 윌슨 대통령의 정신을 계승하여 민주주의 적들과 용감하

게 싸운 업적을 찬양합니다. 아울러 루스벨트 대통령의 이름이 한국 역사에서 영원히 기억될 것이라고 썼습니다.

조선의용대가 국군의 뿌리라고?

이제 다시 황태연의 주장으로 돌아가겠습니다. 과연 "임시정부의 광복전쟁에서 독립투사들이 카이로선언을 쟁취함으로써 정식 대한민국을 일으켰다"는 주장이 성립할 수 있을까요? 독자 여러분의 판단에 맡깁니다. 황태연을 비롯한 『일제종족주의』의 공저자들은 항일무장투쟁이야말로 진정한 독립운동이라는 생각에 사로잡혀 있습니다. 황태연 등만이 아닙니다. 한국의 집권세력이 그 같은 역사관에 사로잡혀 있습니다. 그들은 참람하게도 이승만이 미국에서 벌인 독립운동은 독립운동이 아니라고 생각합니다. 총을 들거나 폭탄을 던지지 않으면 독립운동이 아니라는 것이죠. 2019년 현충일의 기념사에서 문재인 대통령은 김원봉의 조선의용대朝鮮義勇隊를 우리 국군의 뿌리인양 칭송했습니다. 대통령조차 그런 생각을 하니 황태연 등이 기세등등하여 『일제종족주의』에서 이승만의 독립운동을 높이 평가하는 우리를 부왜노라고 공격하는 것은 조금도 이상한 일이 아닙니다.

1938년 10월 김원봉이 조직한 조선의용대가 과연 어떤 조직이고 무슨 일을 했는지를 따져봅시다. 조선의용대는 중국 국민당 군대에 소속했으며, 그의 지시를 받아 일본군 포로의 심문과 선전을 담당한 비전투 조직이었습니다. 300여 명으로 출범한 조선의용대는 1940~1941년 중국공산당의 공작에 넘어가 대원의 대부분이 옌안延安의 마오쩌둥毛澤東 팔로군에 투항하였습니다. 부대 명칭도 조선의용대에서 조선의용군으로 바뀌었습니다. 김원봉도 함께 옌안으로 탈출하려 했으나 "테러리스트는 사절한다"는 중국공산당의 방침 때문에 충칭에 낙오하게 되었습니다. 오갈 데가 없어진 김원봉은 국민당 정부의 강력한 지시도 있고 해서 임시정부와 손을 잡았습니다. 김원봉은 이후에도 임시정부를 해체하기 위한 활동을 포기하지 않았습니다. 임시정부 휘하 광복군의 지휘통솔을 부인하는 등, 분열 공작에 앞장섭니다. 그 결과 임시정부의 김구 주석과는 원수지간이 되고 말았습니다.

옌안으로 탈출했던 조선의용군은 해방 직전 만주로 이동합니다. 만주에서 중국공산당은 조선의용군을 주축으로 조선족을 징집하여 중공 인민해방군 164·166사단을 조직합니다. 이 부대는 국공내전이 벌어지자 중국 대륙의 공산화에 큰 공을 세웁니다. 1949년 마오쩌둥은 스탈린과 합의하여 164·166사단을 북한의 김일성에게 넘깁니다. 북한 인민군 4·6사단으로 편제된 이 부대는 6·25전쟁 때 남침의 선봉 역할을 했습니다. 이 같은 역사를 가진 조선의용대를 두고 이 나라의 대통령은 공개리에 국군의 뿌리라고 칭송했습니다. 국군의 명예에 더없는 먹칠을 하였습니다. 이런 나라가 망하지 않고 버틸 수 있을까요? 심히 걱정스럽습니다.

'정신 승리법'의 반일 종족주의

우리 민족이 일제로부터 해방된 것은 '40년 장기 항일전쟁'의 승리 덕분이라는 황태연의 주장에서 저는 루신魯迅이 지은 『아Q정전正傳』을 떠올렸습니다. 소설 속의 아Q처럼 어느 날 조선은 일본에 심한 폭행을 당합니다. 아Q는 복수할 힘도, 능력도, 의지도 없는 인간입니다. 어떻게 하면 이 치욕에서 벗어날 수 있을까. 아Q는 재빨리 자신이 처한 현실과는 정반대의 현실을 고안해 냅니다. 도저히 '강도 일본'을 이길 재간이 없으니 "우리에게 폭행을 가한 일본을 아들놈이라 생각하고, 아들놈에게 한 대 얻어맞은 셈 치자"고 마음먹습니다. 그 순간, 아Q는 얻어맞은 자기보다 때린 아들놈을 불쌍하게 생각하기 시작합니다. 그러고선 자신이 승리했다고 확신합니다. 이것이 아Q의 '정신승리법spiritual victory'입니다. 황태연과 같은 반일 종족주의자들의 항일전쟁론은 그 정신승리법의 훌륭한 복제판입니다.

이 허위의 역사의식은 현실 정치에 있어서 가없는 반일 적대감으로 표출됩니다. 황태연 등 『일제종족주의』 공저자들은 특별법을 제정해서라도 '식민지 근대화론'을 주장하는 우리 같은 연구자를 '신친일파' 내지 '부왜노'로 체포, 처벌해야 한다고 주장합니다. 특별법 제정이 어렵다면 기존의 국가보안법을 확대 해석하여 여적죄로 처벌해야 한다고 주장합니다. 그들의 주장은 매우 위험합니다. 히틀러,

스탈린, 마오쩌둥, 김일성의 전체주의체제에서나 있을 법한 발상입니다. 오늘날 한국 정치와 문화를 지배하는 반일 종족주의에는 그러한 나약함, 위선, 폭력적 심성이 자리 잡고 있습니다.

자유의 물결

우리 한국인이 일본의 억압으로부터 해방된 것은 미국을 위시한 연합군이 일본제국주의를 해체하였기 때문입니다. 대한민국은 그 전쟁의 결과로 태어난 나라입니다. 자기 힘으로 해방되고 자기 힘으로 건국한 나라가 아닙니다. 미국의 지원과 감리 하에서 태어난 나라입니다. 속이 쓰리더라도 그 점을 인정해야 합니다. 그러면 알게 모르게 우리의 내면으로부터 진정한 힘과 용기가 생겨납니다. 왜 그럴까요?

1942년 2월 이승만은 미국 워싱턴 D.C에서 한인자유대회를 소집하였습니다. 한미협회의 인사들도 적극 동참하였습니다. 거기서 이승만은 다음과 같이 연설하였습니다. 우리 역사에 길이 남을 명연설입니다.

동지 여러분, 물결이 일고 있습니다. 홍수와 같은 자유의 물결입니다. (중략) 한국 인민의 슬픔의 눈물은 끝났습니다. 그들의 기쁨의 눈물이 시

작되었습니다. 보십시오. 물결은 해안 가까이 밀려오고 있습니다. 인간

의 자유와 승리의 해안으로.

그렇습니다. 우리를 해방시킨 것은 미국의 군사력이나 원자폭탄

만은 아니었습니다. '홍수와 같은 자유의 물결'입니다. 세계의 모든

나라가 자유인의 나라로 변하고 자유통상으로 하나가 되어 세계의

영구평화가 실현되는 그 자유의 물결입니다. 장차 일본인들까지 휘

감아 동아시아를 하나로 만들 자유의 물결입니다. 저는 그러한 물결

을 20세기를 관통하는 세계사의 주류라고 생각하고 있습니다. 그 물

결이 우리를 해방시켰습니다. 그리고 우리를 자유의 동아시아인으

로, 나아가 자유의 세계인으로 만들었습니다.

　누가 그 물결을 이 땅으로 인도하였습니까? 다른 누구도 아닌 우

리의 건국 대통령 이승만입니다. 바로 그 물결이 세계대전 이후 유

라시아대륙을 휩쓴 공산화의 물결을 북위 38도선에서 차단하였습

니다. 공산화의 물결에 휩쓸린 북한 동포는 진정한 의미에서 해방된

적이 없습니다. 자유인이 된 적이 없기 때문입니다. 이 점을 숙고하

면 1945년 8월 일제로부터의 해방은 우리에게 자유의 소중함과 사

명감을 부여합니다. 그래서 내면으로부터의 진정한 용기와 힘이 생

겨난다고 했습니다. '40년 장기 항일전쟁'으로 1904년 이래의 '왜란'

이 종식되었다고요? 그런 철없는 이야기는 이제 그만두어야 합니다.

참고문헌

김용삼(2015). 『대한민국 건국의 기획자들』 백년동안.

김용삼(2016). 『이승만의 네이션 빌딩』 북앤피플.

신용하(2006). 『한국 항일독립운동사 연구』 경인문화사.

안종철(2010). 「문명개화에서 반공으로」 최상오·홍선표 외 지음. 『이승만과 대한민국 건국』 연세대학교 출판부.

유영익(2013). 『건국대통령 이승만』 일조각.

유영익(2019). 『이승만의 생애와 건국 비전』 청미디어.

정일화(2010). 『대한민국 독립의 문. 카이로 선언』 선한 약속.

한시준(2014). 「백범 김구. 장제스. 그리고 카이로 선언」 『동북아역사재단뉴스』 89.

조작된 중국의 반일 감정

———— 박상후

마오쩌둥의 대일 감사

중국의 반일 감정은 만들어진 것입니다. 중화인민공화국을 건국한 마오쩌둥조차도 반일 감정은 없었습니다. 마오는 6·25전쟁 이후 국제적으로 고립된 상황을 타파하기 위해 일본과 관계개선을 희망했습니다. 그는 1956년 베이징의 중남해를 방문한 구 일본제국군의 엔도 사부로遠藤三郎 중장 일행에게 "일본군이 우리 중국에 진공한 것에 감사한다. 그 전쟁이 없었더라면 우리들은 지금 여기에 없었을 것이다. 그 전쟁이 있었기 때문에 흩어진 모래와 같았던 인민이 단결할 수 있었다"고 말을 했습니다. 마오는 '침략'이나 '침공'이란 어휘를 일부러 피했습니다.

이후에도 많은 일본인이 마오쩌둥을 만날 때마다 '사죄'를 하는데도 마오는 "황군皇軍에 감사한다"라는 말을 연발하면서 "과거에 구애받지 않는다"는 생각을 일관되게 주장했습니다. 마오는 1964년 7월 10일 일본 사회당 간부들이 방중했을 때도 "국민당에 패주해 홍군의 병력이 30만 명에서 2만 5,000명으로 줄었지만 일본군이 국민당군과 싸워주는 8년 동안 120만 군대로 늘어 기사회생했으니, 어찌 일본의 황군에 감사하지 않을 수 있느냐"고까지 말했습니다. 마오는 일본이 중국을 침략했기 때문에 국공합작도 가능했고, 일본군과 공모해 끊임없이 국민당의 약체화를 시도해 중국 전체를 차지했다는 속내를 여러 번 밝힌 바 있습니다. 또 살아 있는 동안 일본에 역사문제를 제기한 적도, 항일 전쟁 승리를 경축한 적도 없었습니다.

거짓과 선전의 항일

소위 대장정大長征, the Great March에도 항일의 거짓 이미지가 덧씌워져 있습니다. 마오쩌둥은 1931년 11월 장시江西성의 루이진瑞金에서 중화소비에트공화국을 창설했고, 1934년 국민당군을 피해 서북쪽으로 도주를 시작했습니다. 도보로 1만 5,000킬로미터를 주파하게 됩니다. 공산군을 추격한 것은 장제스蔣介石의 국민당군이었지만, 마오는 이 패주 과정을 '북상항일北上抗日'이라고 했습니다. 이때 코민테른 역시 중국 공산당에게 "일본군이 없는 서북으로 도망가라"고 타전했습니다. '대장정'에 참여했다가 신중국 탄생 후 인민해방군총참모장을 지낸 수위粟裕도 회상록에서 항일의 목적은 없었다고 술회했습니다. 하지만 마오는 '중국공농홍군의 북상항일선언'을 내는가 하면 "일치 단결해 일본제국주의를 중국에서 몰아내자"는 선전 삐라를 160만 부 이상 배포했습니다. 많은 중국인들이 이 선전을 믿었습니다.

거짓 항일은 이후에도 계속되었습니다. 1937년 8월 22일 중공중앙은 산시陝西성 뤄톈洛川현에서 중공중앙정치국확대회의를 열었습니다. 여기서 "일본제국주의를 타도하라", "항일을 위해 민족을 단결하라"는 중국공산당 항일 10대 강령을 결의합니다. 하지만 이는 인심을 장악하기 위한 선전 문구에 불과하였습니다. 중공중앙은 내부적으로는 "일본군과의 정면충돌은 피하라"는 명령을 예하 홍군에 내린 바 있습니다. 당시 홍군 제4방면군 군사위원회 주석이었던 장궈타오張國燾의 회상록에 따르면, 마오는 "애국주의에 현혹되면 안 되며 전선前線에서 항일 영웅이 돼서는 안 된다"는 지침을 내렸습니다. 그러면서 구체적으로 전력의 70%는 공산당의 발전을 위해 사용하고, 20%는 (국민당과의) 타협을 위해, 나머지 10%는 대일작전에 사용하라고 지시했습니다.

일본군과 용감하게 싸워 팔로군이 강하다고 알려지면 일본군이 전력을 집중시킬 위험이 있기 때문에 제1선에 나서서 전투를 하는 것을 엄금했습니다. 마오쩌둥의 지침에 따라 팔로군은 대체로 소규모의 후방 게릴라전을 수행했으며, 일반 국민과 국민당군을 대상으로 한 선전과 세뇌작업을 했습니다. 제1선에서 국민당군이 일본군과 싸우는 동안 배후에서 세력 확장에만 골몰했던 것입니다. 그러나 전장의 장수들에게는 적을 이겨 전과를 올리고 싶은 결기가 있을 수밖에 없었습니다. 펑더화이彭德懷는 1940년 8월 일본군과 정면으로 격돌해 일본군의 보급망에 큰 손실을 올리는 백단대전百團大戰이란 전승을 거뒀습니다. 마오는 승리를 거둔 펑더화이에게 "그렇게 눈에 띄는 전투를 하면 안 된다"고 격하게 질책하였습니다. 이때 생긴 감정의 앙금이 남아 있어서인지, 펑더화이는 1958년 마오의 대약진운동을 비판했다가 1959년 숙청되고 후에 옥사했습니다.

일본과의 공모

마오쩌둥에게는 국민당을 궤멸시켜 중국 전체를 장악하는 게 제1의 목표였습니다. 그는 심지어 일본과 공모까지 하였습니다. 1939년 마오는 판한녠潘漢年이라는 중공스파이를 상하이의 일본첩보기관인 이와이공관岩井公館에 잠입시켜 외무성의 이와이 에이치岩井英一와 친숙해지도록 하였습니다. 이와이 에이치는 판한녠으로부터 국민당군에 관한 군사정보를 취득했고, 그 대가로 고액의 정보제공비를 지불하였습니다. 판한녠은 보름에 한 차례씩 당시 경찰관의 5년치 급여에 해당하는 2,000 홍콩위안을 받았습니다. 이와이 에이치는 외무성 기밀비를 너무 많이 낭비했다는 이유로 이후 광저우 영사관으로 좌천을 당했습니다.

마오쩌둥은 스파이 판한녠을 시켜 중공군과 일본군 간의 정전을 제의하기도 하였습니다. 판한녠은 당시 일본 육군참모본부 산하의 매기관梅機關이란 첩보기관을 통해서 일본의 괴뢰정권이었던 왕자오밍汪兆銘의 특무기관 '76호'와도 내통하였습니다. 1936년 이후 형식적이긴 하지만 제2차 국공합작을 했기 때문에 중공군이 국민당군의 군사정보를 취득하는 것은 쉬운 일이었습니다.

이처럼 일본이 전쟁에서 싸운 상대는 중화민국의 장제스 정권이었습니다. 일본 측으로서는 국민당군에 관한 군사정보를 공산당으로부터 얻어 전쟁을 유리하게 이끌 수 있었습니다. 중국공산당은 국공합작을 통해 국민당으로부터 군복과 무기를 지급받으면서 국민당군의 군사정보를 일본 측 첩보기관에 팔았던 것입니다.

영화 「색계色戒」의 실제 무대였던 상하이 일대를 배경으로 펼쳐진 이 같은 첩보전에는 판한녠 외에도 랴오청즈廖承志 등 여러 인물이 활약합니다. 이 가운데 일본과 공모하는 데 크게 활약했던 판한녠은 1949년 중화인민공화국이 탄생하자 마오에 의해 체포됩니다. 이후 그는 장기간에 걸친 투옥 끝에 1977년에 옥사합니다. 마오의 책략을 너무나도 많이 알고 있었던 터라 매국노로 몰아 입을 막아버린 것인데, 명예회복은 1982년 그의 사후 5년 뒤에야 가능했습니다.

종전 이후 다시 일본을 이용하다

스파이들 가운데 살아남은 이는 랴오청즈였습니다. 일본에서 태어나고 와세다대학을 다녀 일본어에 능통한 덕분이었습니다. 랴오청즈는 중화인민공화국 탄생 후 대외연락부 부부장과 국무원 외사판공실 부주임을 역임하면서, 일본의 다카사키 타츠노스케高碕達之助와 협력해 1962년 중일장기종합무역각서에 조인하는 등 중국의 전후 일본 외교에 기여했습니다.

국민당에 타격을 주기 위해서 일본군과도 내통했던 마오쩌둥은 전후에도 다시 한번 일본을 이용했으면 하고 생각했습니다. 마오가 신중국을 세웠지만 유엔은 중국을 대표하는 나라로 중화인민공화국을 인정하지 않았으며, 승인해 준 국가도 많지 않았습니다. 중국이 6·25전쟁에 개입해 미국을 비롯한 서방의 여러 나라를 적으로 돌림으로써 외교상 고립이 심화되었습니다. 이 때문에 마오는 일본과의 관계 개선을 희망했고 궁극적으로는 일본이 중국을 국가로 승인하도록 힘을 쏟았습니다. 그 결과 마오는 1972년 9월 29일 일본의 다나카 카쿠에이田中角榮 총리와 양국 공동성명을 발표하고 정식 외교관계를 수립하였습니다. 공동성명 5항에는 중국은 양국 국민의 우호를 위해 일본에 대한 전쟁배상 청구를 포기한다는 대목이 있습니다. 중국의 저우언라이周恩來 총리는 1972년에 일본 공명당 위원장을 만난 자리에서 이 조항을 이렇게 설명하였습니다.

배상을 요구하면 일본 인민에게 부담을 지우게 된다. 이는 중국 인민이 몸소 겪어 알고 있다. 청조 시절 전쟁패배로 은 2억 5000만 냥을 일본에 배상했다. 청조는 이를 위해 세금을 중과했다. 전쟁 책임은 일부의 군국주의 세력에 있으며 일반 국민과 구별해야 한다. 그리고 차세대에게 청구권의 고통을 부과하고 싶지 않다.

물론 장제스가 1952년 일본과 수교하면서 배상청구권을 과감하게 포기한 전례가 있었던 터라 마오 역시 일본의 환심을 사기 위해 청구권을 포기한 측면이 있습니다. 또 1972년은 문화대혁명이 한창이라 배상금으로 받은 외자로 경제발전을 하겠다는 발상을 미처 못했던 면도 있습니다.

난징대학살에 함구하다

일본과 중국의 밀월이 시작된 이 시절에 마오쩌둥은 난징南京대학살에 대해 언급하지 않았습니다. 물론 교육현장에서도 기본적으로 가르치지 않았습니다. 이에는 중국 인민의 반일 감정과 일본 국민의 반중 감정을 억제함으로써 일본을 장제스의 타이완이 아닌, 마오쩌둥의 중국 편으로 끌어들이고 싶다는 계산이 있었습니다. 하지만 이보다 더 큰 이유는 난징대학살이 발생했을 시기에 마오의 홍군은 옌안이라는 깊은 산중에 도주한 상태여서 일본군과는 그다지 전투를 벌이지 않았기 때문입니다.

마오에게 있어 난징대학살은 일본군에 의한 사건이 아닌 다른 역사적 의미의 사건이었습니다. 바로 청왕조의 반란군이었던 태평천국군이 난징에 입성하면서 자행한 100만 명 이상의 대학살이었습니다. 태평천국의 난은 중국 전역에서 2000만 명, 일설에는 5000만 명의 희생자를 낸 참극이었습니다. 마오는 1956년 난징태평천국역사박물관을 건립하도록 하였습니다. 그 전 1950년에는 난징시 위화타이雨花臺에 위화타이사난열사릉雨花臺死難烈士陵을 세웠습니다. 이는 국민당군이 1927년부터 1949년까지 살육한 10만 명에 달하는 중국공산당원을 기리기 위해서였습니다.

마오는 1953년 2월 이래 20여 차례 난징을 방문했지만, 단 한 번도 일본군의 대학살에 대해 언급한 적이 없습니다. 난징대학살이 중국 교과서에 실리기 시작한 것은 마오 사후 개혁개방이 시작됐을 때의 일입니다. 난징대학살기념관侵華日軍南京大屠殺遇難同胞紀念館이 건립된 것도 1985년 8월 15일의 일이었습니다. 마오는 제2차 세계대전에서 중국공산당이 연합국의 일원이 아니었다는 점에 대해서는 차라리 솔직했습니다. 마오는 홍군이 용감하게 일본군과 싸웠다고 선전하고 인민을 세뇌했지만, 살아 있는 동안 '항일전쟁 승리'를 경축한 적은 없습니다. 공식적으로 항일전쟁 승리를 축하하는 것은 당시 중국을 대표해 연합국에 참여한 장제스를 찬양하는 것으로 명확하게 인식했기 때문입니다.

날조된 항일전쟁 승리

중국이 항일전쟁 승리를 기념하기 시작한 것은 장쩌민江澤民 정권부터였습니다. 여기에는 두 가지 배경이 있습니다. 첫 번째로 장쩌민의 부친이 친일 왕자오밍 정권의 선전부 부부장을 지낸 친일파 가족으로 유복하게 지냈다는 배경을 세탁하기 위해서입니다. 두 번째로는 1989년 6월 4일 천안문 사태 발생과 같은 해 11월의 베를린장벽 붕괴, 그리고 1991년 소비에트연방공화국의 해체로 사회주의 사상의 공백이 생긴 것입니다. 이에 장쩌민은 정권의 정통성을 강화하기 위해 자신이 얼마나 반일적인지를 보여 주고자 했습니다.

장쩌민은 반일 프로그램을 포함한 '애국주의교육'을 1994년부터 시작하였습니다. 러시아 옐친 대통령의 초청을 받아 1995년 5월 모스크바에서 개최된 '세계반파시즘전쟁 승리 50주년기념축전'을 관람한 뒤로는, 중국에서도 이를 본 따 같은 해 9월 3일 항일승전 및 반파시즘승리 기념일 행사를 열기 시작했습니다. 9월 3일은 중화민국 국민당군이 일본의 지나파견군 사령관으로부터 항복문서를 받은 날입니다만, 장쩌민은 이를 무시하고 연합국의 일원으로 행세를 하기 시작한 것입니다.

항일전쟁 승리를 기념하는 애국주의 반일 교육은 후진타오胡錦濤 정권을 거쳐 시진핑習近平 정권에 들어 더욱 강화되었습니다. 특히 2015년 7월 7일 루거우챠오盧溝橋사건 기념일부터 9월 3일까지 중국의 중앙텔레비전 CCTV는 매일 '잊어서는 안 되는 역사'로 항일전쟁 다큐멘터리를 뉴스 뒤에 연속해서 방영했습니다. 마치 현재 중국 인민이 항일전쟁을 치르고 있는 듯한 격렬함이 넘쳐났습니다. 또 같은 해 "유엔창설에 공헌한 것은 중국"이라는 엉뚱한 역사왜곡도 있었습니다. 이 같은 시진핑 정권의 반일 기조는 2018년부터 시작된 미중 갈등으로 다소 수그러들었고 대미 민족주의 선전 공세로 전환하였습니다.

한국과 중국의 차이

중국에서 반일 감정은 공산당이 애국심을 고취하기 위해 종종 사용하는 카드입니다. 2000년대 들어 반일주의가 가장 극심했던 시기는 센카쿠尖閣 열도를 둘러싼 영유권 분쟁이 본격화된 2010년부터입니다. 중국이 일본에 대해 희토류 수출금지조치를 취하자 일본은 2012년 센카쿠 열도를 국유화했습니다. 중국 정부가 반일 감정을 부추기자 중국인들은 격렬하게 일본제품 불매운동을 벌였습니다. 물론 중국 정부가 방관하거나 배후조종하는 관제 데모였습니다.

중국의 반일시위는 정부의 허가 없이는 원천 봉쇄됩니다. 중국은 외교적 목적에서 반일 감정을 이용하지만 필요에 따라서는 국익을 위해 언제 그랬냐는 듯이 스탠스를 바꾸기도 합니다. 그 패턴을 보면 온탕과 냉탕을 반복합니다. 한국과는 달리 상당히 유연합니다. 그 예로 국제관함식의 이른바 욱일기 시비와 관련된 한중 양국의 분위기를 들 수 있습니다. 2018년 10월 제주도에서 열린 국제관함식에서 욱일기 게양 논란으로 일본해상자위대의 참여가 불발됐습니다. 이와는 대조적으로 2019년 4월 중국 칭다오^{靑島}에서 열린 국제관함식에는 일본 자위대의 이지스함 스즈쓰키^{凉月}호가 욱일기를 달고 입항했습니다. 하지만 한국처럼 욱일기를 전범기라면서 성토하는 사례는 민관을 막론하고 전혀 없었습니다. 중국은 1894년 발생한 일청전쟁에서 청조의 수군이 격멸된 역사를 갑오전쟁의 치욕이라고 되새기며 언젠가는 설욕해야 한다는 의식을 가지고 있습니다. 하지만 미국과 격심한 마찰을 겪고 있는 상황에서 일본과의 마찰을 일으켜서는 안 된다는 현실을 제대로 인식하고 있는 것입니다.

요약

마오쩌둥의 중국혁명은 중국사에서 반복된, 역대왕조의 순환과도 같습니다. 마오는 붉은 중국공산제국의 황제가 되고 싶어 했습니다. 『삼국연의』, 『수호전』, 『자치통감』 같은 제왕학과 관계 깊은 역사서가 그의 사고를 지배하였습니다. 중국혁명은 결국 마오의 제국을 수립하는 과정이었습니다. 이 과정에서 반일은 선동의 도구였을 뿐, 마오 개인에 있어 반일 감정은 전혀 없었습니다. 오히려 스스로 개혁에 성공해 메이지明治유신을 이루고 구미 열강의 식민지화를 모면한 일본제국으로부터 배워야 한다는 생각을 가지고 있었습니다. 마오쩌둥은 일본과 중국이 함께 서구열강에 대항해야 한다는 '아시아주의'를 주창한 미야자키 토라조宮崎寅藏의 중국 후난湖南성 연설에서 감화를 받기도 했습니다. 그는 일본을 선악이란 감정으로 판단하지는 않았습니다.

이는 중국혁명 과정에서도 마찬가지였습니다. 중국이라는 체스판에서 장제스의 국민당군을 주적으로 상대하려면 일본은 적절히 견제하면서 이용해야 할 대상이었습니다. 국민당군이 일본군과 싸우느라 전력을 소모하는 사이 마오는 일본과 내통하면서 중국혁명의 역량을 축적했습니다. 마오는 오늘의 적이 내일은 친구가 될 수 있다는 국제정치의 이치도 파악하고 있었습니다. 제2차 세계대전 종전과 6·25전쟁 이후 깊어진 국제적 고립상황을 타파하기 위해 마오는 일본과 다시 외교관계를 수립하기 위해 노력했으며, 그 결과 1972년 국교를 정상화했습니다. 중국은 일본에 대해 전쟁배상 청구를 포기하였습니다. 하지만 일본으로부터 대외개발원조ODA 명목의 다양한 지원을 받아내 공항, 항만, 제철소를 건설하는 실리를 취했습니다.

중국에서 정치적 상황에 따라 반일 감정을 본격적으로 이용한 것은 정통성에 결함이 있는 장쩌민 집권 이후부터입니다. 물론 중국에도 역사적 앙금으로 인한 민간의 반일 감정이 있습니다. 그리고 그 감정은 종종 관변 반일시위로 이어지기도 하지만 일시적입니다. 중국과 한국이 결정적으로 다른 것은 중국에는 한국의 중앙청 철거 이벤트처럼 정부가 나서서 역사의 상처를 지운다는 명분으로 벌이는 문화 반달리즘은 없다는 점입니다. 또 쇠말뚝을 박아 조선의 풍수를 파괴했다는 식의 역사 괴담 역시 없습니다. 한국과 같이 DNA에 아로새겨진 종족주의적 적대 감정은 중국에 존재하지 않습니다.

참고문헌

北海閑人 著, 寥建龍 翻訳(2005), 『中国がひた隠す毛沢東の真実』, 草思社.
謝幼田 著, 坂井臣之助 翻訳(2006), 『抗日戦争中、中国共産党は何をしていたか―覆い隠され た 歴史の真実』, 草思社.
謝幼田(2002), 『中共壯大之謎 被掩盖的中國抗日戰爭眞相』, 明鏡出版社.
遠藤三郎(1974), 『日中十五年戦争と私』, 日中書林.
遠藤誉(2015), 『毛沢東 日本軍と共謀した男』, 新潮新書.
蔣介石(1952), 『敵か味方か : 蔣介石總統の對日言論』, 東亞出版社.

악한 풍속, 천박한 문화, 국가위기

이영훈 ──

통설과 기억의 괴리

2006~2008년 저는 경남 울주군과 경북 예천군을 대상지역으로
하여 아시아·태평양전쟁기(1937~1945년)에 군인, 군속, 노무자로 일본
과 중국을 다녀온 사람들의 생애사를 청취하였습니다. 모두 57명이
었습니다. 대개 1923~1926년 출생으로 나이 80을 넘긴 분들이었습
니다. 2004년 노무현 정부는 이 분들을 일제에 의한 강제동원의 피
해자로 규정하고 보상 작업을 추진하였습니다. 이에 협조하여 일본
정부는 방대한 양의 병적기록兵籍記錄과 미불금 공탁 자료未拂金供託資料
등을 한국 정부에 넘겼습니다. 저는 이들 자료를 근거로 두 지역 출
신으로서 일본과 중국을 다녀온 분들을 모두 조사한 다음, 생존자를

찾아 인터뷰를 하였습니다. 너무 늦은 시도였습니다. 대부분은 돌아가시고 인터뷰에 응할 만큼 건강이 좋은 생존자는 얼마 되지 않았습니다. 그래도 2년간 틈나는 대로 자동차를 몰고 두 지역을 돌아다닌 결과 57명과 인터뷰를 할 수 있었습니다.

57명이 풀어낸 기억은 사람에 따라 그 질이 다양하였습니다. 군인과 군속 출신은 20명인데, 대개 소학교 졸업 이상의 학력이었습니다. 그들의 기억은 비교적 착란이 없는 가운데 일관성을 유지하였습니다. 이하 그들에 관해서는 더 이상 언급하지 않겠습니다. 나머지 37명은 일본의 공장과 광산에 다녀온 노무자들로 대개 무학이었습니다. 그들의 기억은 일관성을 유지하지 못했으며, 때때로 허위의식이나 환영이 뒤섞여 나오기도 하였습니다. 어떤 사람은 공장에서 조선인을 괴롭히는 일본인 감독관을 동료 셋이서 때려죽인 다음 강물에 버렸다고 했습니다만, 있을 법한 일이 아님은 물론입니다.

몇 분은 정직하였습니다. 예천군의 어느 두 분은 어려운 시기에 힘든 노동이었지만 집안 살림에 큰 보탬이 되었으며, 이후의 인생에도 큰 도움이 되었다고 했습니다. 당시 노무현 정부는 보상을 전제로 일본을 다녀온 사람들의 신고를 독려하였습니다. 면사무소 직원이 몇 차례 신고를 종용했지만, 그들은 거절하였습니다. "내가 돈 벌러 갔다 왔는데 무슨 신고야"하는 입장이었습니다.

그렇지만 다수의 회고는 달랐습니다. 그들은 정부의 보상을 예의 의식하면서 한 푼의 임금도 받지 못했다고 주장하였습니다. 그렇지만 이어진 회고에는 그와 배치되는 대목이 어김없이 등장하였습니다. "일요일에 무엇을 하셨나요?"라는 질문에 그들은 가까운 마을로 외출을 나와 팥죽도 사 먹고 극장에도 갔다는 겁니다. "그 돈은 어디서 생겼나요?"라고 물으면 그제야 "그런 정도의 돈이야 받았지"라고 시인을 합니다.

이와 달리 완강하게 원래의 주장을 관철하는 사람도 있었습니다. 예컨대 울주군의 어떤 분은 2년 계약으로 홋카이도北海島 탄광에 갔는데 계약을 연장해서 3년 6개월 있었다고 한 다음, 한 푼도 받지 못했다고 했습니다. 그러자 옆에 있던 동료 연구자가 힐문조로 "그럼 무엇 때문에 계약을 연장했습니까?"라고 물었습니다. 그랬더니 "아, 강제로 연장을 하라 하니 어찌하겠나. 고생만 실컷 하다 왔어"라고 응답하였습니다. 저는 그 사람이 증언에 모순이 생기지 않도록 세심하게 주의하는 자세에 탄복을 금할 수 없었습니다.

일본으로 간 경위에 관한 기억에도 모순이 있었습니다. 인터뷰 초입에는 눈물을 흘리면서 강제로 끌려갔다는 사람이 나중에 풀어놓은 이야기는 그와는 영 딴판입니다. 일본에 가고 싶어서 밀항선을 탔다가 사기를 당해 실패한 적이 있다는 겁니다. 한마디로 37명의 노무자들이 풀어 낸 일본 경험에 관한 기억은 오늘날 우리가 알고 있는 통설과는 상당한 괴리가 있었습니다.

국민의 미형성

　울주군의 어느 노무자 출신은 정부의 보상 방침에 상당한 기대감을 가지고 있었습니다. 당시 노무현 정부는 1965년 박정희 정부가 국교 정상화의 일환으로 일본 정부로부터 받은 청구권 및 경제협력 자금 3억 달러는 원래 강제동원 피해자들에게 나누어 주었어야 할 돈이라고 했습니다. 2004년 한명숙 국무총리는 피해자로서 생존자에게는 2000만 원 이상의 보상이 이루어져야 한다고 공언하였습니다. 2007년에 제출된 '태평양전쟁 전후 강제동원 희생자 지원 법안'에서는 생존자에게 피해의 정도와 상관없이 일률적으로 500만 원의 위로금을 지급한다고 했습니다. 제가 울주군의 원노무자들과 인터뷰를 가질 때 그들은 그러한 기대감으로 상당히 들떠 있었습니다.

　어떤 사람은 말했습니다. "박정희 대통령이 그 돈으로 고속도로 안 닦았으면 우리한테 돌아 올끼라", "박정희가 그 돈을 나라를 위해 썼다고 하는데 재주는 곰이 넘고 돈은 딴 놈이 썼다는 말이지." 제가 사전에 미불금 공탁 자료에서 파악한 그 사람의 미불금은 없었습니다. 그래서 제가 물었습니다. "할아버지가 받을 그 돈으로 고속도로도 포항제철도 만들어져 나라가 이만큼 잘살게 되었는데, 그것으로 보상을 받았다 치면 안 됩니까?"라고 말입니다. 그랬더니 완강하게 부정하였습니다. "어데, 그럴 수야 없지, 나는 내 돈을 찾아야겠어." 그 말을 듣고서 저는 무척 서글펐습니다. 이렇게 자신과 역사를 상대로 거짓말을 하면서까지 돈을 추구하는 민중의 심성은 대체 어떻게 해서 생겨난 것일까? 그러면서 "나라가 생긴 지 60년인데, 아직도 국민은 미형성이야"라고 탄식하였습니다.

강제동원 피해자에 관한 보상법은 2010년에 그 최종안이 성립하였습니다. 거기선 피해자로서 생존자 모두에게 일률적으로 500만 원의 위로금을 지급한다는 원안의 규정이 삭제되고 아무런 피해 없이 무사 귀환한 생존자에겐 연간 80만 원 상당의 의료지원을 한다고 했습니다. 큰돈을 기대했던 사람들의 실망은 컸습니다. 그런 수정이 이루어진 데에는 일본 정부가 넘긴 미불금 공탁 자료가 큰 역할을 했습니다. 그 자료에 의하면, 미불금을 보유한 노무자는 전 노무자들의 일부였습니다. 또한 미불금이라 해봐야 전쟁 말기의 혼란기에 정산되지 못한 소액의 임금, 저금, 연금에 불과하며, 임금으로 치면 1인당 평균 월 임금의 2개월치에 불과했습니다. 그 점이 자료에 의해 명백해지니 그들이 한 푼도 받지 못하고 노예처럼 고생만 하다가 돌아왔다는 보상의 대전제가 무너진 것입니다.

많은 사람이 실망한 반면, 뜻밖의 보상에 기뻐한 사람도 있었습니다. 사망한 군인, 군속, 노무자의 유족이었습니다. 사망한 분들의 유족은 당시에 이미 일본 정부나 기업으로부터 법규에 따른 보상금을 수령하였습니다. 1975년에는 박정희 정부로부터 1인당 30만 원의 보상금을 받았습니다. 그리고선 다시 노무현 이후 정부로부터 2000만 원에서 그 30만 원의 현재 가치(234만 원)만큼 제하고 보상금을 받앉으니 세 차례에 걸친 중복 보상이었습니다. 제가 이것이 문제라고 생각하는 이유는 6·25전쟁 시에 전사한 군인들의 유족에 대해선 그런 중복 보상이 이루어진 적이 없기 때문입니다.

2004년 강제동원의 진상규명과 보상 작업을 개시한 징치가들은 이 같은 이전의 역사를 알지 못했습니다. 그 작업에 참가한 역사가들도 마찬가지였습니다. 당시까지 이 문제에 관해 읽을 만한 국내의 논문은 단 한 편도 없는 실정이었습니다. 그들을 충동한 것은 근거도 없이 부풀려져 온 노예기억이 전부였습니다. 그들은 늦게나마 역사의 정의를 실현하게 되었다고 자찬했지만, 결과적으로 이 나라의 보훈체제를 엉망으로 만들어 버리고 말았습니다. 나라를 위해 희생한 분들에 대한 보훈체제만큼 한 나라의 정신적 통합을 상징하는 것은 없습니다. 그것이 완전히 무너져 내린 것입니다. 국민의 미형성은 민중 수준의 일만도 아니었습니다. 정치가의 수준도, 역사가의 수준도 마찬가지였습니다.

거짓말의 행진

2018년 10월 30일 이 나라의 대법원은 여운택 등 4명의 원고가 일본의 신일철주금新日鉄住金 회사를 상대로 제기한 소송에 대해 동 회사가 이들에게 1억 원씩의 위로금을 지급하라는 판결을 내렸습니다.

원고 4명은 1943~1945년 일본에서 신일철주금의 원 회사인 구^舊일본제철의 노무자로 일하였습니다. 그들은 회사로부터 임금을 제대로 받지 못하는 등 '반인도적 불법행위'를 당했다고 주장하였습니다. 대법원은 원고들의 손을 들어주면서 국내에 주재한 신일철주금 회사의 자산을 압류하였습니다. 이 사건으로 양국 관계는 일거에 이전에 없던 긴장상태로 접어들었습니다. 일본 정부는 한국을 최우대 무역국가 리스트에서 제외하고 주요 물자 수출에 허가제를 도입하였습니다. 한국 정부는 일본과의 군사정보협정을 파기할 방침을 밝혔습니다. 그러자 미국 정부가 강력히 개입하여 위기를 봉합했습니다만, 양국 관계는 지금도 언제 터질지 모를 위기상태입니다.

저는 대법원의 판결 이후 판결문을 구해 읽었습니다. 그러고선 원고 4명의 주장이 상당 부분 신뢰할 수 없는 거짓말이라고 판단하였습니다. 제가 다소 성급해 보이게도 그런 판단을 한 것은 이미 10여 년 전에 37명의 원 노무자와 인터뷰를 하면서 원고 4명과 유사한 주장을 많이 접하였고, 또 그것들의 상당 부분이 거짓말임을 실감한 적이 있기 때문입니다. 그래서 지난 『반일 종족주의』에서 우리의 고매하신 대법관들에게 "거짓말일 가능성이 큰 주장을 검증하지 않은 재판은 과연 유효한 것인가"라고 물었던 것입니다.

이후 지금의 이 책을 준비하는 동안 주익종과 이우연 두 박사가 여운택을 비롯한 원고 4명의 경력과 그들의 증언을 세밀하게 검토하였습니다. 그 결과가 이 책에 실린 6장과 7장입니다. 결론을 말씀드리면 원고들의 주장이 상당 부분 거짓말이라는 저의 예단은 틀리지 않았습니다. 그들은 일본제철의 모집광고에 적극적으로 응모했으며, 임금을 제대로 받았고, 미불금을 저금의 형태로 보유했음은 사실이나 그것을 추심하지 못한 것은 전시 말기의 혼란 때문이었습니다. 상당액의 미불금을 보유한 원고는 4명 중 2명인데, 각각 496엔과 467엔으로 당시 4개월치 임금 정도였습니다. 그것도 다른 노무자에게는 적용되지 않는 그들만의 특수사정이었습니다. 그들이 당했다고 주장한 회사의 학대행위는 전시기 군수공장의 노무관리가 일반적으로 군사적 규율에 입각했던 탓 이상이 아니었습니다. 그런 시각에서 다시 6장과 7장을 읽어 주시길 부탁드립니다. 다만 저의 예단 가운데 틀린 부분이 있어서 지금 바로잡습니다. 『반일 종족주의』에서 저는 원고들을 일본 오사카大阪에서 조선 청진으로 인솔한 기숙사 사감이 조선인이라고 했는데, 실은 일본제철의 일본인 직원이었습니다.

원고 중 2명이 일본에서 소송을 제기한 것은 1997년입니다. 이후 일본의 최고재판소가 그들의 청구를 최종 기각한 것은 2003년입니다. 그들은 2005년부터 국내에서 법정 투쟁을 개시했습니다. 이른바 '강제연행과 강제노동' 피해에 대한 위자료를 받겠다는 것이었습니다. 그들은 그들의 투쟁을 정당화하기 위해 "월급을 제대로 받은 적이 없다", "회사로부터 기망을 당하였다", "회사로부터 학대를 당하였다"는 등 허위의 기억을 창출하여 그들 자신을, 그들의 가족을, 그들의 국가를, 나아가 국제사회를 속였습니다.

그들의 행위를 보통의 일본 국민은 어떻게 받아들였을까요? 근세 일본에서는 번藩을 이탈하여 막부幕府에 소송을 제기하면 자신의 주군을 배반했다 해서 우선 목을 친 다음 소장을 열어 보았다고 합니다. 어느 신생국의 국민이 국경을 넘어 원 지배국에 가서 금전 보상을 목적으로 소송을 제기한 것은 안 그래도 취약한 그 나라의 명예를 크게 훼손하는 일입니다. 더구나 1965년 양국이 국교를 정상화하면서 장래에 제기될 일체의 청구권을 포함하여 이를 영구히 청산한다는 협정을 체결한 사안이기도 하였습니다.

그들이 진정 그들의 미불금을 찾을 요량이었다면 처음부터 청구권협정에 따라 그들의 국가를 상대로 소송을 제기해야 했습니다. 그들이 일본에서 일본 정부와 기업을 상대로 소송을 제기하는 사이 이 나라의 명예는 큰 손상을 입었습니다. 그들의 목적이 진정 미불금의 추심에 있었다면 그들은 노무현 정부가 실시한 보상에 만족해야 했습니다. 미불금 자료가 있으니 신청했으면 받았겠지요. 그들의 미불금 400~500엔에 대한 당시의 보상액은 80~100만 원이었습니다(1엔=2,000원). 그렇지만 그들은 그에 만족할 수 없었습니다. 그래서 2018년까지 집요하게 소송을 이어갔으며, 드디어 21년 만에 1억 원을 취득할지 모를 큰 성공을 거두었습니다.

저는 앞서 자기에게 돌아올 돈을 박정희 대통령이 마음대로 고속도로 건설에 썼다고 투정을 부린 어느 노인을 두고 "아직 이 나라의 국민은 미형성이야"라고 탄식했다고 하였습니다. 똑같은 탄식을, '징용 배상금'을 받겠다고 온갖 억지 주장으로 국경을 넘나들며 소송을 제기한 원고 4명에게도 들려주고 싶습니다. 박정희 대통령의 통치기처럼 정치가 엄격했던 시절에는 감히 생각도 할 수 없는 국민 일탈逸脫이었습니다.

국가위기의 발생

원고들이 벌인 거짓말의 행진은 결코 외롭지 않았습니다. 많은 사회운동가와 역사가들이 그에 동참하였습니다. 그들이 일본에서 패소한 소식이 들려올 때마다 한국인의 종족주의적 분노는 끓어올랐습니다. 거짓말의 행진은 점점 국민적 퍼레이드로 바뀌어 갔습니다. 당초 그들이 벌인 일본에서의 소송은 일본의 이른바 '양심적' 지식인에 의해 기획되고 지원되었습니다. 오늘날 양국 관계가 이토록 위태로워진 데에는 그들의 '양심'이 큰 역할을 하였습니다. 그들의 '양심'은 결국 한국인의 '비양심'을 조장하였습니다. 그들의 '양심'을 뒤집으면 거기엔 2등 민족 한국인을 끝까지 보살펴야 한다는 오만한 자세가 자리 잡고 있음을 쉽게 간파할 수 있습니다.

국내외로 펼쳐진 거짓말의 퍼레이드가 언제까지고 이어질 수는 없습니다. 조만간 커다란 국가위기를 초래하고야 말 것임은 쉽게 예상할 수 있는 일입니다. 저에게 지난 수년간은 그러한 위기감의 연속이었습니다. 2018년 10월 말의 대법원 판결이 그 기폭제였습니다. 2005년부터 국내에서 벌인 원고들의 소송은 지방법원과 고등법원에서 패소하였습니다. 그것을 부활시킨 것은 2012년의 대법관 김능환이었습니다. 보도에 의하면 그는 "나라를 다시 세우는 심정으로" 사건을 고등법원으로 파기 환송했다고 합니다. 저는 그 말이 한 나라의 법질서와 국가체제를 수호해야 할 대법관이 해도 좋을 말인지 참으로 납득하기 힘듭니다. 그에게 이 나라의 역사는 타기해야 할 "불의와 기회주의가 득세한 역사"일 뿐이었던 모양입니다.

2018년 10월 말에 나온 대법원의 판결문이 역사의식과 법리에서 얼마나 취약한지에 관해서는 주익종 박사가 쓴 이 책의 8장을 참고해 주십시오. 주 박사는 건드리면 쓰러질 "수수깡 집"에 불과하다고 했습니다. "이 나라 대법원의 지울 수 없는 흑역사"라고도 했습니다. 우리의 고매하신 법관과 법학자께서는 반드시 읽고 공부해야 할 귀중한 글입니다. 어떻게 해서 이런 비극적인 판결이 나올 수 있었을까요? 이 책의 18장에서 지적한 바입니다만, 여기서 다시 상기합니다. 이 나라 법률가들의 역사의식은 한마디로 말해 커다란 공백입니다. 18장에선 이 나라의 사법제도가 근대화한 역사에 대한 이해가 법학 교수나 젊은 검사에게서 결여되어 있음을 그 증거로 들었습니다.

대법관들이 작성한 판결문에서도 같은 증거를 찾을 수 있습니다. 그들은 일제의 조선 통치를 불법이라고 했습니다. 판결문은 그 점을 대전제로 하고 있습니다. 그런데 일제의 그 '불법행위'로 그들에게 법복을 입힌 오늘날의 근대화된 사법제도가 성립하였습니다. 대법관들이 이러한 모순을 인지하지 못했음은 그들 역시 이 나라 사법제도의 역사에 대한 이해를 결여한 상태임을 폭로하고 있습니다. 그들에겐 근대문명의 원소라 할 개인, 자유, 사권, 시장에 대한 신념이 없습니다. 성장과 출세 과정에서 그러한 교육을 받거나 심층 독서를 할 기회가 없었다고 보입니다. 그들의 법 지식은 몰역사의 기능주의뿐입니다.

그 인식의 공백을 언제부턴가 저급한 역사의식이 채우기 시작하였습니다. "공은 귀하고 사는 천하다"는 조선 성리학으로부터 내려온 개인과 사권에 대한 반감, 바로 그것이었습니다. 조선왕조를 패망케 한, 조상으로부터 물려받은 부負의 정신유산이었습니다. 현실적으론 자유보다는 정의를 앞세우는 법실정주의法實定主義요, 개인보다 사회를 앞세우는 전체주의요, 대외적으론 불변의 적대 감정에 기초한 반일 종족주의 바로 그것입니다. 그것이 오늘날 이 나라 사법부를 지배하는 시대정신으로서 국가위기의 근원을 이루는 것들입니다.

역사는 반복되는가

건국의 아버지 이승만이 1904년 한성감옥에서 집필한 『독립정신』

에 이 나라의 거짓말 문화를 탄식하는 다음과 같은 대목이 있습니다. 조금 길지만 시사하는 바가 지중하여 그대로 인용하겠습니다.

지금 대한大韓과 청국淸國을 이처럼 결딴낸 가장 큰 원인이 무엇이냐 하면 그것은 바로 거짓말하는 것이 그 첫째라 할 수 있을 것이다. 그 거짓말하는 악습을 다 열거하자면 실로 한량이 없다. 위에서는 아래를 속이고 자식은 아비를 속이는데, 남을 잘 속이는 자를 총명하다거나 지혜롭다고 하며, 잘 속이지 못하는 자는 곧 반편半偏이라거나 천진天眞이라고 한다. 부모가 자녀를 가르칠 때에 남에게 속을 주지 말라고 하며, 선생이 제자를 교훈할 때에 거짓말로 칭찬하여, 인간 천만사에 웬만큼 관계있는 일이나 혹은 상관없는 일에나 거짓말과 거짓 꾀가 들어가지 않은 곳이 없는데, 이것을 예절이라고도 하며 이것을 권모술수라고도 하면서, 이것은 없을 수도 없고 없으면 또한 일꾼에게 수완이 없다고 한다.

거짓말로 집안을 다스리고 거짓말로 친구와 교제하고 거짓말로 나라를 다스리고 거짓말로 세계와 교섭하는데, 내 말을 할 때는 속마음을 감춰두고 말하고 남의 말을 들을 때는 속마음을 접어두고 들으니, 남의 정대한 말을 속이는 것으로 들으며 나의 진실한 말을 남이 또한 곧이듣지 아니하여, 단 두 사람이 사적인 일을 의논할 수 없는데 어찌 나라의 중대한 문제를 말하여 결정할 수 있겠는가. 이러므로 세계에서는 대한과 청국을 곧 거짓말 천지라 하여 공사나 영사를 뽑아 보내면 참으로 정직한 사람은 이마를 찡그리고 머리를 흔들면서 부임해 오기를 좋아하지 않는데, 이는 진실함을 얻을 수 없는즉 일을 결정할 수 없기 때문이다. 실로 부끄럽고 분한 일이다.

여러 차례 지적했습니다만, 조선왕조가 쇠망한 것은 그 시대의 사회와 문화가 타락하였기 때문입니다. 한마디로 자유와 독립의 정신을 결여한 탓이었습니다. 이승만은 숨이 끊어져 가는 이 민족을 소생시키기 위해선 이 나라에 가득한 어리석고 요사한 풍속과 사악하고 부패한 마음을 고치지 않으면 안 된다고 역설하였습니다. 반상제班常制의 굴레를 타파할 것, 마음에 가득한 노예근성을 척결할 것 등을 열거한 다음, 그는 위와 같이 이 나라의 거짓말 문화를 맹렬히 공격하였습니다. 지금 이 나라를 이처럼 패망시킨 가장 큰 원인이 거짓말 풍토라는 겁니다. 그로 인해 단 두 사람도 사적인 일을 함께 도모할 수 없는데, 그로 인해 다른 나라와의 외교가 이루어지지 못하는데, 어찌 나라의 독립을 보존할 수 있겠느냐고 한탄하였습니다. "실로 부끄럽고 분한 일이다"라고 했습니다.

그로부터 116년의 세월이 흘렀습니다. 얼마나 개선되었을까요? 여기까지 근자에 일본과의 관계를 위기로 몰아넣은 전시기의 노무자 문제를 중심으로 이야기를 풀어왔습니다. 이 나라의 법원이 손을 들어준 그들의 노예기억은 한마디로 거짓말의 행진이었습니다. 들리는 바에 따르면 그들이 승소하자 벌써 600여 명의 원 노무자 유족이 1억 원씩의 위자료를 노리고 소송을 제기했다고 합니다. 그처럼 거짓말 행진의 원동력은 이 국민의 가없는 금전주의입니다. 몇 푼의 돈을 위해서라면 나라의 명예 따위 안중에도 없이 원 지배국에 가서 소송을 제기하는 그 천박한 문화로서 물질주의입니다.

비단 전시동원의 문제만이 아닙니다. 저와 동료 연구자들이 『반일 종족주의』에 이어 이 책에서 고발하고 비판하는 강제동원론, 독도분쟁, 일본군 위안부 성노예론, 식민지 수탈론 등의 모든 문제의 밑바닥에는 거짓말을 일삼는 천박한 문화가 도사리고 있습니다. 근대화라는 것은 결코 법과 제도의 문제만이 아닙니다. 인간의 영성을 포함한 문화의 문제이기도 합니다. 그런 점에서 전근대와 근대 사이엔 건너기 힘든, 깊은 강과 같은 단절이 있습니다. 지금과 같은 악한 풍속과 천박한 문화로는 결코 그 강을 건널 수 없습니다. 그렇지만 한국의 대학사회는 지금껏 한 번도 그 문제를 심각하게 추구한 적이 없습니다. 지난 『반일 종족주의』에서 저는 그 이유에서 이 나라의 대학은 "거짓말의 온상"이라고 비판하였습니다. 대학에 속한 여러분들이 불쾌한 감정을 전해 오셨지만, 저는 결코 취소할 생각이 없습니다. 그 깊은 강을 건너지 못할진대 역사는 반복되기 마련입니다. 눈앞에서 전개되는 그러한 현실을 목도하면서 제가 어찌 그 말을 취소할 수 있단 말입니까?

참고문헌

찾아보기

참고문헌

강성현(2019), 「한국 뉴라이트의 역사수정주의 논리와 욕망 - 일본군 위안부 문제를 중심으로」, 민족문제
　　연구소·일본군위안부연구회, 『「반일 종족주의」 긴급진단: '역사부정'을 논박한다』.
계승범(2011), 『정지된 시간-조선의 대보단과 근대의 문턱-』, 서강대학교출판부.
국사편찬위원회·한일역사공동위 한국측위원회(2005), 『일본제철 강제동원 소송기록』 1~3.
금장태(2009), 『귀신과 제사-유교의 종교적 세계-』, 제이앤씨.
김낙년(2003), 『일제하 한국경제』, 해남.
김낙년(2010), 「식민지 조선경제의 제도적 유산」, 『정신문화연구』 33(4).
김낙년·박기주·박이택·차명수(2018), 『한국의 장기통계』 I·II, 해남.
김낙년 외(2012), 『한국의 장기통계: 국민계정 1911-2010』, 서울대학교출판문화원.
김민철(2019), 「진부한 레퍼토리, 그러나 악의에 찬 거짓 선동들-강제동원·강제노동 부정론 비판-」,
　　『「반일종족주의」 긴급진단 : '역사부정'을 논박한다』.
김병렬·노영구·이상근(2009), 「독도연구 60년 평가와 금후의 연구방향」, 한국해양수산개발원.
김상진(2007), 「한일협정 체결 5개월 전 '독도밀약' 있었다」, 『월간중앙』 2007년 3월호.
김석현·최태현(2006), 「독도영유권과 SCAPIN문서의 효력관계」, 한국해양수산개발원.
김영수(2018), 「고종과 이규원의 울릉도와 독도 위치와 명칭에 관한 인식 과정」, 『사림』 63.
김용삼(2015), 『대한민국 건국의 기획자들』, 백년동안.
김용삼(2016), 『이승만의 네이션 빌딩』, 북앤피플.
김종성(2020), 『반일 종족주의, 무엇이 문제인가』, 위즈덤하우스.
김종욱(2019), 『고종의 항일투쟁사 그리고 수난사』, 『일제종족주의』, NEXEN MEDIA.
김창록(2015), 「한일 청구권협정에 의해 '해결'된 '권리'」, 『법학논고(경북대)』 49.
김태규(2019), 「징용배상판결 살펴보기」(2019년 7월 30일자 Tae Kyu Kim facebook, https://www.
　　facebook.com/taekyu.kim.146/posts/2310822795660005).
김학은(2013), 『이승만과 마사리크』, 북앤피플.
김홍식 외(1997), 『조선토지조사사업의 연구』, 민음사.
노주석(2009), 『제정러시아 외교문서로 읽는 대한제국 비사』, 이담북스.
다보하시 기요시(田保橋潔) 지음·김종학 옮김(2013, 2016), 『근대 일선관계의 연구』(상·하), 일조각.
「대법원 판결 2009다68620 손해배상(기)」, 2012년 5월 24일.
「대법원 판결 2013다61381 손해배상(기)」, 2018년 10월 30일.
대일항쟁기강제동원피해조사및대외강제동원희생자등지원위원회(2016), 『위원회 활동 결과보고서』.
도면회(2014), 『한국 근대 형사재판제도사』, 푸른역사.
도시환(2013), 「한일청구권협정 관련 대법원 판결의 국제법적 평가」, 『국제사법연구』 19(1).
「매일신보」 1914년 11월 13일·15일, 1915년 4월 5일·8~9일·14일.
박배근(2013), 「일제강제징용 피해자의 법적 구제에 관한 국제법적 쟁점과 향후 전망」, 『법학논총』 30(3).

박종효(2015), 『격변기의 한·러 관계사』, 도서출판 선인.

박종효(2015), 『한반도 분단론의 기원과 러·일전쟁(1904~1905)』, 도서출판 선인.

『삼척군지』, 1988.

『삼척향토지』, 1958.

「서울고등법원 판결 서울고등법원 2016나2084567 손해배상」, 2019년 1월 30일.

송규진(2019), 『국민일보』 2019년 8월 13일 인터뷰.

신용하(1982), 『조선토지조사사업연구』, 지식산업사.

신용하(2006), 『한국의 독도 영유권 연구』, 경인문화사.

신용하(2006), 『일제 식민지정책과 식민지 근대화론 비판』, 문학과 지성사.

신용하(2006), 『한국 항일독립운동사 연구』, 경인문화사.

신용하(2019), 『일제 조선토지조사사업 수탈성의 진실』, 나남.

심재우(2011), 『네 죄를 고하여라』, 산처럼.

안병직 번역·해제(2013), 『일본군 위안소 관리인의 일기』, 이숲.

안종철(2010), 「문명개화에서 반공으로」, 최상오·홍선표 외 지음, 『이승만과 대한민국 건국』, 연세대학교 출판부.

오가와라 히로유키(小川原宏幸) 지음, 최덕수·박한민 옮김(2012), 『이토 히로부미의 한국병합 구상과 조선사회』, 열린책들.

오타 오사무(2019), 「한일청구권협정 '해결완료론' 비판」, 『역사비평』 129.

위자형(1967), 「군사도시에서의 윤락여성에 대한 사회의학적 조사연구」, 서울대학교 보건대학원 석사학위논문.

유미림(2013), 『우리 사료 속의 독도와 울릉도』, 지식산업사.

유미림·최은석(2010), 『근대 일본의 지리서에 나타난 울릉도·독도의 인식』, 한국해양수산개발원.

유영익(2013), 『건국대통령 이승만』, 일조각.

유영익(2019), 『이승만의 생애와 건국 비전』, 청미디어.

유진룡 외(1992), 『장돌뱅이 돈이 왜 구린지 알어?』, 뿌리깊은나무.

윤명숙(2019), 「돈벌이 좋은 개인 영업자라니」, 『한겨레신문』 2019년 9월 5일.

이근관(2013), 「한일청구권협정상 강제징용배상청구권 처리에 대한 국제법적 검토」, 『서울대학교 법학』 54(3).

이사벨라 버드 비숍 지음, 이인화 옮김(1994), 『한국과 그 이웃나라들』, 살림.

이선민(2019a), 「'국사학도' 기자가 이영훈 교수에게 묻다」, 『주간조선』 2019년 8월 26일자.

이선민(2019b), 「'국사학도' 기자 '반일 종족주의' 재반론」, 『주간조선』 2019년 9월 30일자.

이성환(2016), 「태정관과 '태정관지령'은 무엇인가 −독도문제와 관련하여−」, 『독도연구』 20.

이승일(2008), 『조선총독부 법제 정책 −일제의 식민지 통치와 조선민사령−』, 역사비평사.

이영재(2019), 「육군특별지원병·학도지원병제 왜곡 비판」, 『일제종족주의』, NEXEN MEDIA.

이영훈(1988), 『조선후기사회경제사』, 한길사.

이영훈(1993), 「토지조사사업의 수탈성 재검토」, 『역사비평』 22.

이영훈(2003), 「국사 교과서에 그려진 일제의 수탈상과 그 신화성」, 『시대정신』 28.

이영훈(2016), 『한국경제사』 Ⅱ, 일조각.

이영훈(2018), 『세종은 과연 성군인가』, 백년동안.

이영훈(2019), 「일본군 위안부 문제의 진실」, 『반일 종족주의』, 미래사.

이영훈(2019), 「우리 안의 위안부」, 『반일 종족주의』, 미래사.

이영훈(2019), 「독도, 반일종족주의의 최고 상징」, 『반일 종족주의』, 미래사.

이영훈(근간), 『호수는 어디에』, 백년동안.

이우연(2010), 『한국의 산림소유제도와 정책의 역사 1600-1987』, 일조각.

이우연(2016), 「전시기(1939~1945) 일본으로 노무동원된 조선인 탄·광부의 임금과 민족 간 격차」, 『경제사학』 61.

임호민(2016), 「삼척군 원덕면 일대 임야측량사건과 산림자원의 약탈」, 『지방사와 지방문화』 19(1).

장경호(2018), 「청일전쟁 직전 고종의 대미의존 심화와 미관파천 시도」, 『한국근현대사연구』 86.

전강수(2019a), 「'친일파' 비판이 억울? 자업자득이다」, 오마이뉴스 2019년 8월 14일.

전강수(2019b), 「총칼로 빼앗는 게 아니면 '수탈'이 아닌가?」, 오마이뉴스 2019년 10월 8일.

전영길·이성익(2017), 「토지조사사업을 통한 일제의 토지수탈에 관한 사례연구」, 『한국지적정보학회지』 19(3).

정병준(2006), 「한일 독도영유권 논쟁과 미국의 역할」, 『역사와 현실』 60.

정성화 외(2006), 『러일전쟁과 동북아의 변화』, 선인.

정안기(2018), 「1930년대 육군특별지원병제의 성립사 연구」, 『한일관계사연구』 61.

정안기(2018), 「전시기 학도지원병제의 추계와 분석」, 국방부군사편찬연구소 발표 논문.

정안기(2019), 「학도지원병, 기억과 망각의 정치사」, 『반일 종족주의』, 미래사.

정안기(2019), 「육군특별지원병, 이들은 누구인가?」, 『반일 종족주의』, 미래사.

정안기(2020), 『충성과 반역: 대한민국 創軍·建國과 護國의 주역 일본군 육군특별지원병』, 조갑제닷컴.

정인섭(1994), 「1965년 한일 청구권협정 대상범위에 관한 연구」, 『성곡논총』 25(1).

정일화(2010), 『대한민국 독립의 문, 카이로 선언』, 선한 약속.

정태상(2019), 「'반일 종족주의'의 '독도'를 반박한다」, 『주간조선』 2019년 10월 21일자.

정혜경(2004), 「기억에서 역사로: 일제 말기 일본제철(주)에 끌려간 조선인 노동자」, 『한국민족운동사연구』 41.

정혜경(2019), 「강제동원 아닌 취업? 조선인 '도망자' 40%는 왜 나왔나」, 『한겨레신문』 2019년 9월 2일.

정혜경 외(2019), 『반反대를 론論하다』, 도서출판 선인.

조관자(2006), 「'민족의 힘'을 욕망한 '친일 내셔널리스트' 이광수」, 『해방 전후사의 재인식』 I, 책세상.

조석곤(2003), 『한국 근대 토지제도의 형성』, 해남.

조선총독부, 『조선토지개량사업요람』 각 연도.

조영준·차명수(2012), 「조선 중후기의 신장추세, 1547-1882」, 『경제사학』 53.

주익종(2019), 「애당초 청구할 게 별로 없었다」, 『반일 종족주의』, 미래사.

차명수(2014), 『기아와 기적의 기원』, 해남.

차명수(2011), 「식민지 시대의 도시간 직종간 비숙련 임금격차」, 『경제학연구』 59(1).

차명수(2009), 「조선 후기의 출산력, 사망력 및 인구 증가」, 『한국인구학』 32.

차명수(2020), 한국인의 생리학적 진화, 1910-2010, 미간행 원고.

최경희(2006), 「친일 문학의 또 다른 층위 – 젠더와 〈야국초〉」, 『해방 전후사의 재인식』 1, 책세상.

최성락(2019), 「100년 전 영국 언론은 조선을 어떻게 봤을까?」, 페이퍼로드.

한시준(2014), 「백범 김구, 장제스, 그리고 카이로 선언」, 『동북아역사재단뉴스』 89.

한승훈(2015), 「19세기 후반 조선의 대영정책 연구(1874~1895): 조선의 均勢政策과 영국의 干涉政策의 관계 정립과 균열」, 고려대학교 박사학위 논문.

한영우(1997), 『다시 찾는 우리 역사』, 경세원.

행정안전부 과거사관련업무지원단(2017), 「일제 조선인 학도지원병 제도 및 동원부대 실태 조사 보고서」.

허수열(1981), 「일제하 실질임금 (변동) 추계」, 『경제사학』 5.

허수열(2011), 『개발 없는 개발』, 은행나무.

허수열(2019), 「식민지 근대화론은 '불편한 진실' 아닌 '불편한 허구'다」, 『한겨레신문』 2019년 8월 28일.

홍성근(2019), 「이영훈의 '독도'를 반박한다」, 『주간조선』 2019년 10월 14일자.

홍성근·문철영·전영신·이효정(2010), 『독도! 울릉도에서는 보인다』, 동북아역사재단.

황태연(2019), 「일제종족주의」, NEXEN MEDIA.

황태연(2019), 「총론」, 「일제종족주의」, NEXEN MEDIA.

「1924년생 이춘식이 드러낸 세계」, 『시사IN』 623(2019년 8월 27일).

KBS 시사직격 - 춘식의 시간(2019.10.10. 방영).

Cha, Myung Soo(2015), "Unskilled Wage Gap within the Japanese Empire", *Economic History Review* 68(1).

Cha, Myung Soo and Nak Nyeon Kim(2012), "Korea's First Industrial Revolution", *Explorations in Economic History* 49.

Fogel, Robert W.(2004), *The Escape from Hunger and Premature Death, 1700-2100*, Cambridge: Cambridge University Press.

Fukao K., D. Ma, and T. Yuan(2006), "International Comparison in Historical Perspective: Reconstructing the 1934-1936 Benchmark Purchasing Power Parity for Japan, Korea, and Taiwan," *Explorations in Economic History* 43(2).

Fukao K., D. Ma, and T. Yuan(2007), "Real GDP in Pre-War East Asia: A 1934-36 Benchmark Purchasing Power Parity Comparison with the U.S.," *Review of Income and Wealth* 53(3).

Kim, Nak Nyeon and Ki-Joo Park (2017), "The Origins of the East Asian Incongruities in the Maddison Project Database", *Histotsubashi Journal of Economics* 58(2).

Kwon, Tai Hwan(1977), *Demography of Korea*, Seoul: Seoul National University Press.

Lee, Chulhee(2019), "Economic Development and Changing Socioeconomic Differences in Health: Evidence from South Korea, 1946-1977", 2019년 경제사학회 춘계학술대회 발표 논문.

Maddison(2010), "Statistics on World Population, GDP and Per Capita GDP, 1-2008 AD" (https://www.rug.nl/ggdc/historicaldevelopment/maddison/original-maddison)

Maddison Project Database(2018), (https://www.rug.nl/ggdc/historicaldevelopment/maddison/releases/maddison-project-database-2018).

Steckel, Richard(1995) "Stature and the Standard of Living", *Journal of Economic Literature* 33.

古庄正(1991),「朝鮮人強制連行の戰後處理 -未払い金問題を中心として」, 戰後補償問題研究會 編, 『在日韓國・朝鮮人の前後補償』, 明石書店.

古庄正(1993),「日本製鉄株式会社の朝鮮人強制連行と戦後処理 -「朝鮮人労務関係」を主な素材として-」, 駒沢大学『経済学論集』25(1).

宮田節子(1985),『朝鮮民衆と「皇民化」政策』, 未來社.

堀和生(2015),「東アジアの歴史認識の壁」(manuscript).

ロ-ダニエル(2008),『竹島密約』, 草思社; 국역본 노 다니엘 지음, 김철훈 옮김(2011),『독도밀약』,한울.

明日への選擇 編輯部 編(2004),『「强制連行」はあったのか』, 日本政策研究センター.

北海閑人 著, 寥建龍 翻訳(2005),『中国がひた隠す毛沢東の真実』, 草思社.

謝幼田 著, 坂井臣之助 翻訳(2006),『抗日戦争中、中国共産党は何をしていたか―覆い隠された歴史の真実』, 草思社.

西岡力(2019),『でっちあげの徴用工問題』, 草思社.

石炭統制會 九州支部(1945),『炭山のおける半島人の勤労管理』.

城田すず子(1971),『マリヤの讚歌』, 日本基督敎團出版局.

柴田善雅(1999),『占領地通貨金融政策の展開』, 日本經濟評論社.

遠藤三郎(1974),『日中十五年戰爭と私』, 日中書林.

遠藤誉(2015),『毛沢東 日本軍と共謀した男』, 新潮新書.

伊藤孝司(1992),『證言從軍慰安婦女子勤労挺身隊 : 强制連行された朝鮮人女性たち』, 風媒社.

日本銀行調査局(1971),『日本金融史資料』제30권, 大藏省印刷局.

蔣介石(1952),『敵か味方か : 蒋介石總統の對日言論』, 東亞出版社.

田中直樹(1984),『近代日本炭鑛勞働史研究』, 草風館.

朝鮮銀行史研究會(1987),『朝鮮銀行史』, 東洋經濟新報社.

池內敏(2014),『竹島問題とは何か』, 名古屋大学出版会.

池內敏(2016),『竹島の史実』, 中公新書.

謝幼田(2002),『中共壯大之謎 被掩盖的中國抗日戰爭眞相』, 明鏡出版社.

찾아보기

ㄱ

가드너[C. T. Gardner] 320

가마이시[釜石] 110, 111, 114, 125, 129, 131, 133, 135

가마타 사와이치로[鎌田澤一郎] 85

가츠라—태프트 밀약 249

갑오개혁[甲午改革] 279, 304, 312, 321, 332, 334

강계고[疆界考] 190

강만길[姜萬吉] 24

강성현 36, 51

강영훈[姜英勳] 176, 181

강제동원 32, 35, 36, 37, 83, 84, 85, 87, 95, 107, 118, 121, 123, 136, 137, 139, 140, 142, 146, 152, 154, 156, 174, 177, 418, 421, 422, 423, 432

강제연행 33, 35, 36, 42, 102, 111, 124, 128, 135, 136, 385, 425

강제저축 71, 74

강제징용 107, 155

강치잡이 225, 226

개발 없는 개발 353, 367, 371, 375, 377

개발이익 373, 374

개항기 336, 357, 360

개화 305

경로의존성 340

경제성장 369, 376

계몽주의 308, 309

고구레 타이요[小暮太用] 85

고도성장 252, 254, 255, 336, 350, 354, 357, 358, 380

고등법원 110, 116, 119, 121, 172, 428

고등재판소 124

『고려사[高麗史]』 186

고마쓰 스스무[小松運] 209

고쇼 다다시[古庄正] 111

고종 203, 205, 206, 279, 316, 317, 318, 319, 320, 321, 322, 323, 324, 325, 326, 327, 328, 329, 337, 360, 391, 392

공창제 32, 36, 40, 41, 49, 62, 67

공탁 117, 118, 132, 133, 137, 418, 421, 422

관알선 84, 85, 86, 89, 93

관음도[觀音島] 210, 211

광복군 175, 178, 179, 180, 181, 400

광복회 161, 175

국공내전 400

국민건강영양조사 382, 383, 384

국민당 400, 406, 407, 408, 409, 410, 412, 413, 416

국사편찬위원회 124, 139

국유림 268, 270, 292, 293, 294, 295, 296, 297, 298

국유지 276, 277, 278, 279, 281, 282, 283, 284, 285, 286

국제통화기금[國際通貨基金] 255

국토 생명체론 22, 26

국토 신체론 22

권태환 386

귀향[鬼鄕] 33, 35, 56, 94

그레이트 게임[Great Game] 317

근대문명 180, 309, 313, 331, 339, 340, 429

『근세한국오만분지일지형도[近世韓國五萬分之一地形圖]』 233

기생양성소 47, 48

기자조선[箕子朝鮮] 18

기지촌 61, 63, 64

기호[畿湖] 16, 99

김계원[金桂元] 180

김구[金九] 175, 392, 400, 404

김규수[金圭洙] 110, 111, 112, 118, 123, 124, 125, 128, 129, 131

김규식[金奎植] 392

김낙년 6, 51, 331, 341, 342, 343, 353, 355, 365, 367, 369, 371, 373, 377

김능환 143, 149, 428

반일 종족주의와의 투쟁

반일 종족주의와의 투쟁

발행일 2020년 5월 16일 초판 1쇄
         2020년 6월 06일 초판 3쇄

지은이 이영훈 외

기획 이승만학당
책임편집 박지영
발행인 고영래
발행처 (주)미래사

주소 서울시 마포구 신수로 60, 2층
전화 (02)773-5680
팩스 (02)773-5685
이메일 miraebooks@daum.net
등록 1995년 6월 17일(제2016-000084호)

ISBN 978-89-7087-330-5 03910

ⓒ 이영훈 외, 2020

이 책의 저작권은 저자와 (주)도서출판 미래사가 소유합니다.
신저작권에 의하여 한국 내에서 보호받는 저작물이므로 무단 전재와 무단 복제를 금합니다.

＊ 가격은 뒤표지에 있습니다.
＊ 잘못 만들어진 책은 구입처에서 바꾸어 드립니다.